中国地方志“一体两翼”工程

中国方志发展报告

2017

主　编　冀祥德
副主编　陈　旭　杨海峰

方志出版社
Publishing House of Local Records

图书在版编目（CIP）数据

中国方志发展报告.2017 / 冀祥德主编. -- 北京：
方志出版社，2017.11
ISBN 978-7-5144-2795-0

Ⅰ.①中… Ⅱ.①冀… Ⅲ.①方志学—发展—研究报
告—中国—2017 Ⅳ.①K290

中国版本图书馆CIP数据核字（2017）第305168号

中国方志发展报告2017

主　　编：冀祥德
副 主 编：陈　旭　杨海峰
责任编辑：张　昊
封面设计：战盈彤

出 版 人：冀祥德
出 版 者：方志出版社
地址　北京市朝阳区潘家园东里9号（国家方志馆4层）
邮编　100021
网址　http://www.fzph.org
发　　行：方志出版社图书经销中心
电话　（010）67110500
经　　销：各地新华书店
排　　版：北京中文天地文化艺术有限公司
印　　刷：北京中科印刷有限公司

开　　本：700×1000　1/16
印　　张：19.5
字　　数：323千字
版　　次：2017年11月第1版　2017年12月第1次印刷

ISBN 978-7-5144-2795-0　　**定价**：78.00元

《中国方志发展报告（2017）》编委会

序　一

地方志是传承中华文明、发掘历史智慧的重要载体。持续不断地编修地方志是中华民族的优秀文化传统，历史悠久，源远流长。在中华传统文化中，地方志具有独特的魅力，是最具有民族特征的标志性传统文化形式之一。同时，地方志所记载的内容纵贯古今，横陈百科，以真实资料和生动事实，激发人们热爱祖国、热爱家乡的情怀，成为新时期弘扬社会主义核心价值观最宝贵的思想源泉之一，在存史、资政、育人方面起着不可替代的积极作用，在展现中华文化的独特创造、价值观念、鲜明特色，展示中国历史底蕴深厚、各民族多元一体、文化多样和谐的文明大国形象，以及对于提升国家文化软实力方面具有不可替代的重要作用。

新中国成立后，特别是改革开放以来，在党中央、国务院正确领导和关怀支持下，在全国各省市县党委领导、政府主持下，经过各地各级地方志机构广大地方志工作者的不懈努力，新方志事业取得了巨大成就。

党的十八大以来，党和国家领导人高度重视地方志工作。习近平总书记就传承弘扬中华传统文化发表了一系列重要讲话，强调“要高度重视修史修志”并作出了一系列重要指示，为全国地方志事业指明了发展方向，提供了根本遵循。李克强总理提出“修志问道，以启未来”，并希望地方志工作者“继续发扬方志人精神，志存高远，力学笃行，直笔著信史，彰善引风气，为当代提供资政辅治之参考，为后世留下堪存堪鉴之记述”，并对地方志工作多次作出重要批示。刘延东副总理也就地方志工作发表重要讲话，并作出批示。习近平总书记系列重要讲话、李克强总理的重要批示、刘延东副总理的重要讲话和批示高屋建瓴，高瞻远瞩，充分肯定了地方志工作的重要作用，既表明党和国家对地方志工作的重视与关心爱护，同时又向地方志工作提出了新任务、新要求。

在中央领导同志的直接关心和爱护下，近年来地方志事业蓬勃发展，蒸蒸日上，形成了以修志编鉴为主业，理论研究、开发利用、信息化建设、方志馆建设、旧志整理等工作协调开展的事业格局，拓展了方志文化的内涵，在各地经济社会发展中发挥了独特作用。

为深入贯彻党和国家领导人关于地方志工作的重要指示精神，落实《规划纲要》有关进一步繁荣地方志文化、服务经济社会发展大局的要求，完成《规划纲要》提出的“做好《中国地情报告》《中国方志发展报告》《中国年鉴发展报告》编纂工作”的具体任务，中国地方志指导小组办公室（以下简称中指办）启动了以《中国地情报告》为“一体”，以《中国方志发展报告》《中国年鉴发展报告》为“两翼”的“一体两翼”工程，其根本目的在于推动地方志事业健康可持续发展，繁荣方志文化，发挥地方志资源在推动经济社会发展和文化建设中的重要作用，推动地方志事业在国家“四个全面”战略布局中做出更大贡献。该项文化工程的实施，具有充分的必要性和重大现实意义。

首先，实施中国地方志“一体两翼”工程是贯彻落实党和国家全面推进深化改革、全面推进依法治国等重大战略部署的必然要求。地方志是全面系统地记述一定行政区域自然、政治、经济、文化和社会的历史与现状的资料性文献，蕴涵着极为丰富的治理经验和历史智慧，可为治国理政、推动国家治理体系和治理能力现代化提供重要的参考和借鉴。实施中国地方志“一体两翼”工程，是地方志工作者立足自身优势，以创新思维、勇于开拓的精神参与现代国家治理体系建设的积极尝试。

其次，实施中国地方志“一体两翼”工程是地方志事业健康、可持续发展的必然要求。修志致用，如何在新形势下更好地开发利用地方志文化资源，在服务经济社会发展方面发挥更大作用、作出更大贡献，是地方志工作者面临的重大时代课题。该工程系列图书的问世将直接有利于推动新方志事业总结经验、探索规律，进一步提升广大方志工作者思想认识，有力促进和繁荣方志文化建设。实施中国地方志“一体两翼”工程，是地方志工作者不断突破自我，展示自身价值的重要举措。

再次，实施中国地方志“一体两翼”工程是丰富和拓展中国社科院智库群的必然要求。《中共中央关于全面深化改革若干重大问题的决定》提出了“加强中国特色新型智库建设，建立健全决策咨询制度”的要求。中指办理应紧抓机遇，参与其中，通过实施中国地方志“一体两翼”工程，在重视质量和创新的前提下，提供更多具有前瞻性、对策性的研究报告，为各方面决策服务。

中国地方志“一体两翼”工程系列报告由中指办主持编纂，组织方志界和科研院校的专家学者，就方志资源开发利用和志鉴编修等地方志事业发展的重大实践和理论问题进行研究，并向社会发布。在研究过程中，课题组着力以方法创新提升研究质量。一方面，课题组坚持马克思主义唯物史观，综合运用史学、政治学、社会学、文献学等学科研究方法，将地方志事业置于跨学科的学术视野之下，对新时期地方志事业发展进行全方位研究，改变以往传统修志工作中对于志书年鉴研究、开发以及利用不足的状况。通过对大量志书的研读、分析课题组得出了客观、公正以及经得起实践和时间检验的结论，这项工作必将填补方志发展史上的一项空白。中国地方志“一体两翼”工程系列报告系统分析上一年度中全国各地地情概况、志鉴编修状况，以及地方志资源开发利用等方面工作开展情况，针对全国以及某一区域地方志事业发展状况和热点问题进行年度性的分析与研讨，以专业化的角度、专家学者的视野，开展系统性回顾、理论性分析和前瞻性预测，努力实现“一个定位、一个品牌、一个平台、一个模式、一个论坛”的“五位一体”总体设计。一个定位，即定位为年度资政类研究报告，旨在为政府决策咨询提供资政信息。一个品牌，即创立全国方志报告类图书品牌，培育形成为国内有影响力的品牌。一个平台，即组建各报告课题组，由方志界和中国社会科学院（以下简称中国社科院）有关研究院所、其他科研单位研究人员组成报告撰写队伍，为培养研究型方志专家提供平台。一个模式，即由各课题组与方志出版社相关编辑部组成编、印、发一体的报告编纂出版的工作模式。一个论坛，即以中国地方志“一体两翼”工程系列报告为基础，每年举办一次中国地情论坛。

我相信，随着中国地方志“一体两翼”工程的实施与推动，地方志事业发展必将迈上一个新台阶，步入一个更高层次。地方志事业发展的成果将为弘扬优秀传统文化、服务经济社会发展作出更大贡献，为激发民族自豪感和自信心，实现中华民族伟大复兴的中国梦发挥更大作用！

中国社会科学院院长
中国地方志指导小组组长
2017 年 12 月

序　二

方志是我国传统文化中特有的瑰宝，编修地方志在我国有着悠久的历史。“方志”的名称最早见于《周官》，迄今已经有近3000年的历史，若是从汉代图经算起，也有2000多年的历史，即使从其基本定型的宋代算起，至今也有1000多年的历史。自隋代官修以来，代有编纂，虽中经战乱，但仍经久不绝，流传千年。到了明清两朝，编修地方志逐步走向制度化，朝廷不仅反复颁布修志诏谕，而且以地方志为基础，多次组织力量编修国家一统志。在民国时期，方志编纂更被列为国家重要事项，曾由中央政府下令各地设立方志馆、方志局，编修省、市志书，并颁布了修志条例与规定。据不完全统计，从秦汉至民国，保存至今的历代旧方志就有8600多种，约占我国现存古籍的十分之一左右。华夏先贤们创造出的异彩纷呈、叹为观止的优秀方志成果，其所蕴涵的丰富营养，已汇聚成推动中华文化繁荣发展取之不尽、用之不竭的资源宝库。

中华人民共和国成立后，新编地方志工作受到党和国家的高度重视。1956年，国务院科学规划委员会制订《十二年哲学社会科学规划方案》，将编修地方志列为20个重点项目之一。至1960年6月，全国共有20多个省、市、自治区530多个县建立了修志机构，尝试新方志编纂。20世纪80年代，我国正式开展新方志编修工作，无论是修志的规模，还是成书数量都盛况空前。经过三十多年首轮和第二轮新方志的编修实践，我国地方志编修逐步形成了一个内涵丰富、时代特色鲜明、可持续发展的新方志事业格局，即确立了党委领导，政府主持，地方志编纂委员会及其办公室组织实施的修志格局，确立了“一纳入，八到位”的工作原则，即把地方志工作纳入国民经济和社会发展规划、各级政府工作任务之中，做到认识到位、领导到位、机构到位、编制到位、经费到位、设施到位、规划到位、工作到位。两轮新方志编修，取得了丰硕的志书成果。地方志书作为地情书、国情书，既全面、客观、准确记载了我国各行政区域的自然、政治、经济、社会、文化发展的历史轨迹，又在其编修实践中传承了中华文明的优良传统。

国务院《地方志工作条例》颁布后，方志工作走上规范化、法制化的道路，保证了方志事业的健康、顺利发展。地方志事业不断创新工作方式，“一业为主，十业并举”，即以志（三级志书）为主，库（数据库）、馆（方志馆）、鉴（年鉴）、用（服务开发）、刊（方志期刊）、网（地情网站）、会（地方志学会）、研（理论研究）、史（地方史）全面发展，硕果累累，地方志工作机构成为面向社会的公共文化服务部门，并且逐步形成初具规模、较为系统的地情研究中心，越来越被社会广泛关注。丰富的修志实践，不断促进和繁荣方志文化建设，也不断推动人们思想认识的飞跃，引发人们更加深入的思考。方志事业繁荣发展的现状是什么？现实中还存在什么样的问题？未来向什么方向发展？这些无疑是方志研究者和实践者必须认真思考的问题。

中指办以编纂《中国方志发展报告》的方式，组织方志界和科研院校的专家学者，就方志事业发展的重大实践和理论问题进行研究，并向社会发布，这一系列性可持续研究成果填补了方志史上的一项空白。在研究过程中，课题组没有囿于对一时一事的简单叙述，而是将地方志事业置于服务国家与地方经济社会发展这个大坐标系中，全面、客观、系统地反映我国新方志事业发展的状况，研究分析了新方志事业在不断开拓创新的历史进程中取得的新成绩，面临的新形势，遇到的新问题，以及如何应对，重点反映 2015—2016 年我国新方志事业发展现状、志书编修实践与创新、修志组织管理、成果开发利用、方志文化传播以及方志理论研究等方面的年度情况，堪称一部权威的年度性重要文献。

《中国方志发展报告》的突出特点在于战略性、权威性和前瞻性。战略性体现在将地方志这一重要事业，置于国家总体战略规划实施、经济结构深刻调整以及科学技术高速发展的三维框架中进行宏观审视，准确把握地方志事业发展的战略脉动，服务社会经济发展。权威性在于由中指办组织全国方志界和主要科研院校的著名专家、学者，精心编写打磨，由表及里，全面系统梳理地方志发展状况，深刻把握地方志发展的规律，为广大读者提供一幅全国方志事业发展的全景图。前瞻性表现为基于深刻总结各地方志事业发展经验，通过对地方志各个专业领域的深入研究和探讨，对新方志的事业发展前景作出前瞻性的预测与判断，实现地方志学科研究历史、现实与预测的有机统一。

全书集合了全国方志界、学术界专家学者的智慧，通过开展深入的调查研究和严谨的科学论证分析，以专业的角度、专家的视野和实证的研究方法，注重方志领域现状呈现与发展态势展望和预测，突显年度性、前沿性、原创性、实证性、时效性，贴近我国文化事业繁荣发展的总体趋势和方志文化建设客观实际，具有较高的理论价值和实践指导意义。

《中国方志发展报告》的推出是一次新的尝试，这项编纂成果必将逐步形成对内不断探索事业发展规律，对外传播方志文化的重要载体。可喜可贺，令人欣慰！

中国社会科学院副院长
中国地方志指导小组常务副组长　李培林
2017 年 12 月

编辑说明

一、指导思想　以马克思列宁主义、毛泽东思想、邓小平理论、“三个代表”重要思想、科学发展观、习近平新时代中国特色社会主义思想为指导，坚持辩证唯物主义和历史唯物主义立场、观点和方法，继承和发扬我国优秀文化传统，弘扬中国特有的方志文化，并对新方志事业的发展现状和热点问题进行年度研究，以专业的角度、专家的视野和实证的研究方法，针对方志领域现状与发展态势展开分析和预测。

二、断限范围　基本以2015—2016年两个年度进行研究，对个别事项的研究时限作适当上溯和下延。

三、内容要求　全书各报告反映两年来促进地方志事业转型升级的有益探索和创新举措，贯彻“一纳入、八到位”、实现“两全目标”的做法和经验，地方志工作在经济、社会、文化发展大局中的地位、作用和成果，本区域、本系统地方志工作的亮点与特点，以及对地方志事业发展的趋势预判和对策建议等。

四、总体结构　全书总体划分为三个部分：第一部分为总报告；第二部分为专题报告；第三部分为附录。

五、体例要求　全书每篇报告除了对所研究领域的现状描述外，还指出该领域存在的问题和对策，并预测分析未来发展的趋势。全书各报告均设置内容提要和关键词。

六、注释方式　为体现学术规范，本书所参考的重要资料，采取随文标出，集中在页下注释的方式，一一注明出处。

七、数字标点　遵循国家标准出版规定，数字书写以GB/T15835-2011《出版物上数字用法》为准；行文使用标点符号以GB/T15834-2011《标点符号用法》为准。

摘　要

《中国方志发展报告（2017）》由总报告、专题报告以及附录组成，全面、客观、系统地反映我国新编地方志事业发展的状况，研究分析了新方志事业在不断开拓创新的历史进程中取得的新成绩，面临的新形势，遇到的新问题，以及如何应对，重点反映了2015—2016年促进地方志事业转型升级的有益探索和创新举措，贯彻“一纳入、八到位”、实现“两全目标”的做法和经验，地方志工作在社会发展大局中的地位、作用和成果，本区域、本系统地方志工作的亮点和特点，以及对地方志事业发展的趋势预判和对策建议等。报告从专业的角度，以专家的视野和实证的研究方法，针对方志领域现状与发展态势展开分析和预测，堪称一部权威的年度性重要文献。

Abstract

Report on the Development of China's Local Chronicles, which is composed of a general report, reports on specific topics and appendices, reflects the conditions of new local chronicles developments in China comprehensively, objectively and systematically. It studies and analyzes the new achievements, new situations and new problems of new local chronicles in the historical background of exploration and innovation, as well as solutions to deal with them. It mainly reflects the salutary exploration and innovation measures to promote the transformation and upgrading of local Chronicles from 2015 to 2016, and the practices and experiences in the implementing of "one in consideration, eight in preparation" and in the securing of the "Two Comprehensive goals". It also shows the status, functions and achievement of local chronicles in the overall development of the society, and the highlights and characteristics of local chronicles in a certain region and the system, as well as the forecast and suggestions on the development of local chronicles. By conducting an analysis and prediction of the current situation and development trend of local chronicles from a professional point of view and using the empirical research method, this report constitutes an authoritative literature of the year.

有关组织机构、文件全称与简称对照表

全称	简称
中国社会科学院	中国社科院
中国地方志指导小组	中指组
中国地方志指导小组办公室	中指办
地方志编纂委员会	地方志编委会（方志编委会、方志委）
地方志办公室	地方志办（地志办、方志办、志办）
地方史志办公室	地方史志办（史志办）
《全国地方志事业发展规划纲要（2015—2020年）》	《规划纲要》

目录 Contents

Ⅰ　总报告

Ⅱ　专题报告

Ⅲ　附　录

I General Report

II Special Report

Ⅲ Appendix

I

总报告

2015—2016年全国地方志事业发展综述

宋丽亚

提　要：2015—2016年这两年，全国地方志事业取得了跨越式发展，主要表现在："一纳入、八到位"落地有声，顶层设计不断完善，志书编修稳中有进，旧志整理工作有质有量，信息化建设突飞猛进，方志馆建设迈上新的台阶，读志用志工作领域不断拓宽，地方志理论研究呈现新特点，新气象，从依法修志到依法治志实现跨越式发展，地方志机构队伍建设不断强化。取得的成绩虽然巨大，但制约地方志事业发展的难题依然存在，需要从解决地方志事业发展面临的突出矛盾和主要问题入手，转变发展观念、理清发展思路、提升发展理念，全面统筹以破解发展难题。下一步如何继续保持高位运行态势，如何在全国范围内全面推进地方志从一项工作向一项事业转型升级，如何确保《全国地方志事业发展规划纲要（2015—2020年）》既定任务，尤其是"两全目标"有质有量地完成，是当今和今后一段时间内亟须解决的核心问题。

关键词：全国地方志事业　成绩　问题　对策

2015—2016年是方志发展史上值得浓墨重彩、大书特书的两年。两年来，《全国地方志事业发展规划纲要（2015—2020年）》（以下简称《规划纲要》）颁布实施，"加强修史修志"载入《中华人民共和国国民经济和社会发展第十三个五年规划纲要》等，具有里程碑意义，影响地方志事业发展深远的大事多、喜事多。"一纳入、八到位""依法治志""方志人精神"等的提出，具有跨时代意义，解决地方志事业发展难题的概念多、思路清。全国地方志“十大工程”的推出，直面发展问题，推动地方志事业有序健康科学发展的办法多、举措多，全国地方志事业不断深化改革、创新发展，进入并持续高位稳定运行。

一、全国地方志事业发展概况

自第五次全国地方志工作会议召开以来，中指组及其办公室团结带领各级地方志工作机构，紧紧围绕党和国家事业发展大局，推动地方志事业在全国范围内转型升级。2015 年的定位是培训年、调研年，主要是在全国范围内就地方志工作展开调查研究，发现与分析问题，并在此基础上统筹规划，着力推进顶层设计。2016 年的定位是改革年、创新年，主要是继续强化顶层设计，拓展地方志功能，增强地方志事业活力。

（一）“一纳入、八到位”落地有声

两年来，党中央国务院高度重视地方志工作，习近平总书记 2015 年 7 月 30 日在中央政治局第 25 次集体学习时强调，“协调各地党史、军史、档案、政协文史资料、地方志、社科院、高校等部门和机构的力量，扶持民间研究，从军事、政治、经济、文化、社会、外交、国际等领域对抗战进行系统研究”，要求地方志工作机构要在抗战研究上发挥应有作用。李克强总理 2015 年 12 月就全国地方志系统先进模范座谈会作出重要批示，要求各级政府都要关心和支持地方志事业发展，希望地方志工作者继续发扬方志人精神，志存高远，力学笃行，直笔著信史，彰善引风气，为当代提供资政辅治之参考，为后世留下堪存堪鉴之记述。刘延东副总理 2015 年 1 月就编制《规划纲要》作出重要批示，2015 年 12 月，在接见全国地方志系统先进模范代表时发表重要讲话，对地方志工作和地方志工作者提出了新的要求。为了深入全面贯彻落实中央领导同志的重要批示、重要讲话精神，2015 年颁布施行了我国第一部全国地方志事业规划性文件——《规划纲要》，标志着全国地方志事业走上了规划先行、以科学规划引领发展的道路。2016 年在《中华人民共和国国民经济和社会发展第十三个五年规划纲要》中，明确提出“加强修史修志”，将地方志工作全面纳入了国民经济和社会发展规划，纳入了党中央、国务院部署的工作任务。

全国各地持之以恒地坚持全面落实“一纳入、八到位”工作要求。北京、内蒙古、辽宁、吉林、上海、福建、江西、广东、四川、云南、青海等省（区、市）和新疆生产建设兵团均将地方志工作纳入本地“十三五”规划纲要中，多个省份均属首次。北京市“十三五”规划纲要中有5处提到地方志工作。北京、辽宁、吉林、江苏、安徽、福建、江西、山东、河南、湖北、广东、广西、重庆、四川、贵州、云南、陕西、新疆等省（区、市）还将地方志工作纳入年度政府工作报告，明确为政府工作任务，有的甚至纳入了省级政府督查范围。辽宁、江苏、浙江、福建、山东、广东、四川、贵州、云南、新疆等省（区）主要领导重视地方志工作，分别作出批示。其中，山东省领导两年内就地方志工作作出59次批示，省委副书记、省长郭树清作出13次批示。

（二）顶层设计不断完善

两年来，地方志的顶层设计从无到有，从有到多，从多到优，不断引领事业科学发展。从横向看，综合的有《规划纲要》，专项的有《全国年鉴事业发展规划（2016—2020年）》《全国地方志信息化发展规划（2016—2020年）》《全国地方志科研工作规划（2016—2020年）》《全国地方志史志期刊工作指导意见》等全国性专项规划和指导性文件。同时，在全国范围内召开了第一次全国方志馆工作会议、第一次全国地方志科研工作会议、第一次全国地方史志期刊工作会议等10多个第一次全国性会议，在地方志各个领域内加强统一规划部署，确保顶层设计的落实到位。从纵向看，在全国层面，有总的规划，有专项规划；在省级层面，也积极制定规划或实施方案，加强顶层设计和战略谋篇。两年来，有30个省（区、市）出台本地地方志事业发展的规划性文件。其中，北京、天津、河北、山西、吉林、黑龙江、上海、安徽、福建、江西、山东、河南、湖南、广东、广西、海南、四川、云南、陕西、甘肃、青海等省（区、市）及新疆生产建设兵团先后出台本地地方志事业发展规划或规划纲要，内蒙古、江苏、湖北、贵州、西藏、新疆等省（区）先后出台贯彻《规划纲要》的实施意见或方案，浙江、辽宁等省出台进一步加强地方志工作的意见。在市、县级层面，同样注重顶层设计，科学规划。例如北京市延庆区委、区政府出台北京市规划纲要的实施方案，黑龙江省佳木斯、伊春、黑河、绥化等市也分别制定本地区的规划纲要。

（三）志书编修稳中有进

中指办实施中国志书精品工程、民族地区与贫困地区志书出版资助工程，开展省级志书编纂研讨，组织召开第一次全国地方志基层基础工作会议，确保二轮修志的进度。各地多措并举，紧抓第二轮修志进度。一是完善制度，建立了第二轮规划志书编纂进度报告制度和通报制度、业务帮扶制度等；二是签订责任书，建立健全督促检查机制、倒逼机制，加强行政执法；三是细化工作目标，量化完成时限，明确责任人，加强动态管理；四是强化靠前、跟踪服务，深入修志前线调研、指导、培训等。截至2017年第一季度末，全国第二轮三级志书规划5652部，其中省级志书2346部、地市级志书390部、县级志书2916部。按已出版指标统计，三级志书共出版2464部，占规划总数的44%。除广东省全面完成第二轮三级志书规划任务外，吉林、安徽、山东、河南、湖北、湖南、重庆、四川、宁夏等9个省（市、区）第二轮三级志书出版总完成率超过50%。[参见下文《全国第二轮修志规划任务完成情况通报》中附表:《全国第二轮三级志书完成进度统计表（按行政区划排序）》]

省级志书共出版562部，占规划总数的24%。除广东、宁夏完成规划任务外，天津、山东、湖南、重庆等4个省（市）以及新疆生产建设兵团出版总完成率超过50%。但是省级志书出版完成率低于20%的还有15个省区市，其中有5个省为零（个别省为整体打包出版）。[参见下文《全国第二轮修志规划任务完成情况通报》中附表:《全国第二轮省级志书完成进度统计表（按行政区划排序）》]

地市级志书共出版181部，占规划总数的46%。除广东、安徽完成规划任务外，吉林、江苏、江西、河南、湖北、四川、甘肃等7个省的出版总完成率超过50%。但是出版完成率低于20%的还有5个省区市和新疆生产建设兵团，其中有2个省区为零。[参见下文《全国第二轮修志规划任务完成情况通报》中附表:《全国第二轮市级志书完成进度统计表（按行政区划排序）》]

县级志书共出版1723部，占规划总数的59%。除广东、安徽完成规划任务外，吉林、上海、江苏、江西、山东、河南、湖北、湖南、四川等9个省（市）的出版总完成率超过70%。但是出版完成率低于20%的还有5个省区市和新疆生产建设兵团，其中有2个省市为零。[参见下文《全国第二轮修志规

划任务完成情况通报》中附表:《全国第二轮市级志书完成进度统计表(按行政区划排序)》]

专门志、行业志、专题志的编修成果丰富。中指办完成国务院交办的《汶川特大地震抗震救灾志》编纂工作，在北京人民大会堂举行首发式。各地服务中心工作，突出时代特色，行业特色、地域特色。截至2016年12月底，两年内全国年内出版部门志、行业志、专题志700多部，累计出版23500多部。

乡镇志、村志编修掀起热潮。中指办深入推进中国名镇志文化工程，并在北京人民大会堂召开首届全国名镇论坛暨中国名镇志文化工程丛书首发式；启动中国名村志文化工程。各地积极响应、认真组织，严格把关，有的制定规范性文件，有的列入本地区修志规划中加以组织、指导和推进。其中北京、江苏、河南、湖北、四川等省（市）全面启动乡镇（村）志编纂工作。截至2016年12月底，全国年内出版乡镇志、村志500多部，累计出版4700多部。

各级地方志工作机构坚持质量第一。中指办从编纂、出版等环节入手，严把质量关。各地坚持狠抓志书质量，通过前移质量关口、加大业务交流、培训力度，建立志书专家库，规范总纂备案、评审验收、出版印刷等，严格志书编纂、评审程序，建立业务帮扶制度、志稿修改报告制度、志稿质量抽查制度，构建质量标准规范体系、质量标准控制体系、质量责任体系、质量指导体系、质量评审体系、质量保障体系，组织志书质量评比等，强化制度约束，强化流程管理，确保第二轮志书质量。

（四）旧志整理工作有质有量

截至2016年12月底，两年来全国地方志系统整理出版旧志400多部，累计达2800多部。各地旧志整理工作力度不断加强，工作模式百花齐放。如北京加强旧志工作顶层设计，制订旧志整理规划；河北化整为零，以市级地方志机构为单位，通过与高等院校、科研院所、图书馆、档案馆、文博馆等单位合作等方式，积极开展旧志普查、搜集、整理、出版工作；黑龙江与国家图书馆出版社签订战略合作协议；福建实行合作整理出版、合理分摊经费的模式，支持经济困难县（区）旧志整理出版。

省级层面启动旧志的摸底、整理以及丛书（集成）等编纂出版工作。广东省在完成《广东历代方志集成》出版后，开始了新一轮旧志整理工作。上海市完成《上海府县旧志丛书》出版，山东省完成《山东省历史地图集》编纂。贵州省编辑出版《贵州历代方志集成》。江苏、福建、山东、河南、广东、四川、陕西、宁夏等省（区）继续推进《江苏历代方志全书》、《闽台历代方志集成》、《山东省历代方志集成》、《河南历代方志集成》、《民国广东年鉴资料汇编》、《四川历代方志集成》、《陕西历代旧志文库》（影音为主）、《陕西省历代旧志集萃》（点校为主）、《宁夏旧方志丛书》编辑、出版工作。其中，江苏点校的乾隆《江南通志》被列入“2011—2020年国家古籍整理出版规划项目”。江苏、福建、江西、河南、湖南、广西、重庆、四川、云南等省（市、区）出版部分旧志点校本、影印本等。

旧志整理工作进一步向市、县延伸。例如：河北的石家庄、保定、廊坊、邢台、张家口、沧州等市，江苏的常熟、太仓、昆山、苏州、镇江等市，浙江的宁波、湖州、金华、台州等市，福建的南平、晋江等市，河南的开封、安阳、汤阴、商丘、驻马店等市县，陕西的榆林、安康等市的旧志整理成果频出。

（五）信息化建设突飞猛进

中指办大力推进“互联网＋地方志”战略，启动全国信息方志与数字方志建设工程，成功开通中国地情网、中国方志网，方志中国微信，引领地方志信息化大发展。各地按照“互联网＋地方志”的新理念，加快推进网站、数据库、微信平台等建设。截至2016年12月底，全国地方志系统两年年内新建网站、网页120多个，累计建设网站、网页约1200个；开通省级方志微信20个，市、县级方志微信200多个。

各地地情网站群覆盖面逐步扩大。山东、广东、广西、陕西等省实现地情网省、市、县三级全覆盖，北京、辽宁基本建成全省（市）地情网站群，内蒙古、黑龙江、江苏、浙江、江西、河南、湖北、广西、陕西等省（区）实现地情网省、市两级全覆盖；河北省情网、内蒙古区情网蒙文版、手机版正式上线；北京、内蒙古、辽宁、吉林、上海、福建、江西、山东、河南、湖北、广西、海南、四川、贵州、新疆等省（市、区）完成地情网改版升级。“上海通”网站开辟英文栏目。

各地地方志数据库（数字方志馆）建设走向规范化和规模化。江苏制定《江苏省地方志数字资源标准规范》并报省质监局申请立项，全国地方志数据库标准化建设迈出了坚实的第一步。各省（区、市）不断完善地情资源数据库建设，快速扩容。其中，辽宁省基本建成地情资料数据库，上海市初步实现全市志书数字化，江苏省全面启动“智慧方志”信息化工程，浙江省完成了多位一体的信息检索数据库建设，福建省完成“数字方志”一、二期项目，山东省开展首轮县志数字化工作，湖南省正式启动“湖南数字方志馆”工程等。

全国方志新媒体矩阵初具规模，北京、河北、内蒙古、吉林、上海、江苏、安徽、福建、江西、山东、河南、广东、广西、海南、重庆、四川、宁夏、新疆等省（市、区）开设微信公众号，为社会各界读志用志提供服务，受到广泛关注。同时，各地微信平台与其他媒体积极合作，提升影响力。例如“方志上海”微信公众号和《解放日报》《联合时报》建立业务联系，“方志江西”与《江西手机报》、中国江西网、大江网、今日头条、新浪等媒体展开合作，“方志四川”政务账号入驻“今日头条”。新媒介不断涌现，“平顶山地情APP”不断完善，驻马店“点击天中”和掌上信息库研制成功并投入使用。

（六）方志馆建设迈上新的台阶

中指办全力推进方志馆建设与研究工程，完成“方志中国”展览布展并对外开放，积极推进“魅力中国”布展工作，统筹推进国家方志馆分馆建设。各地方志馆建设加速推进，截至2016年12月底，全国两年内新建各级方志馆约100个，累计建成方志馆471个。

省级方志馆建设有力度。运行中的北京、吉林、黑龙江、上海、江苏、江西、山东、湖南、广西、陕西等省级方志馆不断丰富馆藏，举办各种专题展，拓展方志馆服务功能，提升服务力，增强影响力。其中，吉林省着手打造方志馆公益服务实体平台。完成改扩建的有福建、湖北等省方志馆，处于布展环节的有广东、海南等省方志馆，启动改建的有河南省方志馆，处于建设环节的有安徽、重庆方志馆。处于正式立项环节的有上海通志馆新馆。天津、河北、山西、吉林、四川、西藏、新疆等省级方志馆建设也取得实质性进展。辽宁省内方志馆建设实现零的突破。山东省委、省政府明确在全省档案馆升级改造中把方志馆列入其中，推动全省方志馆建设。

基层方志馆建设有亮点。北京市推进乡情村史馆建设；河北省结合美丽乡村建设和脱贫攻坚工作，在村镇推进村志村史室建设；河南省尉氏县将文保与方志馆建设统一起来，创造性地将方志馆构建在国家级文保单位——刘青霞故居内，极具特色；四川省广安市方志馆建设纳入广安市博物馆整体立项；陕西省西安地方志馆采取网络建设和图书管理兼容的模式，有独立事业编制，安康地方志馆坚持地校合作、市区联动、学社互通等协同模式。

（七）读志用志工作领域不断拓宽

中指组立足拓展地方志功能，提升主动服务经济社会大局能力，全面推进全国地方志“一体两翼”用志工程，编纂出版《中华家训精编100则》《中国古代为官箴言》等，取得了阶段性成果，凸显地方志“资政、教化”功能，社会反响很大。各地围绕党委政府中心工作，主动作为，成效显著。

一是深入学习贯彻习近平总书记2015年7月在中共中央政治局第25次集体学习时的重要讲话精神，抗战研究工作不断深入。山东省出版纪念抗战胜利70周年丛书并筹拍专题片，黑龙江省启动编纂《东北抗日联军图志》等特色志书，北京、天津、河北、山西、辽宁、上海、江苏、河南、海南、四川、陕西等省（市）也深挖方志资源，编写抗战题材丛书，深化抗战研究，弘扬抗战精神。四川省落实李克强总理夜访成都宽窄巷子的重要指示，启动中心城区《成都风土人文丛书》编纂工作，组织编纂《宽记窄览——宽窄巷子的成都记忆》。为纪念红军长征胜利80周年，弘扬伟大的长征精神，四川省编纂系列地情图书。

二是各地深入开展地情研究，通过编辑资政刊物，编写志书干部读本或地情书籍，为党委政府科学决策提供信息咨询服务。例如北京创编《地情参阅》，编报自然环境及灾害防治相关信息参考；山西实施按年度序列研究省情的重大“创新工程”，出版《山西省情报告（2015）》蓝皮书；吉林开发了可读性、趣味性强的青少年知家乡爱家乡方志系列读物；广东省围绕中心工作先后编纂《广东省行政区划图志》《广东资政志鉴》《广东历代方志南海史料辑录》，等。据统计，仅新疆地方志系统出版各类地情书就近400种。

三是各地积极参与规划编制、旅游开发、气象研究、地名普查、历史文化遗产发掘保护、扶贫行动、陈列展览等方面的工作。例如北京市与市气象局等部门合作开展通州的水务及气象研究工作，力求为北京城市副中心规划建设提供决策参考。浙江省积极服务农村文化礼堂建设。湖北省承担地名普查等工作。

四是各地致力文化建设。例如北京市参加第十一届中国北京国际文化创意产业博览会、与市政府新闻办联合举办“记住乡愁——让地方志延续北京历史文脉”发布会、打造“一把手走上京华讲坛”文化品牌等，传承历史文化。天津编辑出版《津门读史杂记》，抢救性挖掘地情资料，传承天津优秀历史文化。江苏省组织编纂《江苏好家训》。山东启动齐鲁历史名人动漫项目，将《齐鲁诸子名家志》收录的历史人物改编成动漫，弘扬传统文化。河南省启动编纂《传承——河南省非物质文化遗产项目代表性传承人实录》丛书。广东省继续推进全省 18 万个自然村落历史人文普查工作。陕西编纂《商於古道》成为中央电视台大型电视专题片的解说素材。北京、内蒙古等市（区）依托地方志资源，与电视台等媒体合作，深度挖掘地方历史文化资源，宣传地方历史文化。

（八）地方志理论研究呈现新特点、新气象

中指组进一步拓宽理论研究的平台，在中国地方志学会、新方志论坛和《中国地方志》期刊等原有平台基础上，成立了中国地方志学会方志学研究会、年鉴研究会、方志馆研究会、信息化研究会、史志期刊研究会 5 个研究会。进一步拓宽理论研究的视野，开展中华一统志编修可行性论证、方志学学科建设工程等重大研讨活动，引领全国地方志理论研究向纵深发展。截至 2016 年 12 月底，全国地方志系统两年内共发表志鉴论文 2000 多篇，出版专著、教材、论文集 100 多部。

各地理论研究呈现以下特点：一是管理逐步规范化、制度化。例如北京市健全科研工作体制，规范科研工作机制，发布年度地方志课题；广东省推行课题研究制度化，公开向社会征集研究成果；湖南省理论研究制度不断完善。二是方式逐步多元化。通过举办学术年会、理论研讨会，开展学术交流活动，推进地方志课题研究，组织优秀论文评选、编辑出版论文集等多种模式，同时充分发挥地方志学会、地方志期刊等平台、阵地作用，努力推动地方志基础理论、应用理论、管理理论研究。三是主办方逐步跨区域化。例如河北、安徽两省联合举办“冀皖方志论坛”，湖北、河南、安徽成立鄂豫皖大别山地区地方史志工作交流协作会等，扩大了理论研讨范围，拓宽了理论研究视野。四是影响力不断扩大。吉林省“方志理论研究三百工程”成为全国地方志有影响力的理论研究品牌，上海市“上海地方志论坛”、“湘志杯”地方志理论研究征文

评奖活动等都是面向全国的有影响力的理论研究平台。浙江省《中国方志馆研究》课题成果经全国哲学社会科学规划办公室鉴定公布为"优秀"等级。

（九）从依法修志到依法治志实现跨越式发展

《规划纲要》明确将"坚持依法治志"作为六大基本原则之一，其颁布施行标志着全国地方志从依法修志走向依法治志。中指组组织专家就国务院《地方志工作条例》的修订完善工作充分征求意见，进一步完善地方志法规体系。

各地地方志法治化建设也取得新进展。一是地方志法规体系不断健全。两年内西藏自治区出台《西藏自治区实施〈地方志工作条例〉办法》，青海省政府出台《青海省地方志工作规定》。至此，除天津、辽宁、重庆外，有28个省（市、区）出台省级地方志法规规章。其中，山东省还在全国率先实现市、县地方志规章规范性文件全覆盖，全省17个市、137个县（市、区）全部颁布了地方志规章或规范性文件，形成较为完善的法规体系。天津、吉林立法工作也卓有成效，天津市即将出台《天津市地方志工作办法》,《吉林省地方志工作条例》修订已被列入2017年吉林省人大立法计划。除此之外,《江苏省地方志条例》已被列入2017年江苏省人大常委会立法调研项目，黑龙江省修订《黑龙江省地方志工作规定》,《广东省地方志工作条例》被列为广东省人大立法预备项目。

二是依法履职不断严格规范。北京、上海、福建、江西、广东、广西、四川等省（区、市）政府正式公布本省（区、市）地方志工作机构权力清单、责任清单。北京市规范行政许可工作程序，加强执法检查调研工作。四川省依法梳理行政执法依据，加强地方志行政权力依法规范公开运行平台建设。河北、辽宁、黑龙江、江苏、山东、海南、四川、贵州等省依法对第二轮市县志编修工作进行督促检查，其中山东省由副省长带队开展督察工作。

三是法治环境不断优化。上海、福建、宁夏坚持每年开展地方志法规宣传活动；辽宁、广西、海南、陕西、新疆等省（区、市）组织开展纪念《地方志工作条例》颁布实行10周年纪念活动，开展法规宣传。尤其是上海市开展上海市"地方志知多少"网络与微信有奖竞赛活动，在社会中引起较大反响。同时，各地把法治教育纳入方志系统培训内容，通过组织法治培训班、法治宣讲团、知识竞赛、法治内容考试等方式，提升了各级政府和地方志部门对国务院

《条例》贯彻的自觉性，增强了广大地方志工作者运用法治思维和法治方式开展工作的能力。

（十）地方志机构队伍建设不断强化

中指组在狠抓“机构到位、人员到位”的同时，采取多种举措加强队伍建设：一是开展全国地方志系统表彰先进活动，加强人才队伍建设；二是举办第一次全国年鉴主编培训班、第一次全国方志馆培训班、第一次全国地方志系统信息化培训班、第一次全国地方史志期刊培训班、第一次援藏培训班、全国地方志机构新任负责人培训等，努力提升人员素质，三是与中国社科院研究生院合作办学，培养地方志专业人才，不断提升地方志队伍素质水平。

机构建设有突破。江苏省19个尚无地方志工作机构的市辖区近期将全部挂牌并配给编制，实现省、市、县三级修志机构全覆盖；福建省成立年鉴工作处，厦门市等一批市、县志办改名为人民政府地方志办公室；江西省志办由原来的“小厅小处”升格为“小厅大处”，提高了干部职工的积极性；山东省调整省志办内设机构，省情资料处更名为信息工作处，不再与年鉴工作处合署；广东省按照《规划纲要》要求迅速调整省志办内设机构，增设地方史处，内设机构增加领导职数；四川省地方志编纂委员会更名为四川省地方志工作办公室，理顺依法治志体制；甘肃省各市、县严格落实机构到位、编制到位，恢复了撤销的机构，补充了人员，两年来，各市、县新增修志专职人员近40人。

队伍建设强作风。各地还认真组织开展“三严三实”专题教育活动、“两学一做”学习教育，积极加强干部队伍建设，增强了党员干部履职尽责的进取意识；完善各项工作制度，以规范管理促工作发展；不断完善学习制度、交流制度，举办多种形式的培训，提高地方志工作机构工作人员的业务素质；组织开展技能比赛、表彰先进等活动，营造风清气正、团结向上、干事创业的氛围。

二、问题与对策

当前，全国地方志事业正处于高位运行，发展势头迅猛，但是不可否认《规划纲要》任务的完成还任重道远，制约事业发展的难题依然存在，需要从解决地方志事业发展面临的突出矛盾和主要问题入手，转变发展观念、理清发展思路、提升发展理念，全面统筹以破解发展难题。

（一）“一纳入、八到位”总体要求落实不到位，在一些地区的机构、编制、经费落实不到位尤其突出

主要表现：一是极少数市、县没有地方志工作机构，如湖南省有1个市和5个县市区无地方志工作机构；部分省级地方志工作机构规格低，协调指导全省史志工作力不从心；在市、县两级，与党史办、档案局合一的现象有所增加，长期来看，与地方志“十业并举”，全面发展的形势不吻合，无法适应地方志事业的发展需要。二是部分地方志工作机构存在缺少编制，占编不在岗或在编不在岗等现象。三是经济欠发达省（区、市）的部分地方志工作机构工作经费不足，基础设施较落后。

相关对策：一是用法治思维、法治手段解决问题。首先，要修订《地方志工作条例》，尤其是就有关机构与人员的地方志职责，以及地方志违法责任查究等方面作出修订，明确地方政府、地方志工作机构、承编单位的工作职责、界限，明确相应的法律责任条款，对地方志工作机构的行政处罚权作出具体规定，切实做到有法可依。各级政府、地方志工作机构要依法履行相关职能，依法落实“一纳入、八到位”总体要求。其次，逐级建立督促检查制度，督察《规划纲要》“一纳入、八到位”的落实情况。各级政府也要加大依法督查考核的力度，切实做到违法必究。二是用有为换有位。只有工作到位，一方面扎扎实实提供更多更优秀的方志文化成果，另一方面把地方志工作与当地的中心工作、重要工作有机结合起来，围绕中心服务大局，才能得到党委政府的重视和支持。只有党委政府重视了，有了政策支持，才能更好地解决地方志工作机构设置、人员编制、队伍稳定、经费保障等问题。

（二）事业发展水平差异明显

主要表现：一是地区之间差异明显。部分省（区、市）已经完成，或者接近完成“两全目标”，实现地方志从一项工作到一项事业的转型；部分省（区、市）完成三级志书规划任务不足5%，甚至有的省还拘泥于“一本书主义”，甚至在同一省份的市与市之间、县与县之间，地方志工作发展也存在失衡。二是志、鉴、库、馆、网、用、会、刊、研、史“十业”之间发展不平衡。部分地

区没有方志馆，部分地区信息化建设滞后，部分地区理论研究水平低，部分地区服务大局的能力不足等，与地方志事业全面发展，形成“五位一体”的地方志事业发展综合体系的既定任务不相适应。

相关对策：一是做好先进地区对后进地区的帮扶工作。首先，从大处着眼，从全局的高度、长远的角度来谋划帮扶工作，统筹安排，统一布置，把握工作的主动权，注重帮扶工作的可持续性。其次，从小处着手，要充分掌握各地各部门（单位）地方志工作的实际情况，尤其是要梳理清楚后进地区工作滞后的原因，了解后进地区的需求，注重帮扶工作的针对性。再次，通过培训等，提升后进地区自身造血的能力，注重帮扶工作的实效性。二是做好地方志转型升级理念的推广。某些地区方志馆、信息化、理论研究等领域落后于全国水平，主要原因还是观念的陈旧，认为做好地方志，只有编好志鉴就可以了，还没有意识到地方志已经发展到另外的阶段。只有树立协调发展的理念，才能意识到当前地方志工作十个领域缺一不可，地方志“五位一体”，缺少哪一个环节，地方志事业都将受阻，也才能意识到方志馆、信息化、理论研究建设对地方志编修体系建设的重要意义，也才能真正做到在协调发展中拓展发展空间，在加强薄弱领域中增强发展后劲，从而不断推进后进地区整体发展。

（三）第二轮三级志书编修问题突出

主要表现：一是进度形势逼人，除县级志书编纂进展相对较快，完成规划任务刚刚过半外，三级志书、省级志书、市级志书完成规划任务均未过半，其中省志编纂进度最为缓慢，仅仅完成规划任务的 24%。到 2020 年还有三年时间，编修的时间紧、任务重、压力大，形势不容乐观。二是质量参差不齐。目前，为了抢时间、赶进度，以牺牲质量来抢进度的现象在某些地区比较严重。

相关对策：一是“三个到位”保障进度。首先，规划到位，即根据志书编纂的实际情况，倒排工期，制定切实可行的时间表、路线图，并按图索骥，按计划、有步骤地迅速推进，做到心中有底、心中有数。其次，督察到位，即分级分类做好行政督察，建立限期报告、调查复核、情况通报、责任追究等系列督促检查工作制度。需要注意的是，行政督察要坚持目标导向、问题导向，有针对性，切忌无的放矢。再次，保障到位，即领导要重视、机构、编制、经费、设施等要有保障，这是确保按时完成志书编纂任务的不可或缺的因素。二是“三个到位”确保质量。首先，认识到位，质量是地方志的生命线，要放到生死存亡的地步去认识。其次，制度建设到位，即梳理组织发动、资料搜集、志稿编写、总纂统稿、审核出版、开发利用等一系列环节，并且在每个环节上都要制定相关制度、建立质量标准。再次，经验总结到位。各地在确保志书质量做了大量工作，形成了许多值得借鉴的好经验，要进一步加以总结推广。

（四）方志人才青黄不接

主要表现：一是干部队伍素质与地方志事业发展要求还存在着差距。部分地方志工作者创新意识、拼搏意识、钻研精神缺乏；执行能力、业务能力、文字能力不足；方志基础理论素养、专业素养缺失，知识面不宽，综合素质堪忧。二是专家队伍老龄化严重，人才出现断层。

相关对策：一是完善教育培训制度。首先，要分级分类培训，注重培训的针对性与实用性。例如对地方志工作机构新任负责人、志鉴主编（总纂）、普通业务人员等要分别进行专项培训，对地方志信息化、方志馆建设、科研工作、期刊工作等工作人员也要分类进行业务培训。其次，要跟踪培训，注重培训效果，及时调整培训方案。再次，要支持地方志工作人员接受专业继续教育，努力培养一支现代化、专业化人才队伍。

二是建立健全人才引进和激励机制，不断优化人才成长环境。首先，开拓思路、勇于创新，通过内部挖潜培养业务骨干和对外选拔、引进和聘用人才相结合的办法，整合盘活方志专家队伍。其次，建立各级地方志专家库，选拔一批方志专业领军人才，抓好人才梯队建设。

三、展望

目前，地方志仍处于爬坡过坎的关键时期，如何保持高位运行态势，如何在全国范围内全面推进地方志从一项工作向一项事业转型升级，如何确保《规划纲要》既定任务，尤其是“两全目标”有质有量的完成，是当今亟须解决的核心问题。

（一）在相当长的一段时间内，重点工作就是在全系统内建立方志文化自信，以解决自身价值认同和职业认同缺失的问题

只有每一个方志人对方志文化地位、作用有了深度认同，对方志文化价值、意义有了充分肯定，对方志文化生命力有了坚定信念，那么才能由衷热爱方志事业，产生责任感、使命感、认同感，才能在地方志全面转型升级的过程中勇敢担当，勇于作为。只有每一个地方志工作机构对方志文化发自内心的尊敬、认同、信任和坚守，那么才能对地方志事业发展的前景充满信心，才能毫不犹豫地承担起应有的责任，依法组织实施和管理地方志，同时对中指组及其办公室的顶层设计精准理解，精准发力，精准落实，确保各项任务高质量完成，确保方志事业繁荣昌盛。

（二）在相当长的一段时间内，重点工作就是在全系统内全面推进依法治志，以解决地方政府、地方志工作机构、承编单位的工作职责、界限不清晰、违法承担责任不明确，方志系统协调指导修志难的问题

当务之急就是要启动国务院《地方志工作条例》的修订完善，开展《中华人民共和国地方志法》立法论证工作。同时要严格执法程序，强化地方志工作的督察考核，加大地方志法规规章的执行力度，依法纠正、查处执行不力和违法行为，从根本上杜绝“地方志违法行为”的发生，为地方志全面转型升级营造良好的法治氛围。

（三）在相当长的一段时间内，重点工作就是基本形成地方志编修体系、理论研究和学科建设体系、质量保障体系、资源开发利用体系、工作保障体系建设“五位一体”的地方志事业发展综合体系

可以说，地方志全面转型升级的衡量指标就是“五位一体”的地方志事业发展综合体系的基本形成。而“五位一体”的地方志事业发展综合体系的基本形成的标志，一是“两全目标”的高质量完成，二是全国地方志“十大工程”的高标准竣工。所以，要紧紧抓住这两个标志不放松，一鼓作气完成历史的使命，无愧于时代的担当。

全国第二轮修志规划任务完成情况通报

陈　旭　贺玉洁

根据国务院办公厅印发的《规划纲要》规定："到2020年，完成第二轮地方志书规划任务，省、市、县三级地方志书全部出版"和"一年一鉴，公开出版，实现省、市、县三级综合年鉴全覆盖"（以下简称"两全目标"）。"两全目标"提出一年多来，各地各级党委政府、地方志工作机构采取多项措施、多种手段，坚持依法治志，认真贯彻"一纳入、八到位"，全面开展宣传、提高认识，加强顶层设计，依靠党委政府出台规划和设定时间表、路线图，利用行政督查、年度考核、表彰先进等多种手段强力推进，取得了重要的成绩，部分省份有了重大突破。为全面摸底、实时掌握各地"两全目标"推进情况，2017年初，中指组专门发文就"两全目标"的完成情况进行细致统计。现就有关情况通报如下。

一、工作部署和安排

（一）组织发动

2月，文件印发各省级地方志工作机构后，中指办方志处、年鉴处逐个进行电话联系，明确任务、时间安排等。

（二）信息上报

3月底至4月初，督促上报统计数据，纸质版归档，电子文档进行汇总。

（三）数据整理

5 月，根据各统计指标进行分类录入，生成三级志书、综合年鉴统计数据表，进行计算、排序等。

（四）数据核实

5 月底至 6 月，为确保数据的准确性，建立联络员微信工作群，将统计表各数据返回各省级地方志工作机构逐个核对，确保最终数据真实、有效。在完成核对后，最终上报的数据均由各省级地方志工作机构负责人签字确定。

（五）数据处理

在确定数据准确后，又多次进行比对、核实、计算比率，生成统计图表等，全方位展示统计结果。

二、统计数据截止时间

本次统计数据截止时间为 2017 年第一季度末。

三、全国第二轮修志完成进展情况

（一）三级志书总体完成情况

截至 2017 年第一季度末，全国第二轮三级志书规划 5652 部，其中省级志书 2346 部、地市级志书 390 部、县级志书 2916 部。按已出版指标统计，三级志书共出版 2464 部，占规划总数的 44%。总完成率在 100% 的为广东省，在 80%—89% 之间的为河南省，在 70%—79% 之间的为宁夏、安徽、湖南、四川等 4 个省（区），在 60%—69% 之间的为山东、吉林、重庆等 3 个省（市），在 50%—59% 之间的为湖北省，在 40%—49% 的为江西、天津、江苏、河北、山西 5 个省（市），在 30%—39% 的为甘肃、福建、内蒙古、贵州、云南、黑龙江、辽宁、新疆等 8 个省（区），在 20%—29% 之间的为广西、浙江、陕西等 3 个省（区），低于 20% 的为青海、上海、海南、西藏、北京 5 个省区市和新疆生产建设兵团。

（二）省级志书总体完成情况

按已出版统计，省级志书共出版 562 部，占规划总数的 24%。完成率在 100% 的为广东、宁夏 2 个省（区），在 80%—89% 之间的为新疆生产建设兵团，在 70%—79% 之间的为湖南省，在 60%—69% 之间的为重庆市，在 50%—59% 之间的为山东、天津 2 个省（市），在 40%—49% 之间的为新疆、安徽 2 个省（区），在 30%—39% 之间的为山西、福建、四川、吉林、广西等 5 个省（区），在 20%—29% 之间的为陕西、内蒙古 2 个省（区），低于 20% 的为甘肃、青海、江苏、贵州、黑龙江、海南、辽宁、北京、浙江、西藏、上海、湖北、河南、云南、河北、江西等 16 个省（市、区）（其中湖北省、河南省已通过终审完成率分别 94%、83%，等待整体打包出版）。

（三）地市级志书

按已出版统计，地市级志书共出版 181 部，占规划总数的 46%。完成率在 100% 的为广东、安徽 2 个省，在 90%—99% 之间的为湖北省，在 80%—89% 之间的为河南、江西 2 个省，在 70%—79% 之间的为四川、吉林 2 个省，在 50%—59% 之间的为江苏、甘肃 2 个省，在 40%—49% 之间的为湖南、河北、山东 3 个省，在 30%—39% 之间的为云南、浙江、内蒙古、黑龙江、辽宁、福建 6 个省（区），在 20%—29% 之间的为山西、广西、贵州、宁夏 4 个省（区），低于 20% 的为青海、新疆、陕西、海南、西藏 5 个省（区）和新疆生产建设兵团。

（四）县级志书

按已出版统计，县级志书共出版 1723 部，占规划总数的 59%。完成率在 100% 的为广东、安徽 2 个省，在 90%—99% 之间的为湖北、江西、河南、四川等 4 个省，在 80%—89% 之间的为吉林省，在 70%—79% 之间的为湖南、上海、江苏、山东等 4 个省（市），在 60%—69% 之间的为宁夏、河北 2 个省（区），在 50%—59% 之间的为重庆、云南、贵州、甘肃、黑龙江、辽宁、内蒙古 7 个省（市、区），在 40%—49% 之间的为浙江、山西 2 个省，在 30%—39% 之间的为福建，在 20%—29% 之间的为广西、天津、新疆、青海 4 个省（市、区），低于 20% 的为陕西、西藏、北京、海南 4 个省（市、区）和新疆生产建设兵团。

全国第二轮省级志书完成进度统计表（按行政区划排序）

表 1

单位：部

序号	省份	志书级别	未启动	部署动员	篇目设置	资料收集	初稿撰写	分纂总纂	志稿评审初审	志稿评审复审	志稿评审终审	审后修改	移交出版	规划总数	已出版	占比（已出版/规划总数）	通过终审合计	占比（通过终审/规划总数）
1	北京	省级	—	—	—	2	26	—	28	1	—	—	7	67	3	4%	10	15%
2	天津	省级	—	2	3	2	14	—	2	1	—	3	2	61	32	52%	37	61%
3	河北	省级	—	—	—	—	39	—	15	9	9	—	—	72	—	0%	9	13%
4	山西	省级	—	4	2	6	26	—	15	—	3	—	—	92	36	39%	39	42%
5	内蒙古	省级	1	11	5	11	27	—	1	1	1	3	—	76	15	20%	19	25%
6	辽宁	省级	—	15	1	11	40	—	4	1	1	—	3	82	6	7%	10	12%
7	吉林	省级	—	1	—	—	19	—	—	7	—	11	1	60	21	35%	33	55%
8	黑龙江	省级	1	6	—	3	38	—	6	14	3	16	—	99	12	12%	31	31%
9	上海	省级	25	6	10	40	67	40	11	6	4	—	6	218	3	1%	13	6%
10	江苏	省级	—	—	—	1	27	—	5	12	5	9	11	82	12	15%	37	45%
11	浙江	省级	—	—	—	45	45	—	9	9	—	—	1	113	4	4%	5	4%
12	安徽	省级	—	—	—	—	4	—	13	—	12	—	19	88	40	45%	71	81%
13	福建	省级	—	1	3	2	19	—	5	8	8	2	3	83	32	39%	45	54%
14	江西	省级	1	—	—	12	75	—	11	3	—	—	—	102	—	0%	0	0%
15	山东	省级	—	—	—	2	14	—	11	—	—	4	1	76	44	58%	49	64%

续表

序号	省份	志书级别	未启动	部署动员	篇目设置	资料收集	初稿撰写	分纂总纂	志稿评审初审	志稿评审复审	志稿评审终审	审后修改	移交出版	规划总数	已出版	占比（已出版/规划总数）	通过终审合计	占比（通过终审/规划总数）
16	河南	省级	—	—	—	—	3	—	—	—	8	1	3	15	—	0%	12	80%
17	湖北	省级	—	—	—	—	—	—	—	—	—	1	83	84	—	0%	84	100%
18	湖南	省级	1	10	—	1	3	—	2	—	—	—	—	64	47	73%	47	73%
19	广东	省级	—	—	—	—	—	—	—	—	—	—	—	43	43	100%	43	100%
20	广西	省级	—	—	—	—	20	—	13	—	—	12	—	68	23	34%	35	51%
21	海南	省级	—	—	—	—	—	—	21	23	4	—	—	54	6	11%	10	19%
22	重庆	省级	2	—	1	1	18	—	2	2	—	—	8	86	52	60%	60	70%
23	四川	省级	2	—	1	2	9	—	5	9	—	17	15	93	33	35%	65	70%
24	贵州	省级	—	—	—	—	13	—	5	31	4	—	1	62	8	13%	13	21%
25	云南	省级	—	14	—	4	16	—	—	—	26	8	—	68	—	0%	34	50%
26	西藏	省级	—	2	—	1	47	—	3	—	—	1	1	56	1	2%	3	5%
27	陕西	省级	—	7	—	1	28	—	9	—	12	—	—	75	18	24%	30	40%
28	甘肃	省级	—	—	3	17	22	—	1	3	—	4	6	69	13	19%	23	33%
29	青海	省级	5	10	—	1	18.5	—	6	4.5	3	1	7.5	67	10.5	16%	22	33%
30	宁夏	省级	—	—	—	—	—	—	—	—	—	—	—	25	25	100%	25	100%
31	新疆	省级	—	2	1	4	9	—	2	2	2	—	—	41	19	46%	21	51%
32	兵团	省级	—	—	—	—	—	—	1	—	—	—	—	5	4	80%	4	80%

数据来源：2017 年第一季度各省区市上报

全国第二轮地市级志书完成进度统计表（按行政区划排序）

表 2

单位：部

序号	省份	志书级别	未启动	部署动员	篇目设置	资料收集	初稿撰写	分纂总纂	志稿评审初审	志稿评审复审	志稿评审终审	审后修改	移交出版	规划总数	已出版	占比（已出版/规划总数）	通过终审合计	占比（通过终审/规划总数）
1	河北	地市级	—	—	—	—	1	3	—	—	—	—	—	7	3	43%	3	43%
2	山西	地市级	—	—	—	—	3	—	1	—	1	2	1	11	3	27%	7	64%
3	内蒙古	地市级	—	—	—	2	4	—	—	—	1	1	—	12	4	33%	6	50%
4	辽宁	地市级	—	—	3	10	16	1	7	—	—	2	—	56	17	30%	19	34%
5	吉林	地市级	—	—	—	—	—	—	—	—	—	2	1	9	6	67%	9	100%
6	黑龙江	地市级	—	—	—	—	4	—	1	1	—	3	—	13	4	31%	7	54%
7	江苏	地市级	—	—	—	—	—	—	—	—	2	4	—	13	7	54%	13	100%
8	浙江	地市级	—	—	—	—	5	—	—	—	—	—	2	11	4	36%	6	55%
9	安徽	地市级	—	—	—	—	—	—	—	—	—	—	—	17	17	100%	17	100%
10	福建	地市级	—	—	—	—	1	—	4	—	2	—	—	10	3	30%	5	50%
11	江西	地市级	—	—	—	—	—	1	—	—	—	—	1	11	9	82%	10	91%
12	山东	地市级	—	—	—	—	8	—	—	—	—	1	1	17	7	41%	9	53%
13	河南	地市级	—	—	—	—	—	—	—	—	—	—	3	18	15	83%	18	100%
14	湖北	地市级	—	—	—	—	—	—	—	—	—	1	—	17	16	94%	17	100%

续表

序号	省份	志书级别	未启动	部署动员	篇目设置	资料收集	初稿撰写	分纂总纂	志稿评审初审	志稿评审复审	志稿评审终审	审后修改	移交出版	规划总数	已出版	占比（已出版/规划总数）	通过终审合计	占比（通过终审/规划总数）
15	湖南	地市级	—	—	—	4	1	—	2	1	—	—	—	14	6	43%	6	43%
16	广东	地市级	—	—	—	—	—	—	—	—	—	—	—	19	19	100%	19	100%
17	广西	地市级	—	—	—	—	7	—	2	—	—	2	—	15	4	27%	6	40%
18	海南	地市级	—	—	—	—	—	—	2	1	—	—	—	3	—	0%	0	0%
19	四川	地市级	—	—	—	—	3	—	—	1	—	1	—	21	16	76%	17	81%
20	贵州	地市级	—	—	—	1	1	—	1	1	1	2	—	9	2	22%	5	56%
21	云南	地市级	—	1	—	3	1	—	3	1	1	—	—	16	6	38%	7	44%
22	西藏	地市级	—	—	—	—	7	—	—	—	—	—	—	7	—	0%	0	0%
23	陕西	地市级	—	—	—	—	4	4	—	1	—	1	—	11	1	9%	2	18%
24	甘肃	地市级	—	—	—	1	—	3	1	—	—	—	2	14	7	50%	9	64%
25	青海	地市级	—	—	—	—	6	—	—	—	1	—	—	8	1	13%	2	25%
26	宁夏	地市级	3	—	—	—	—	—	—	—	—	1	—	5	1	20%	2	40%
27	新疆	地市级	—	—	—	1	8	—	—	—	—	—	—	10	1	10%	1	10%
28	兵团	地市级	—	—	—	9	2	—	3	—	—	—	—	15	1	7%	1	7%

数据来源：2017 年第一季度各省区市上报

全国第二轮县级志书完成进度统计表（按行政区划排序）

表 3

单位：部

序号	省份	志书级别	未启动	部署动员	篇目设置	资料收集	初稿撰写	分纂总纂	志稿评审初审	志稿评审复审	志稿评审终审	审后修改	移交出版	规划总数	已出版	占比（已出版/规划总数）	通过终审合计	占比（通过终审/规划总数）
1	北京	县级	—	—	—	—	—	—	16	1	—	—	1	18	—	0%	1	6%
2	天津	县级	—	—	—	1	3	—	1	6	—	1	—	16	4	25%	5	31%
3	河北	县级	—	—	—	—	10	—	13	12	8	3	7	148	95	64%	113	76%
4	山西	县级	—	—	5	11	23	—	9	6	1	5	9	120	51	43%	66	55%
5	内蒙古	县级	2	2	1	12	29	—	—	2	4	—	—	103	51	50%	55	53%
6	辽宁	县级	—	—	3	5	23	—	3	7	3	2	3	100	51	51%	59	59%
7	吉林	县级	—	—	—	—	3	—	—	—	—	2	3	59	51	86%	56	95%
8	黑龙江	县级	—	—	—	1	32	—	7	5	1	14	9	143	74	52%	98	69%
9	上海	县级	—	1	—	1	3	—	—	—	—	—	1	25	19	76%	20	80%
10	江苏	县级	—	—	—	—	2	—	1	1	9	13	—	96	70	73%	92	96%
11	浙江	县级	—	—	—	1	27	—	5	6	3	—	2	87	43	49%	48	55%
12	安徽	县级	—	—	—	—	—	—	—	—	—	—	—	115	115	100%	115	100%
13	福建	县级	—	—	—	—	16	—	11	7	3	5	10	83	31	37%	49	59%
14	江西	县级	—	—	—	—	—	2	1	1	—	—	1	100	95	95%	96	96%
15	山东	县级	—	2	—	1	22	—	2	1	—	10	4	138	96	70%	110	80%
16	河南	县级	—	—	—	—	—	—	—	—	—	—	9	150	141	94%	150	100%

续表

序号	省份	志书级别	未启动	部署动员	篇目设置	资料收集	初稿撰写	分纂总纂	志稿评审初审	志稿评审复审	志稿评审终审	审后修改	移交出版	规划总数	已出版	占比（已出版/规划总数）	通过终审合计	占比（通过终审/规划总数）
17	湖北	县级	—	—	—	—	—	—	—	—	—	—	2	97	95	98%	97	100%
18	湖南	县级	—	—	—	9	4	—	2	2	1	8	3	121	92	76%	104	86%
19	广东	县级	—	—	—	—	—	—	—	—	—	—	—	99	99	100%	99	100%
20	广西	县级	—	—	—	—	32	—	23	—	16	6	—	105	28	27%	50	48%
21	海南	县级	—	—	—	—	—	—	12	7	—	—	—	19	—	0%	0	0%
22	重庆	县级	—	—	—	3	7	—	—	2	—	1	3	39	23	59%	27	69%
23	四川	县级	1	—	—	—	2	—	—	2	1	3	7	174	158	91%	169	97%
24	贵州	县级	—	—	2	8	10	—	1	3	1	10	5	88	48	55%	64	73%
25	云南	县级	—	3	2	6	14	—	19	7	6	—	—	128	71	55%	77	60%
26	西藏	县级	—	5	4	11	34	—	9	3	—	—	2	73	5	7%	7	10%
27	陕西	县级	—	—	—	—	17	14	7	12	8	15	13	106	20	19%	56	53%
28	甘肃	县级	—	—	—	11	8	3	5	4	4	—	5	85	45	53%	54	64%
29	青海	县级	—	2	3	6	5	—	7	7	2	3	—	46	11	24%	16	35%
30	宁夏	县级	3	1	—	—	2	—	—	—	—	—	1	22	15	68%	16	73%
31	新疆	县级	—	—	1	10	24	—	1	—	7	8	1	69	17	25%	33	48%
32	兵团	县级	—	—	40	31	44	—	3	1	7	4	5	144	9	6%	25	17%

数据来源：2017年第一季度各省区市上报

全国第二轮三级志书完成进度统计表（按行政区划排序）

表 4

单位：部

序号	省份	志书级别	未启动	部署动员	篇目设置	资料收集	初稿撰写	分纂总纂	志稿评审初审	志稿评审复审	志稿评审终审	审后修改	移交出版	规划总数	已出版	占比（已出版 / 规划总数）	通过终审合计	占比（通过终审 / 规划总数）
1	北京	三级汇总	—	—	—	2	26	—	44	2	—	—	8	85	3	4%	11	13%
2	天津	三级汇总	—	2	3	3	17	—	3	7	—	4	2	77	36	47%	42	55%
3	河北	三级汇总	—	—	—	—	50	3	28	21	17	3	7	227	98	43%	125	55%
4	山西	三级汇总	—	4	7	17	52	—	25	6	5	7	10	223	90	40%	112	50%
5	内蒙古	三级汇总	3	13	6	25	60	—	1	3	6	4	0	191	70	37%	80	42%
6	辽宁	三级汇总	—	15	7	26	79	1	14	8	4	4	6	238	74	31%	88	37%
7	吉林	三级汇总	—	1	—	—	22	—	—	7	—	15	5	128	78	61%	98	77%
8	黑龙江	三级汇总	1	6	—	4	74	—	14	20	4	33	9	255	90	35%	136	53%
9	上海	三级汇总	25	7	10	41	70	40	11	6	4	—	7	243	22	9%	33	14%
10	江苏	三级汇总	—	—	—	1	29	—	6	13	16	26	11	191	89	47%	142	74%
11	浙江	三级汇总	—	—	—	46	77	—	14	15	3	—	5	211	51	24%	59	28%
12	安徽	三级汇总	—	—	—	—	4	—	13	—	12	—	19	220	172	78%	203	92%
13	福建	三级汇总	—	1	3	2	36	—	20	15	13	7	13	176	66	38%	99	56%
14	江西	三级汇总	1	—	—	12	75	3	12	4	—	—	2	213	104	49%	106	50%
15	山东	三级汇总	—	2	—	3	44	—	13	1	—	15	6	231	147	64%	168	73%
16	河南	三级汇总	—	—	—	—	3	—	—	—	8	1	15	183	156	85%	180	98%

续表

序号	省份	志书级别	未启动	部署动员	篇目设置	资料收集	初稿撰写	分纂总纂	志稿评审初审	志稿评审复审	志稿评审终审	审后修改	移交出版	规划总数	已出版	占比（已出版/规划总数）	通过终审合计	占比（通过终审/规划总数）
17	湖北	三级汇总	—	—	—	—	—	—	—	—	—	2	85	198	111	56%	198	100%
18	湖南	三级汇总	1	10	—	14	8	—	6	3	1	8	3	199	145	73%	157	79%
19	广东	三级汇总	—	—	—	—	—	—	—	—	—	—	—	161	161	100%	161	100%
20	广西	三级汇总	—	—	—	—	59	—	38	—	16	20	—	188	55	29%	91	48%
21	海南	三级汇总	—	—	—	—	—	—	35	31	4	—	—	76	6	8%	10	13%
22	重庆	三级汇总	2	—	1	4	25	—	2	4	—	1	11	125	75	60%	87	70%
23	四川	三级汇总	3	—	2	3	13	—	8	8	1	20	25	288	205	71%	251	87%
24	贵州	三级汇总	—	—	2	9	24	—	7	35	6	12	6	159	58	36%	82	52%
25	云南	三级汇总	—	18	2	13	31	—	22	8	33	8	—	212	77	36%	118	56%
26	西藏	三级汇总	—	7	4	12	88	—	12	3	—	1	3	136	6	4%	10	7%
27	陕西	三级汇总	—	7	—	1	49	18	16	13	20	16	13	192	39	20%	88	46%
28	甘肃	三级汇总	—	—	3	29	30	6	7	7	4	4	13	168	65	39%	86	51%
29	青海	三级汇总	5	12	3	7	29.5	—	13	11.5	6	4	7.5	121	22.5	19%	40	33%
30	宁夏	三级汇总	6	1	—	—	2	—	—	—	—	1	1	52	41	79%	43	83%
31	新疆	三级汇总	—	2	2	15	41	—	3	2	9	8	1	120	37	31%	55	46%
32	兵团	三级汇总	—	—	40	40	46	—	7	1	7	4	5	164	14	9%	30	18%

数据来源：2017 年第一季度各省区市上报

全国第二轮三级志书完成情况汇总表

单位：部

序号	志书类别	未启动	部署动员	篇目设置	资料收集	初稿撰写	分纂总纂	志稿评审初审	志稿评审复审	志稿评审终审	审后修改	移交出版	规划总数	已出版	占比（已出版 / 规划总数）	通过终审合计	占比（通过终审 / 规划总数）
1	省级	38	91	30	169	686.5	40	206	146.5	105	93	178.5	2346	562.5	24%	939	40%
2	地市级	3	1	3	31	82	12	27	7	9	23	11	389	180	46%	223	57%
3	县级	6	16	61	128	396	19	158	105	85	113	106	2916	1723	59%	2027	70%
4	三级汇总	47	108	95	329	1163.5	71	394	254.5	199	228	298.5	5651	2463.5	44%	3189	56%
5	三级各阶段总占比	1%	2%	2%	6%	21%	1%	7%	5%	4%	4%	5%	—	44%	—	56%	—

数据来源：2017 年第一季度各省区市上报

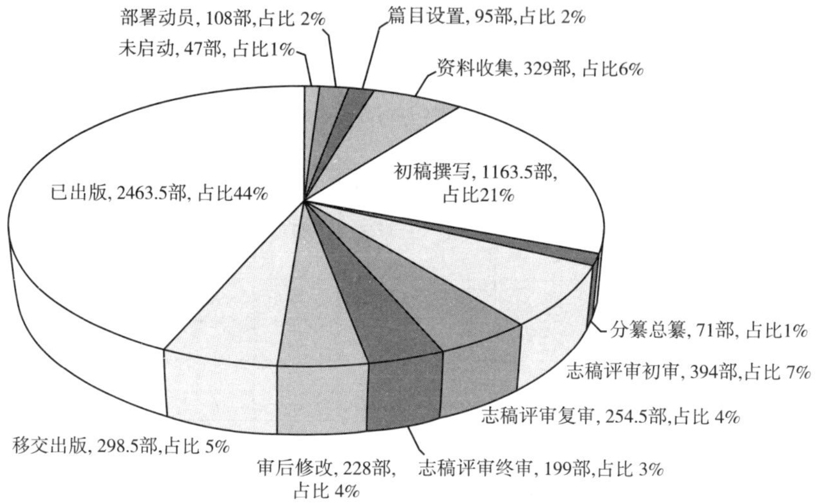

图 1　全国第二轮三级志书完成情况汇总表

（截止时间：2017 年第一季度末）

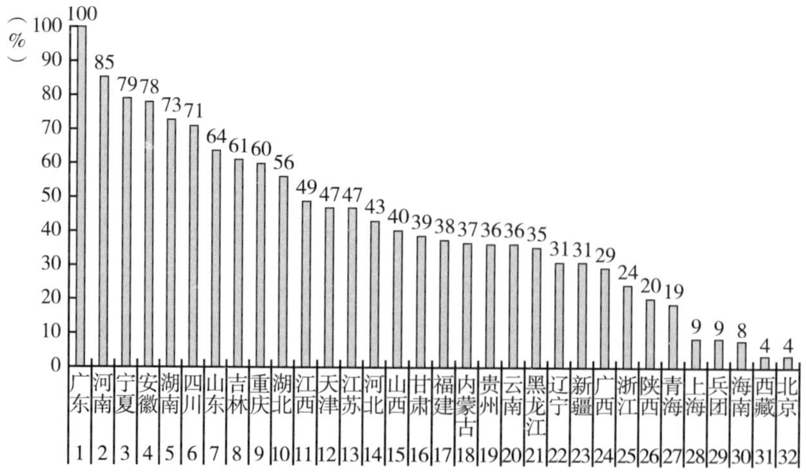

图 2　全国第二轮三级志书已出版占规划总数比例排名表

（截止时间：2017 年第一季度末）

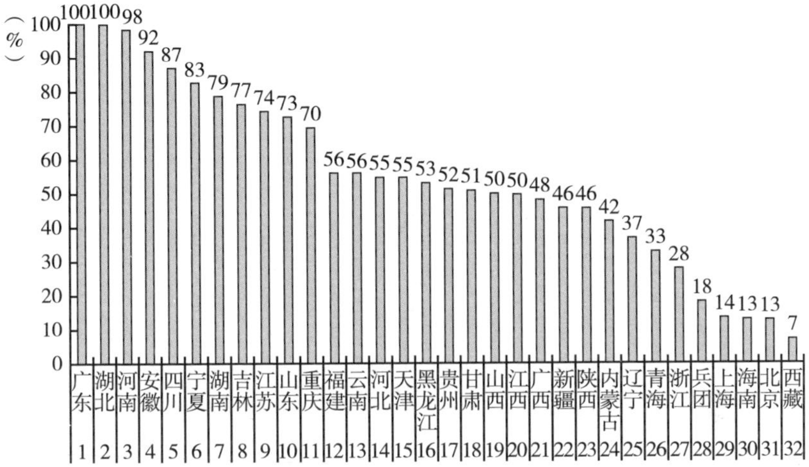

图 3　全国第二轮三级志书通过终审占规划总数比例排名表

（截止时间：2017 年第一季度末）

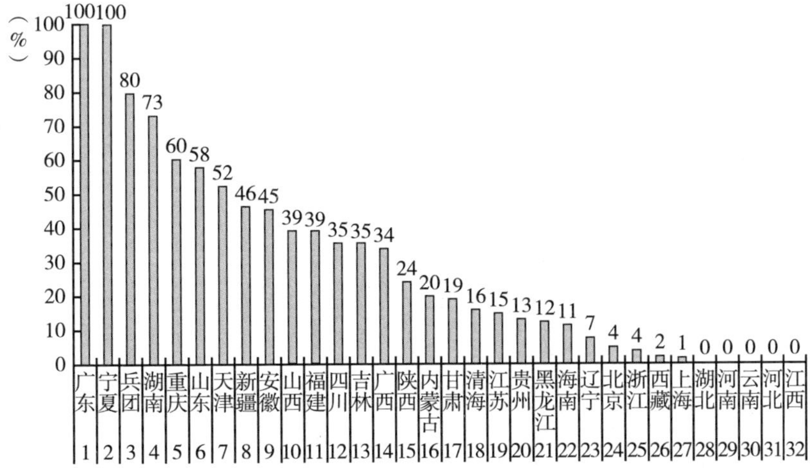

图 4　全国第二轮省级志书已出版占规划总数比例排名表

（截止时间：2017 年第一季度末）

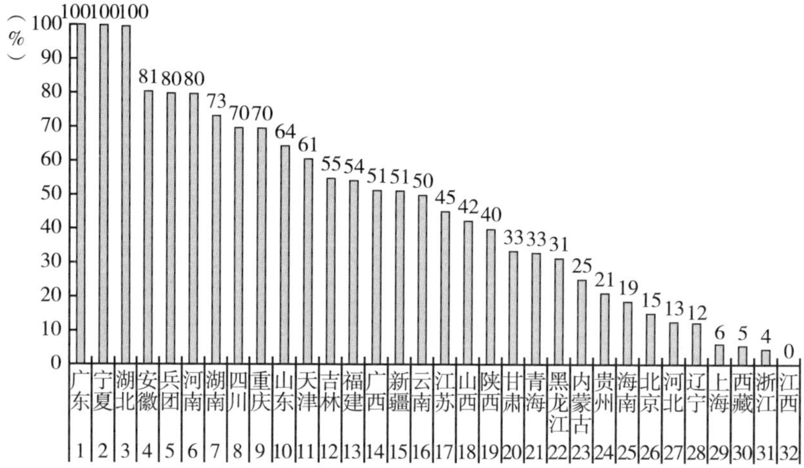

图 5　全国第二轮省级志书通过终审占规划总数比例排名表

（截止时间：2017 年第一季度末）

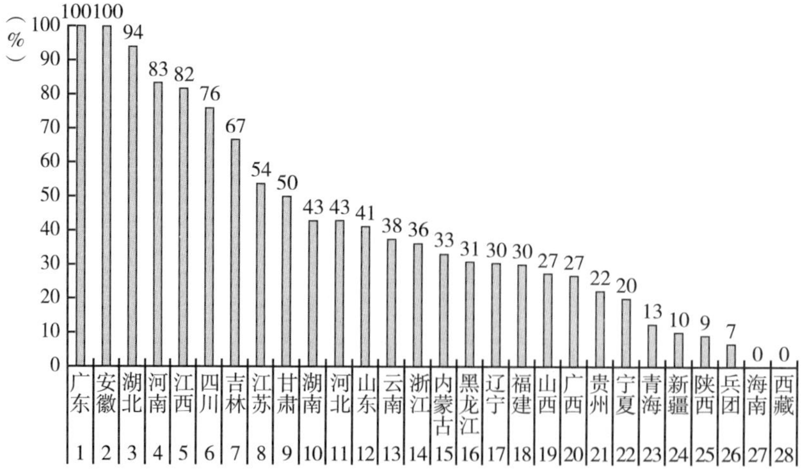

图 6　全国第二轮地市级志书已出版占规划总数比例排名表

（截止时间：2017 年第一季度末）

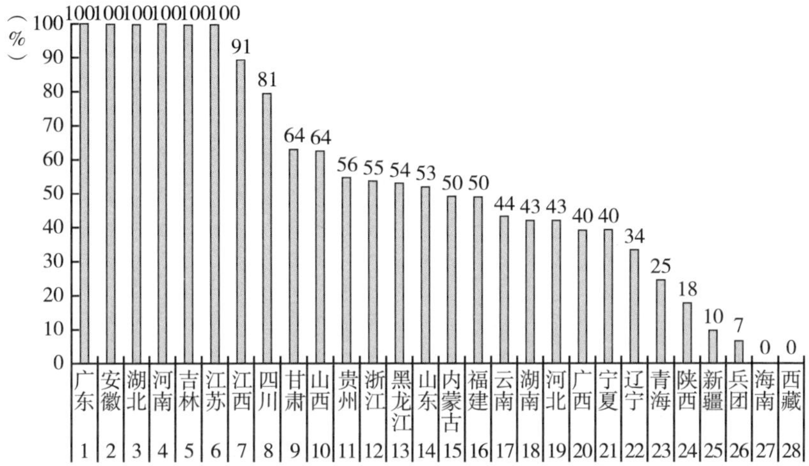

图 7　全国第二轮地市级志书通过终审占规划总数比例排名表

（截止时间：2017 年第一季度末）

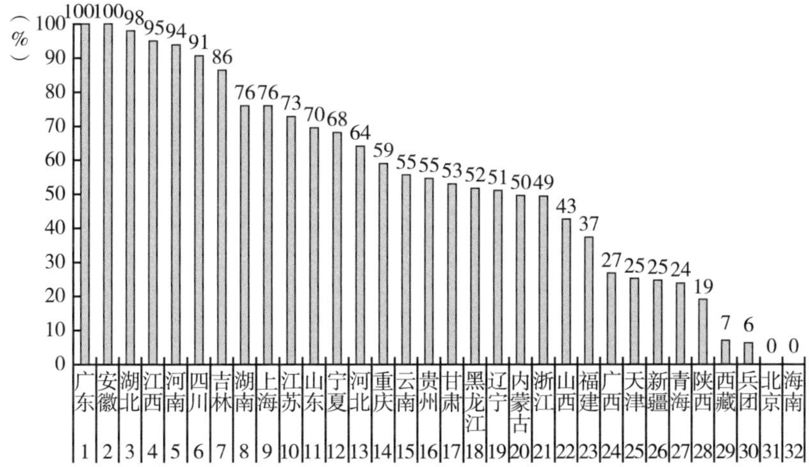

图 8　全国第二轮县级志书已出版占规划总数比例排名表

（截止时间：2017 年第一季度末）

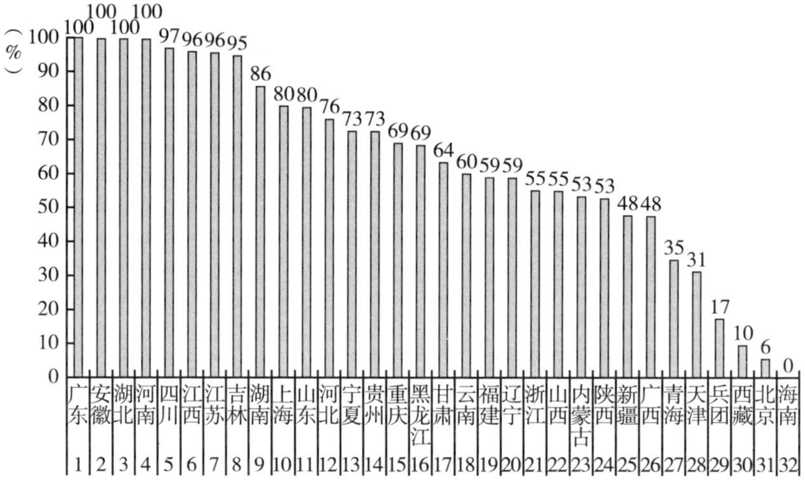

图 9　全国第二轮县级志书通过终审占规划总数比例排名表

（截止时间：2017 年第一季度末）

Ⅱ

专题报告

依法治志的价值、目标与实现路径

冀祥德

提　要：依法治志作为方志学理论一个新的增长点，是在依法治国、建设社会主义法治国家的大背景下，伴随着新方志事业的跨越式发展形成的。依法治志不是对依法修志的否定与“抛弃”，而是对依法修志的发展与“扬弃”，依法治志是依法修志的升级目标和创新发展。依法治志有其独特而丰富的内涵和外延，从体系结构到主体话语都体现出严密的规范逻辑。依法治志的目标是实现地方志从一项工作向一项事业转型，推动地方志活动从行政化向法治化升级。依法治志目标的实现路径需要按照科学立法、严格执法、公正司法、全民守法这一中国特色社会主义法治新要求设计规划。这些路径包括但不限于制定《中华人民共和国地方志法》，严格执行地方志法律法规，积极推动地方志活动司法化，着力培育全社会依法治志意识等。依法治志是一个艰巨而复杂的系统工程，需要理论上的科学论证、观念上的理性创新与实践中的着力推行。

关键词：依法治国　依法治志　方志转型

在我国，编修地方志可追溯至春秋战国时期，连绵不断，源远流长，延续至今。“回顾浩瀚的人类历史长河，审视世界不同文明的源流演变，我国历代先贤圣哲通过修史修志，以文字记述为主要形式，传承着中华民族的文化血脉。”① 方志这一中国独有民族文化的传承不辍与历久弥新，体现了中华文化之

① 刘延东：《在接见全国地方志系统先进模范代表时的讲话》，《中国地方志》2016 年第 1 期。

博大精深，展现出中华民族之勤劳伟大。“盛世修志，志载盛世”。自20世纪80年代初，各地大规模重启地方志编纂工作，时至今日，首轮修志已基本完成，第二轮修志也进入关键时期。中华人民共和国成立以来，党和政府高度重视地方志工作。1985年4月，国务院办公厅转发《中国社科院关于加强全国地方志编纂工作领导的报告》[①]；1996年11月，国务院办公厅出台《关于进一步加强地方志编纂工作的通知》[②]；2006年5月18日，国务院颁布《地方志工作条例》；2015年8月25日，国务院办公厅印发《规划纲要》。近两年，习近平总书记、李克强总理、刘延东副总理多次对地方志发表重要讲话、作出重要批示，对地方志事业发展提出了要求，指明了方向。当前，地方志事业正处于全面发展、转型发展与繁荣发展时期，亟须方志学理论的创新发展与科学指导，研究出合乎方志学理论的基本范畴和知识模型，为地方志事业发展奠定坚实的理论基础。

《规划纲要》增加了一个新的概念——依法治志。这一概念是在怎样的背景下形成的，其价值和意义是什么？依法治志与依法修志、依法治国是什么关系？如何界定依法治志的内涵和外延？依法治志的目标是什么，以及如何实现这一目标，尽快构建起符合国家与社会公共价值的多元化体系等一系列问题，都为方志学理论与实务界高度关注。本文拟就上述问题略述管见。

一、依法治志的提出

依法治志是伴随着我国从建设社会主义法制国家到建成社会主义法治国家的战略目标调整，从地方志“一本书主义”逐步发展形成的；依法治志是伴随着地方志从一项工作到一项事业的定位升级，由依法修志逐步发展形成的。依法治志的提出，是公平有序的法治国家、法治政府、法治社会的内生性要求，是地方志活动发展的历史趋势与必然规律。

---

① 国办发〔1985〕33号，中指组选编：《中国方志文献汇编》（上），方志出版社1999年版，第238页。

② 国办发〔1996〕47号，中指组选编：《中国方志文献汇编》（上），方志出版社1999年版，第241页。

（一）从建设社会主义法制国家到建设社会主义法治国家

党的十一届三中全会决定将工作中心转移到经济建设上来，提出保障人民民主、健全社会主义法制的目标，中国开始了依法治国的历史性进程。1997 年党的十五大，依法治国被上升为“党领导人民治理国家的基本方略”。1999 年 3 月召开的九届全国人大二次会议上，“依法治国，建设社会主义法治国家”又写入了宪法，成为一项不可动摇的宪法原则。“历史证明，依法治国，是人民的共同愿望，是历史发展的必然要求，是人类文明进步的重要标志，是建设社会主义伟大事业的根本大计。”① 党的十八大以来，力行法治的决心与思路更是清晰可见，从提出“全面推进依法治国”到“建设法治中国”，从“科学立法、严格执法、公正司法、全民守法”的法治新十六字方针到依法治国、依法执政、依法行政共同推进，法治国家、法治政府、法治社会一体建设。

尤其是 2014 年召开的以“全面推进依法治国重大问题”为主要议题的十八届四中全会，更是进一步明确：“全面推进依法治国，总目标是建设中国特色社会主义法治体系，建设社会主义法治国家。这就是，在中国共产党领导下，坚持中国特色社会主义制度，贯彻中国特色社会主义法治理论，形成完备的法律规范体系、高效的法治实施体系、严密的法治监督体系、有力的法治保障体系，形成完善的党内法规体系，坚持依法治国、依法执政、依法行政共同推进，坚持法治国家、法治政府、法治社会一体建设，实现科学立法、严格执法、公正司法、全民守法，促进国家治理体系和治理能力现代化。”十八届四中全会以来，以习近平为核心的党中央治国理政的“四个全面”战略布局、“五位一体”总体布局已经形成，其中全面依法治国与全面深化改革是实现全面建成小康社会的“鸟之两翼、车之双轮”。同时，全面依法治国是坚持和发展中国特色社会主义的本质要求和重要保障，又是全面建成小康社会、全面深化改革、全面从严治党的法治基础与法治保障。

2015 年 12 月，中共中央、国务院印发《法治政府建设实施纲要（2015—2020 年）》指出：“党的十八大把法治政府基本建成确立为到 2020 年全面建成小康社会的重要目标之一，意义重大、影响深远、任务艰巨。”并再次重申

---

① 国办发〔1985〕33 号，中指组选编：《中国方志文献汇编》（上），方志出版社 1999 年版，第 238 页。

“要坚持依法治国、依法执政、依法行政共同推进，坚持法治国家、法治政府、法治社会一体建设，深入推进依法行政，加快建设法治政府”，与此同时建设社会主义先进文化。要通过建成法治政府，建设法治社会，最终建成法治国家，实现真正的良法善治。

从建设社会主义法制国家到建设社会主义法治国家，代表了当代中国国家治理体系和治理能力现代化追求[①]。那么，法制与法治这两个概念到底有什么区别呢？法制，或称法律制度，通常是指一个国家的一套法律以及相关的各项制度，包括制定和实施法律的一整套制度，如立法制度、司法制度等。法治作为一种国家治理的理论，主张国家的长治久安和兴旺发达，关键的因素和条件在于法律与制度的有无和好坏[②]。因此，“法治”与“法制”是两个迥然不同的概念，在内涵上有本质区别。

首先，“法制”没有先进与落后之分。法制是一种事实判断，就人类文明的历程来看，有国家有法律就有“法制”。而“法治不同于法制。法治不仅是一种制度形态，而且是一套价值体系”[③]。所以“法治”只有在社会经济、社会文明和民主政治发展到较高层次时才能产生。1999 年之前，各级政府文件包括法律文本，使用的都是“法制”概念。1999 年 3 月 14 日《宪法修正案》在宪法第五条第二款增加“依法治国，建设社会主义法治国家”，把原来“建设社会主义法制国家”的“制”改成了“治”。这一观念上的改变，反映出深层次上的法律价值理念的转化。中国社会的转型发展以及法益和公正的完善使得法治的延伸成为概念和实践中的共识。

其次，法制是静态的，法治是动态的。法制是指在一个历史的时间横断面上，所有法律性规范文件的总称，构成法律制度。法律制度生成于法律渊源。法律渊源即“法律的渊源，也称‘法源’，或‘法律规范的渊源’，是指法律规范首次出现的地方，换言之，首创法律规范的文件才是法律的渊源；作为法律渊源的文件都是法律规范的表现形式，所以，有些法学著作也把法律的渊源叫作‘法的形式’。”[④] 因此，一般来讲，我国社会主义法的渊源主

---

① 关于该问题之专论，详见冀祥德：《国家治理现代化与社会治安综合治理法治化》，《贵州民族大学学报》（哲学社会科学版）2015 年第 2 期。

② 参见李步云、陈贵民：《关于法治与法制的区别》，《人大工作通讯》1998 年第 8 期。

③ 张文显、黄文艺：《法理学论丛》，法制出版社 2010 年版，第 18 页。

④ 张文显：《法哲学通论》，辽宁人民出版社 2009 年版，第 179 页。

要表现为有权创制法律规范的国家机关制定的规范性法律文件，即制定法。制定法具有不同的层次和范畴，根据宪法和有关法律的规定，我国法的渊源可以分为宪法、法律、行政法规、地方性法规（民族自治法规、经济特区的规范性文件）、规章（部门规章、地方政府规章）、特别行政区的法律、国际条约（国际惯例）。此外，“在当代中国还存在着同正式法的渊源相区别的非正式的法的渊源。这些非正式的法的渊源主要包括政策、判例、习惯等，这些非正式的法的渊源不具有正式法的渊源的形式和效力，但在特定条件下可作为一种法的辅助渊源。”① 因此，从法学角度看，习惯也可以作为一种法律渊源的辅助的非正式形式。

法治不仅指门类齐全、体系完整的法律制度体系，还包括这些法律制度在实践中的运行状况，系通过静态法律文本的动态运行，实现国家的现代化治理与社会秩序的良好维护。法治国家建成与法治社会的实现以健全的法律制度为前提，在此基础之上产生一种动态的、立体的法律运行轨迹，即所谓“良法之治”。法制强调法律的制定、构造和功能，法治追求内化于心、外化于行，各归其位、各得其所。

再次，法治与法制的区分还体现在两者内涵及要求不同。法制主要是从立法和执法这两个层面来讲的，法治则包括立法、执法、司法、守法 4 个方面。按照党的十一届三中全会决定，我国社会主义法制的基本要求是有法可依、有法必依、执法必严、违法必究，主要强调法律的制定与遵守。党的十八届四中全会做出《中共中央关于全面推进依法治国若干重大问题的决定》，提出“坚持依法治国、依法执政、依法行政共同推进，坚持法治国家、法治政府、法治社会一体建设，实现科学立法、严格执法、公正司法、全民守法，促进国家治理体系和治理能力现代化”，强调立法、执法、司法、守法齐抓共管，使得多种社会力量不断整合和全面推进，对法治的概念进行了全方位、多角度的规划。

在社会主义法制建设阶段，主要是解决有法可依问题，立法是核心。在该时期，由于法制形态还在较低的位阶层面运行，国家和社会治理对法治还未产生更高层次的价值追求。依法治国，建设社会主义法治国家，则明确了法治成

① 张文显:《法理学》，法律出版社 1998 年第 3 版，第 83 页。

为国家和社会治理的根本手段，通过国家治理体系与治理能力现代化建设，通过法治国家、法治政府、法治社会一体建设，最终建成中国特色社会主义法治国家。可以说，从依法修志到依法治志的过程，基本上体现了地方志活动中，从建设社会主义法制国家到建设社会主义法治国家的认识与行动转变过程。同时，还应该认识到，在建设社会主义法制国家阶段也不可能产生依法治志的理论与实践。在当前我国建设社会主义法治国家的背景下提出依法治志，这是全面推进依法治国的应有内涵与必然体现。

（二）从依法修志到依法治志

中华人民共和国建立后，尤其是改革开放以来，为了确保地方志事业不断繁荣发展，稳步推进，地方志工作由行政推动走向依法修志，再到依法治志。1996年11月，国务院办公厅出台《关于进一步加强地方志编纂工作的通知》，标志着中华人民共和国地方志工作步入制度化阶段。在此明确了地方志工作在社会主义文化建设事业中的地位，完成了省、市、县三级志书体系的建构，确定了志书“每20年左右续修一次”的国家要求，提出了建立一支德才兼备的修志工作队伍，以及制定和完善有关规章制度的工作要求。这对于促进我国地方志工作尤其是新方志编修工作的制度化发展具有重要意义。但由于地方志的编纂是政府通过行政命令和行政手段组织实施，在解决问题的重点、领导的主观意志等方面存在一定差异，导致了地方志工作区域发展不平衡。另外，由于地方志工作受机构及领导调整的影响较大，同一基层政府的修志政策也存在不连贯、不协调，甚至不一致的现象，很大程度上阻碍了我国地方志工作的顺利开展。

2006年5月18日，国务院颁布的《地方志工作条例》是我国历史上第一部有关地方志的全国性法规，结束了地方志工作无法可依的历史，标志着地方志编修工作从此进入有法可依、依法修志阶段。《地方志工作条例》明确规定了依法修志是各级地方政府工作的职责。其颁布及时有效地解决了地方志工作中出现的问题，使地方志工作走上法制化的轨道，是依法治国精神在地方志领域的彰显，对于我国地方志工作的有效开展具有重要作用。

依法修志是在地方志工作无法可依，只能靠行政手段来开展工作时，通过《地方志工作条例》的颁行来实现有法可依。在当时的历史背景之下，《地方志工作条例》在地方志活动中发挥了很大作用。但随着地方志事业的进一步发展,《地方志工作条例》的不适应性逐步凸显：一方面，社会实践的发展与需求对地方志事业的内容及方式提出了更高要求；另一方面，地方志事业经过多年人才积累、使命提升，已经具备了进一步繁荣发展的条件。近年来，地方志活动正在进行着以下几个转变：第一，从平面的修志“一本书主义”向立体的修志、读志、用志等多业并举转变。地方志不再是“沉睡的书”，更是“活着的精神”。改革开放以来的30多年间，我国新编地方志工作重新起步，地方志工作的重心是修志，然而，地方志的生命不仅体现在对于文明的记述与传承，更在于为社会发展大局提供服务。目前，充分挖掘、开发利用地方志资源是推动地方志事业发展的工作重点。第二，从一项工作向一项事业转变。工作，是为谋生而从事的体力或者脑力劳动；事业，是人所从事的，具有一定目标、规模和系统而对社会发展有影响的经常活动[①]。经过多年发展，不仅在地方志领域已经形成了一支从上到下高水平的专业人才队伍，而且人们对地方志活动的认识已经发生了很大变化，地方志不仅仅是为谋生而从事的体力或者脑力劳动，而且已经成为全体方志人“修志问道，以启未来”的事业，这一事业更包含着巨大的时代担当与历史使命。第三，从政府主导向政府支持、社会广泛参与转变。地方志事业不仅仅是政府机构的工作，也需要社会的广泛参与，从而更进一步发挥志书在存史之外的资政、育人功能。而实现这样的转变，依法修志已经严重不适应，必须走向依法治志。

总之，随着社会主义法治国家建设的深入发展，依法修志已经完成了其使命，内外因素推动下有了升级到依法治志的迫切需要。换言之，依法治志是依法修志发展的基本目标。《规划纲要》的出台，标志着地方志治理体系与治理能力从依法修志向依法治志的现代转型，是和我国与时俱进的法治国家建设进程相适应的。正如2015年12月29日刘延东副总理在接见全国地方志系统先进模范代表时讲话中所言，地方志工作要“紧跟时代步伐，勇担历史使命，忠实记录中国共产党领导人民坚持和发展中国特色社会主义的光辉历程和丰功伟绩，翔实记载中华民族走向复兴、实现中国梦的伟大进程”[②]。立足中国国情，

---

① 中国社会科学院语言研究所词典编辑室编:《现代汉语词典》(第6版)，商务印书馆2014年版，第1188页。

② 刘延东:《在接见全国地方志系统先进模范代表时的讲话》,《中国地方志》2016年第1期。

吸纳传统精髓，遵循一般规律，从顶层到基层，实现地方志的全面改革和创新发展。

二、依法治志的价值

依法治志的提出，不仅是一个概念的变化，其蕴含了深刻的价值，具有重要的历史意义和现实意义。在我看来，依法治志的价值至少体现于如下几个方面。

（一）依法治志是依法治国的必然要求

依法治国是坚持和发展中国特色社会主义的本质要求和重要保障，是全面建成小康社会、全面深化改革、全面从严治党的法治基础与保障。“法治不仅是西方社会的治理模式，同样也是现代中国社会治理的必然选择。”① 全面推进依法治国，就要不断完善中国特色社会主义法律体系，使我国国家治理的各个方面都进入法治化轨道。依法治志是在当前我国建设社会主义法治国家的背景下提出的，它是全面推进依法治国的题中之意，是依法治国的重要组成部分，是依法治国的必然要求，是依法治国在方志领域的具体展开；同时，依法治志中独特的存史、资政、育人功能，对依法治国的实现也有积极推动作用和记载传承功能。

（二）依法治志是地方志定位转型的根本保障

对照《地方志工作条例》和《规划纲要》之名称，可以发现，在对地方志的定位上，有了从“工作”到“事业”的变化。把地方志定位于一项工作与定位于一项事业显然是有本质区别的。地方志想要实现从一项工作到一项事业的定位转型，离不开依法治志的法治保障。中指组组长、中国社科院院长王伟光在第五次全国地方志工作会议上指出，自 2008 年第四次全国地方志工作会议召开至今，首轮修志任务已经全面完成，修志硕果累累。然而，随着全面深化改革的进行，地方志事业面临着进一步发展的机遇，同时也是挑

① 王利明：《中国为什么要建设法治国家？》，《中国人民大学学报》2011 年第 6 期。

战。要积极开发利用地方志资源，为各级党委、政府科学决策和中心工作开展提供有益借鉴，为中国文化兴盛夯实基础，为培育和弘扬社会主义核心价值观提供滋养。要实现地方志转型发展，必须将地方志事业纳入法治化轨道，在识志、修志、管志、用志等方面形成法治秩序，使志书能更好地发挥存史、资政、育人作用，更好地服务于社会主义建设的大局，服务于中华民族伟大复兴的大局。

（三）依法治志是依法修志发展的基本目标

要正确认识依法治志与依法修志之间的关系，依法治志不是对依法修志的否定，也不意味着当初依法修志提法错了。依法修志是在地方志工作无法可依，只能靠行政命令、行政手段来开展时，伴随着《地方志工作条例》的颁行而产生的，这也是《地方志工作条例》对地方志工作的最大贡献，在当时建设社会主义法制国家的历史背景之下，发挥了不可替代的作用。但是随着建成社会主义法治国家的时代要求，依法修志已经不适应我国新方志事业发展需要，需要升级发展到依法治志。所以，依法治志不是对依法修志的否定与“抛弃”，而是对依法修志的发展与“扬弃”，是依法修志的升级版。在这样一个双重价值目标体系中，法治建设和地方志的兼容性是现代法治文明发展的综合反应，是法治建设不断周延化的具体表现。

（四）依法治志是加强国家文化软实力建设的重要保障

《中共中央关于全面推进依法治国若干重大问题的决定》提出，要加强重点领域的立法，“建立健全坚持社会主义先进文化前进方向、遵循文化发展规律、有利于激发文化创造活力、保障人民基本文化权益的文化法律制度”。地方志是记载一个地方自然、政治、经济、文化、社会历史和现状的资料性文献。“地方志工作作为一项承上启下、继往开来、服务当代、有益后世的文化基础事业，已成为社会主义先进文化建设中的一项系统工程，发挥了存史、资政、育人的重要作用。”① 2014 年 4 月，刘延东副总理强调，要把地方志“作

① 《国务院法制办公室负责人就〈地方志工作条例〉的有关问题答记者问》，《中国地方志》2006 年第 6 期。

为文化强国建设的一项重要工作来抓”[①]。社会主义文化建设是我国社会建设的重要组成部分，依法治志的提出符合党中央关于加强文化法治建设和重视哲学社会科学领域立法工作方略、方针的要求，有利于实现社会主义文化建设的法治化，推动我国国家文化建设的发展。

三、依法治志的内涵与外延

从依法修志到依法治志的转变，绝不只是从“修”到“治”的文字转换，无论其内涵还是外延，依法治志都极大地丰富和发展了依法修志。

（一）依法治志的内涵

依法治志就是在全面深化改革，全面推进依法治国，建设社会主义法治国家的新形势下，以“一纳入，八到位”为总要求，使地方志从传统单一的依法修志向依法识志、依法修志、依法研志、依法用志、依法管志、依法存志和依法传志转型发展。

依法治志的基础在于形成符合地方志事业发展的客观规律，并能有效保障地方志事业顺利有序开展与发展，层次分明、配套合理的地方志法律体系。依法治志最基本的标志是，建立完备的地方志法律体系和完善的相关配套体制机制，最终目的是使与地方志相关的法律能够在地方志事业的各个方面得到普遍、切实地制定并遵守，实现地方志事业的法治秩序，其核心在于逐步实现地方志事业发展的常态化、制度化、法治化。

（二）依法治志的外延

从依法治志的内涵中可以看出，依法治志的外延包涵了依法识志、依法修志、依法研志、依法用志、依法管志、依法存志和依法传志七大方面。

1. 依法识志

依法识志就是怎样认识和定位新时期的地方志。一方面，要从历史的考察中找寻地方志的社会地位。“志者，所以志一代之典章因革废兴，上以备太史

① 刘延东：《与第五次全国地方志工作会议部分会议代表座谈时的讲话》，《中国地方志》2014年第5期。

之采风，下以存乡邦之掌故，使后之人征文考献观法有资。”[①] 另一方面，要从实践中，从中国共产党带领全国各族人民实现中华民族伟大复兴的中国梦过程中，来总结、凝练和定位新时期的地方志工作机构和地方志工作者。志书作为官修权威资料，起着重要的存史、资政、育人作用，“直笔著信史，彰善引风气，为当代提供资政辅治之参考，为后世留下堪存堪鉴之记述”[②]，阐明了地方志工作者作为史官、史家的定位。地方志工作者在历史上是史官的地位，在当今现实中应当是史家的定位；志书的功用绝不是可有可无，其在政治、经济、文化各领域均有不可替代的作用，所以要依法识志。

2. 依法修志

依法修志是指构建科学完备的依法修志体系。主要包括：第一，确定修志主体及其职责，依法确定各级政府在地方志编纂等方面的职责；第二，确定修志队伍的构成，地方志编纂人员实行专兼职相结合，专职编纂人员应当具备相应的专业知识，并吸收有关方面的专家、学者参与；第三，确定地方志资料收集程序与方法，依法开展地方志资料收集，防止职责履行不到位、侵犯他人知识产权等行为；第四，依法保障地方志编修人员的合法权利，包括物质保障与精神保障两个层面，以及应有的署名权等著作权中的人身权与财产权。

3. 依法研志

我国的修志传统虽然源远流长、赓续不绝，但方志理论研究和方志学学科始终未获得应有的学术地位。依法治志提出后，对于方志理论研究的要求会越来越高，要求方志学者既要运用新理论、新方法，进行综合性、多学科交叉的深入研究；又要摆脱以往封闭的研究思维与羁绊，在做好传统方志理论研究的同时，创新研究理念，研究地方志转型发展中的新情况、新问题，提出新思路、新措施，着力推动方志学学科地位提升。

4. 依法用志

依法用志是指依法对地方志资源的开发利用。地方志工作应当为地方经济社会的全面发展服务，县级以上地方人民政府负责地方志工作的机构有责任积极开拓社会用志途径，通过建设资料库、网站、微信、微博等多种方式，加

---

① 宣统《山东通志·序》，国家图书馆藏乙卯秋山东通志刊印局排印本，第 1 页。

② 2015 年 12 月 28 日，中共中央政治局常委、国务院总理李克强对全国地方志工作的重要批示，《中国地方志》2016 年第 1 期。

强地方志工作的信息化建设，为公民、法人和其他组织利用地方志资源提供便利。组织开发利用方志资源，着力构建读志用志体系，发挥其为地方经济社会发展服务的功能是整个地方志事业的核心和归宿。坚持依法用志，就是要转变思想观念，发挥资源优势，积极探索用志途径，拓宽用志新领域，为领导决策服务、为公众服务、为地方经济社会发展服务。

5. 依法管志

依法管志是指依法进行志书的审查验收、编辑出版、保存管理、督导检查，以及依法规范治理各类地方志活动，研究各类地方志违法行为。首先要依法确定工作主体，合理配置权力结构以及工作职责；其次要依法确定工作程序，做到权力制约、职责到位、程序有效、监督有序。《规划纲要》提出的地方志编修、理论研究和学科建设、质量保障、资源开发利用、工作保障五大体系，主要就是从依法管志的角度设计的，确保地方志事业发展有制度、有规范，体系化。坚持依法管志，就要求各级党委政府、社会机构、机关团体、企事业单位积极配合和支持地方志工作，不管是资料搜集还是机构人员配备等。“对地方志书进行审查验收，应当组织有关保密、档案、历史、法律、经济、军事等方面的专家参加”①，若不配合、不作为，就要承担相应的法律责任。要把各类地方志违法行为纳入法治调整范围，依法查处，确保地方志活动在法治轨道上运行。

6. 依法存志

依法存志是指除了传统志书年鉴的存储外，还应包括地方志书编纂过程中基本资料的留存、相关机构的收藏利用，以及与现代信息技术相结合的数字化存储。《地方志工作条例》第十四条规定：“在地方志编纂过程中收集到的文字资料、图表、照片、音像资料、实物等以及形成的地方志文稿，由本级人民政府负责地方志工作的机构指定专职人员集中统一管理，妥善保存，不得损毁；修志工作完成后，应当依法移交本级国家档案馆或者方志馆保存、管理，个人不得据为己有或者出租、出让、转借。”中指办推出的“全国信息方志与数字方志建设工程”，其核心内容是“三网一馆两平台”，“三网”是指中国国情网、中国地情网、中国方志网。其中，中国地情网就是各地地情的纵向排列；中国

① 国务院《地方志工作条例》第十二条，《中国地方志》2006年第5期。

国情网是把各地地方志、年鉴中的地情资料全部数字化，按照自然、政治、经济、文化、社会五大部类，把全国的信息整理横排；中国方志网是中指办官方门户网站；而中国地情网、中国国情网和中国方志网的依托就是国家数字方志馆。在完善原有地方志传统保存模式的同时，进行数字化、现代化地保存。

7. 依法传志

依法传志不仅是指对我国修志传统及其成果从古至今的传承，还包括将中华民族这种独特的文化传统薪火相续、代代相济；不仅是指将方志文化在中华大地传扬，还包括将中国方志文化传播到世界各地。尤其是在总结坚持中国道路、构建中国制度、研究中国理论、总结中国实践、推广中国经验的新形势下,《规划纲要》要求，扩大对中国港澳台地区、对外学术交流与合作，采用多种形式，加强与中国香港、澳门和台湾地区以及国外的高等院校、科研机构、档案机构和图书馆等单位的学术交流与合作。同时，服务国家文化“走出去”战略，推介一批高质量地方志成果，充分展示地方志的当代价值及永恒魅力，推动方志文化走向世界，增强方志文化影响力。中国方志文化作为世界文化浩瀚历史长河中的独特风景，应该依法得到广泛的传播，让中国方志文化走向世界并影响世界，让世界通过中国方志文化了解真实的中国。日前，中指办推出“中国方志文化走向世界工程”，其意义就在于此。

四、依法治志的目标

与依法修志相比较，依法治志与依法治国的关系更加密切，与国家与社会发展的中心任务更加契合，对社会的关注度和影响力更加提升，地方志事业的目标更加远大。概括而言，依法治志的目标就是通过“七个转变”，实现“七化”目标，确保地方志事业全面、协调、创新、持续发展。

（一）从单一修志转变为多业并举，实现地方志事业的全面化

随着社会的进步和地方志事业的发展，传统意义上修志的内涵大大拓展，地方志工作已经不仅仅指编纂志书，而是包含了方志事业的管理和开发利用等一系列行为。正如朱佳木同志所说：“地方志工作并不仅仅是编书，尤其不是编一部书，而且是以编纂地方志书、地方综合年鉴为中心所进行的组织管理、理

论研究、编纂指导、审查验收、开发利用等一系列工作。”① 当前，地方志活动已经进入到新的发展阶段，坚持依法治志，就是应当实现地方志由单一编纂志书到志、鉴、馆、网、库、刊、用、会、研、史等多业并举的转变，彻底摒弃“一本书主义”，实现地方志事业的全面发展。

（二）从依靠行政命令转变为依据法律法规，实现地方志事业的法治化

“地方志工作涉及社会生活各个方面，在社会主义市场经济条件下，仍靠过去的行政命令方式组织编纂地方志，已难以适应形势的需要。”② 将地方志工作纳入依法治志轨道，通过法律形式来确定地方志的性质、原则、任务，地方志机构的设置及其职责，地方志主体的权利与义务，有关机构与人员地方志职责，以及违法责任等，才能规范各类地方志行为，保障地方志活动沿着正确方向健康有序发展。在理论上，应该从依法治国的高度把握依法治志的内涵与外延，改变传统地方志观念，更新地方志思维，用新的地方志理论指导地方志活动从行政化转向法治化。

（三）从地方志系统行为转变为国家社会责任，实现地方志事业的社会化

地方志事业是一项浩大而复杂的社会文化系统工程，功在当代，利在千秋，仅靠地方志系统难以担此重任，只有在党委政府的重视支持下，全社会齐抓共管，才能实现“为当代提供资政辅治之参考，为后世留下勘存勘鉴之记述”的历史使命。地方志涉及人类的全部活动，仅编修地方志书而言，就要横陈百科、纵贯历史，包括经济、政治、文化、社会、生态文明，需要各行各业的参与和支持，以及地方志工作机构的统一协调。实施依法治志，就是转变对地方志的定位认识，改变地方志活动是地方志工作机构职责的观念，形成党委领导、政府主持、地方志工作机构组织实施、社会各界广泛参与的地方志事业格局，把地方志活动从狭隘的地方志系统行为转变为国家社会行为，实现地方志事业的社会化。

---

① 朱佳木:《深入学习贯彻〈地方志工作条例〉努力开创地方志工作新局面——在学习贯彻〈地方志工作条例〉经验交流会上的讲话》,《中国地方志》2011 年第 11 期。

② 《国务院法制办公室负责人就〈地方志工作条例〉的有关问题答记者问》,《中国地方志》2006 年第 6 期。

（四）从一个职业转变为一个专业，实现地方志事业的专业化

职业，是“个人在社会中所从事的作为主要生活来源的工作”[①]；专业，是“具有专业水平和知识”“专门从事某种工作或者职业”[②]，换言之，专业是需要特殊的智力和过程培养与完成的，能够提供专门性社会服务的一种专门技术职业。以志鉴编纂为代表的地方志活动具有很强的专业性，不是任何人都可以从事并胜任的。依法治志要求地方志活动应该从一个职业向一个专业转变。地方志的专业化要求，要从逐步建立地方志专业准入制度开始，不断提高地方志从业门槛，通过创新地方志人才培养机制等，实现地方志事业的专业化。

（五）从修志为志转变为围绕中心、服务大局，实现地方志事业的功能化

虽然近些年来，地方志的存史、资政、育人功能不断被强调，但是人们对地方志功能的认识还是集中于存史，对其资政、育人功能认识严重不足，而且一些地方志工作机构和地方志工作者，也多是只管埋头修志，缺乏围绕国家、地区、系统中心工作开展地方志活动的思维。依法治志要求地方志工作必须创新，要围绕中心，服务大局，主动服务，主动作为，尤其是要找准切入点和结合点，把地方志事业融入国家经济社会发展的中心工作中，深入挖掘开发利用地方志资源，充分发挥地方志为国家战略以及地方经济社会发展服务的功能。

（六）从三级学科转变为一级学科，实现方志学学科的独立化

一般认为，在实然上，方志学在我国学科门类中是历史学下的三级学科；在应然中，关于方志学是否是，以及是否应当成为独立学科，方志学理论界一直见仁见智，即使对于方志学从属于哪个一级学科，也有“历史学说”“地理学说”和“史地同属说”之争，至今没有形成通说。这种理论研究状况，在一

---

① 中国社会科学院语言研究所词典编辑室编:《现代汉语词典》(第6版)，商务印书馆2014年版第1672页。

② 中国社会科学院语言研究所词典编辑室编:《现代汉语词典》(第6版)，商务印书馆2014年版第1708页。

定程度上制约了地方志事业的发展，至少是对地方志事业创新发展引领不够、指导不力。方志学理论界对方志学学科定位尚且不明，实践中地方志工作被边缘化也就不足为奇。我认为，地理学、历史学、政治学、经济学、法学、教育学、民族学、人类学、社会学、语言学等学科与方志学都不是种属关系，在依法治志理论体系下，方志学应该成为我国一个独立的一级学科，并应建构其完整的二级学科和三级学科。由于篇幅所限，在此不展开论述。

（七）从方志人精神的普适化转变为方志人精神的个性化，实现方志人定位的精准化

一般认为，《规划纲要》颁行前，方志人精神是“淡泊名利，甘于奉献，恪尽职守，锲而不舍，开拓进取”。这一方志人精神，不仅没有提炼出方志人精神不同于其他行业人员精神的独特性，也没有表达出方志人自古至今独有精神内核的传承性，而且具有其他多种行业均可共享的普适性。《规划纲要》将“修志问道，直笔著史”规定为方志人精神，既实现了方志人精神从普适化到个性化的转变，又实现了方志人独有精神追求的可传承性，尤其是对方志人“直笔著信史，彰善引风气”的精准定位。

五、依法治志目标的实现路径

研究依法治志，不仅要在解读其内涵与外延的基础上建构其目标，还要在全面依法治国、建设社会主义法治国家的总体目标下，探寻依法治志目标的实现路径。总体来说，依法治志目标的基本路径，要遵循依法治国目标的基本路径，按照中国特色社会主义法治建设新要求，从科学立法、严格执法、公正司法和全民守法方面予以规划设计。

（一）科学制定《中华人民共和国地方志法》

健全的地方志法律体系是依法治志的前提条件。《地方志工作条例》颁行后，对地方志工作开展发挥了重要作用。但是，10 年来，地方志理论与实践发生了很大变化，特别是伴随着地方志从一项工作向一项事业的转型，《地方志工作条例》在法律效力位阶，地方志定位、原则及任务，地方志工作机构的设置

及其职责，地方志主体的权利与义务，有关机构与人员的地方志职责，以及地方志违法责任查究等方面存在不适应，需要按照科学立法的要求，以《地方志工作条例》和《规划纲要》为基础，制定《中华人民共和国地方志法》（以下简称《地方志法》）。

我认为，制定《地方志法》要处理好几个关系：一是《地方志法》与宪法的关系。《地方志法》立法必须以宪法为根据，不得与宪法相抵触。二是《地方志法》与中国特色社会主义法律体系的关系。《地方志法》要与中国特色社会主义法律体系保持一致，避免同法律体系内其他法律法规发生矛盾和冲突。三是《地方志法》与地方志地方性法规、规章的关系。要通过《地方志法》的制定，形成法律效力位阶递进、层次分明、结构严谨科学的地方志法律体系，并使得地方志法律体系尽可能涵盖地方志事业的各个方面，实现地方志各项工作都有法可依。四是制定《地方志法》与修改地方志地方性法规的关系。制定《地方志法》的同时，要研究地方志地方性法规的修改，实现地方志法律体系的协调一致与上下贯通。

（二）严格执行地方志法律法规

“法律的生命力在于实施。如果有了法律而不实施，或者实施不力，搞得有法不依、执法不严、违法不究，那制定再多的法律也无济于事。”① 因此，依法治志的实现，不仅仅有科学立法的问题，还有严格执法的问题。地方志工作中严格执法的内容包括：其一，各级政府、机关团体、企事业单位及个人，要严格遵守地方志法，积极履行地方志义务，实现有法必依；其二，地方志工作机构要严格依照《地方志法》组织地方志编纂、管理、使用，克服地方志编纂、管理、使用的随意性和主观性，做到有法必依、执法必严；其三，对于各类地方志违法行为，各级地方志工作机构要依照《地方志法》予以查究，严厉查处地方志违法行为；构成犯罪的，依法追究刑事责任，做到执法必严、违法必究。把依法治志的重心落实在执行上，体系性地理解法治概念，强调对《地方志法》的精神统领。

---

① 习近平：《中央政治局第四次集体学习时的讲话》（2013 年 2 月 23 日）。

（三）积极推动地方志活动司法化

相当长的一个历史时期以来，一直至今，地方志活动的行政化特征明显。依法治志理论要求地方志活动应当从行政化转向法治化。地方志活动法治化除去科学制定地方志法、实现有法可依，严格执行地方志法、实现有法必依、执法必严、违法必究之外，还要实现地方志活动的司法化。地方志活动的司法化主要是指在地方志纠纷处理以及地方志违法行为查究中，建构地方志司法程序，把地方志活动纳入公正司法范畴，以司法的中立性、终局性、公正性和强制性，裁判地方志违法行为，确保程序公正与实体公正。公正司法是现代社会民主政治文明进步的重要标志，是现代国家经济发展和社会稳定的重要保证。需要看到的是，地方志活动的司法化还有很长的路要走，不仅需要当代方志人的研究构建与积极推动，还需要几代方志人的持续努力与接力推进，实现真正的法治和公平正义。

（四）着力培育全社会依法治志意识

“法律的权威源自人民的内心拥护和真诚信仰。”① 有权威的法律才能被遵守；法律只有被遵守，才能从字面上的法转化为行动中的法。十八届四中全会之所以将全民守法规定为社会主义法治新要求，就是要强调法律必须被遵守。法律遵守有积极遵守与消极遵守、主动遵守与被动遵守、自愿遵守与强制遵守之分，建成中国特色社会主义法治国家重在追求法律的“内化于心，外化于行”，强调的是法律应当成为全体人民的共同追求和自觉行动。毋庸讳言，虽然我国地方志文化传承不辍，源远流长，但是地方志并未形成普遍社会意识，尤其是没有形成家喻户晓的公众意识。仅就依法修志而言，也只是在一定范围内的共识，而依法治志作为新的意识形态，其全民意识培育无疑任重道远。我认为，在全民依法治志意识培养中，既要实行国家机关“谁执法谁普法”的普法责任制，强化各级地方志工作机构的主体责任，又要认识到依法治志是全社会的责任，只有将依法治志与弘扬社会主义法治精神，依法治志与建设社会主义法治文化，依法治志与增强全社会厉行法治的积极性和主动性紧密结合在一

① 《中共中央关于全面推进依法治国若干重大问题的决定》（2014 年 10 月 23 日）。

起，全社会的依法治志意识才能培育形成。

我认为，在上述依法治志目标的实现路径中，科学制定《地方志法》，是依法治志目标实现的前提；严格执行《地方志法》，是依法治志目标实现的关键；积极推动地方志活动司法化，是依法治志目标实现的保障；着力培育全社会依法治志意识，是依法治志目标实现的基础。

结　语

党的十八大以来，全面推进依法治国作为新一届党和国家领导人治国理政的战略布局，已经被提到重要的议事日程。地方志作为历史智慧的结晶和维系中华民族血脉亲情的重要力量，越来越受到党和国家领导人以及各级党委政府的重视支持。地方志从“一本书主义”迈向一项伟大事业，并且越来越向弘扬社会主义核心价值观，繁荣社会主义先进文化，建设社会主义文化强国，提升中华文化软实力，服务中国文化“走出去”战略舞台中央迈进。在依法治国理论体系与实践展开日臻成熟完善的同时，依法治志理论的提出与深入研究时不我待。目前，方志学科的理论发展正在经历从碎片化、粗犷化、结构化向体系化、精细化、精致化的知识转型，法治和理性是对地方志理论体系个性化建构的内生性要求。方志学科的多元综合呈现出的优势融合与个性差异，要求必须以法治作为根本指引；方志学科的结构功能呈现出的历史脉动性，应契合于法治发展的实践样态；方志学科创新体系的秩序性，需要按照法律逻辑规则进行系统调和。依法治国总目标统领下的依法治志，就是要对地方志发展起到提纲挈领式的引航作用，对改革创新地方志制度发挥统帅性价值。

依法治志作为依法治国不可或缺的组成部分，更是地方志事业转型发展战略决策。依法治志作为一个价值判断，需要在考虑学科本土性价值的基础上引入普世性价值判断，强调地方志的主体性，在摹本和经验之间寻找出一条均衡之道，这不仅是地方志事业建设的核心愿景，也是法治发展的重要思维方法。只有在依法治志的理论语境以及规范性法治建设的转向之中，以地方志发展为着眼点，以法治为视角和分析工具，动态把握法治对地方志事业发展的理性指引功能，优化其配置和运行模式，才是一种高层次的问题解决之道。依法治志既尊重了地方志发展和法治建设二元架构的平衡，也在一定时间内实行了渐进式、分阶段地整合式前进。依法治志是社会科学发展转型中的传统文化承载方式与现代法治文明碰撞交织的一种综合反应，是实现决策科学化的基本价值蕴含。在中华民族伟大复兴的征程中，将地方志工作纳入法治轨道，符合全面推进依法治国的时代要求，不仅对地方志事业的繁荣发展具有重要意义，而且对推进社会主义文化建设具有重大促进作用。同时，依法治志是地方志事业发展的必然趋势，是地方志领域内一次重要的理论突破与制度变革，是一个艰巨而复杂的系统工程，需要理论上的科学论证、观念上的理性创新与实践中的着力推行。全体方志人应当坚定信念，主动作为，正确面对和处理在依法治志目标实现道路上可能出现的各种困难和挑战，肩负起通过依法治志实现地方志事业转型发展的历史使命，在实现中华民族伟大复兴的中国梦进程中有所担当，尤其是在中国方志文化走向世界并影响世界的宏大工程中勇于担当，善于担当。

关于地方志社会认知度的调查研究报告

洪民荣　唐长国　陈畅

提　要：本调查主要运用网络和微信等新媒体形式，在全国范围选取 2.5 万余份样本进行地方志社会认知度问卷调查。调查结果显示，社会对地方志知晓度和认可度较高，但经常使用率偏低，对地方志工作的满意度不高；不同群体对于地方志的认知度存在显著差异；互联网成为地方志主要的知晓渠道和使用方式。建议采取完善地方志法规、加大地方志宣传、推进地方志信息化、重视地方志普及、创新地方志开发等措施，进一步推进地方志工作，不断提高社会对地方志的认知度与利用率。

关键词：网络　地方志　认知度　调查

2016 年是国务院《地方志工作条例》颁布 10 周年和《上海市实施〈地方志工作条例〉办法》颁布 5 周年，也是贯彻落实《规划纲要》的重要一年。为系统深入了解全社会对地方志工作的认知程度、使用状况、需求特点，分析梳理地方志工作的现状、特点、发展趋势，更准确把握地方志工作存在的薄弱环节及改进重点，有针对性地加以完善，不断提高地方志工作水平，上海市地方志办公室于 2016 年 4 月面向全国开展了地方志社会认知度调查，在深入分析梳理问题的基础上，提出相关对策建议。

一、调研概述

本次调研充分运用新媒体手段，采取网络和微信问卷调查相结合的方式，共收到有效调查问卷 25367 份。其中，上海（居住地）调查问卷 10903 份；其他省市（居住地）调查问卷 14464 份。从样本结构看：一是职业分布比较广泛。其中，事业单位 31%、学校 30%、企业 17%、自由职业 8%、党政机关 7%、其他 7%。二是年龄结构呈现“中间大、两头小”的特点，主要以中青年群体为主。其中，18 岁以下占 23%、18—45 岁占 60%、46—59 岁占 11%、60 岁以上 6%。60 岁以上的参与比例较低，可能与网络、微信在老年群体中普及和使用率相对较低有关。三是学历结构分布相对合理。其中，研究生 8%、本（专）科 58%、高中以下 34%，这也与当前我国人口的实际学历水平相吻合。总体来看，这次调查样本结构基本合理，具有较好的代表性。

问卷题目设计上，共设置了 10 道题目，其中 7 道为选择题（另有 3 道为获取答题人身份信息的题目），内容涵盖：对地方志的知晓情况、知晓渠道、效度评价、总体评价，以及对编纂地方志的影响因素、地方志宣传普及方式等。但不足之处在于，缺少开放性问题的设置，不利于进一步深入了解被访者的真实想法。

二、“地方志社会认知度调查”结果分析

认知度反映了社会大众对某一事物、某项工作的认识和了解程度，也是衡量工作实际成效的一个重要效果标准。从调研结果看，主要涉及以下七个方面。

1. 对地方志的社会知晓度

调研显示，社会上对地方志有着较高的知晓度，总体知晓度达到 87%，保持在一个较高的水平。这也反映了通过宣传地方志法规和第一轮、第二轮新编地方志书编纂工作，全社会已经对地方志有较为普遍的了解。

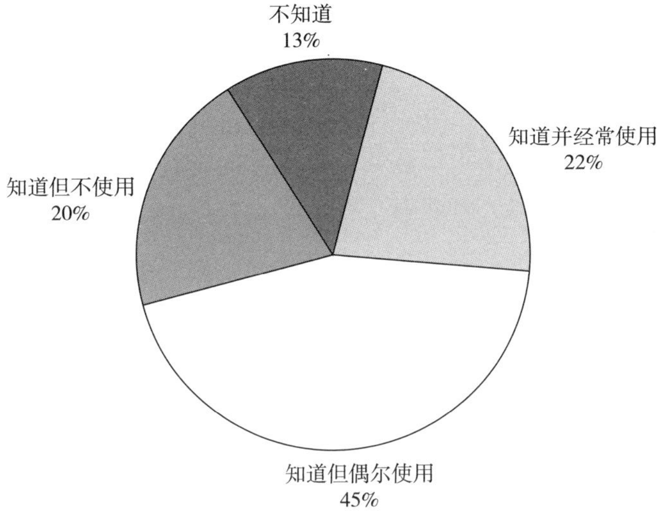

图 1　地方志知晓度分布情况图

但不同年龄结构、不同学历层次和不同职业之间，对地方志的知晓度仍然存在较大差异。主要包括：

（1）从年龄结构看，不同年龄层次对地方志的知晓度不一。一般而言，年龄与对地方志的知晓率之间存在一种正相关关系，如 18 岁以下“知道并经常使用”的比率最高为 34%，46—59 岁“知道但偶尔使用”的比率最高为 49%，60 岁以上“知道但不使用”的比率最高为 30%。

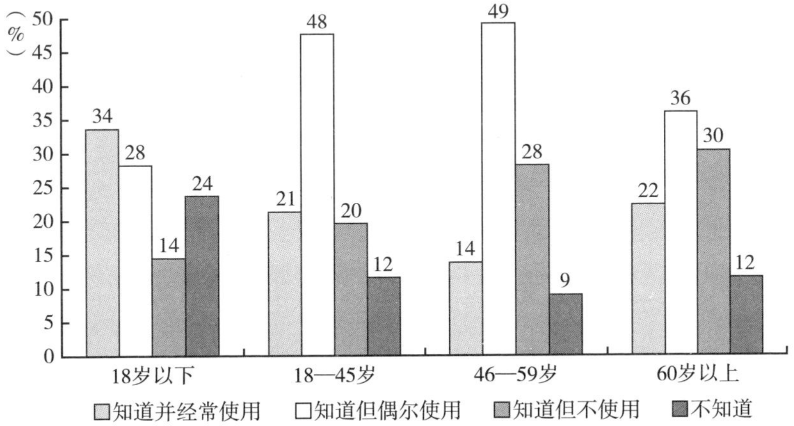

图 2　不同年龄地方志知晓度分布情况图

（2）从学历层次看，总体而言，学历层次越低，知晓度越低、经常使用度也越低。如研究生“知道并经常使用”的比率最高为54%，本（专）科“知道但偶尔使用”的比率最高为53%，高中以下“知道但不使用”的比率最高为29%。由此可见，受众的学历层次和知识水平，是影响地方志社会知晓度的一个重要因素，这也为宣传、普及地方志提供了一个有益的启示。

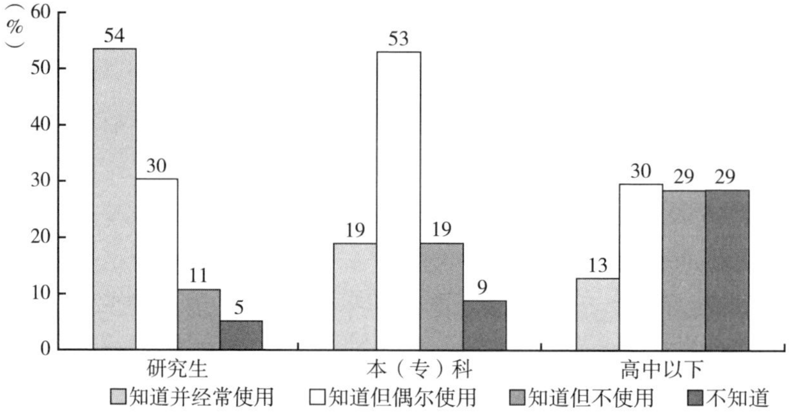

图3　不同学历地方志知晓度分布情况图

（3）从受访者职业分布看，党政机关、事业单位“知道并经常使用”的比率最高40%；学校“偶尔使用”的比率最高为55%；企业“不使用”比率最高为27%。由此可见，地方志的主要使用群体，还是集中在党政机关与事业单位等带有公共事业、公共服务性质的领域。如何进一步拓展地方志的知晓度和使用群体，特别是对企业、社区、楼宇等的覆盖，也是下一步推进地方志工作面临的重要课题。

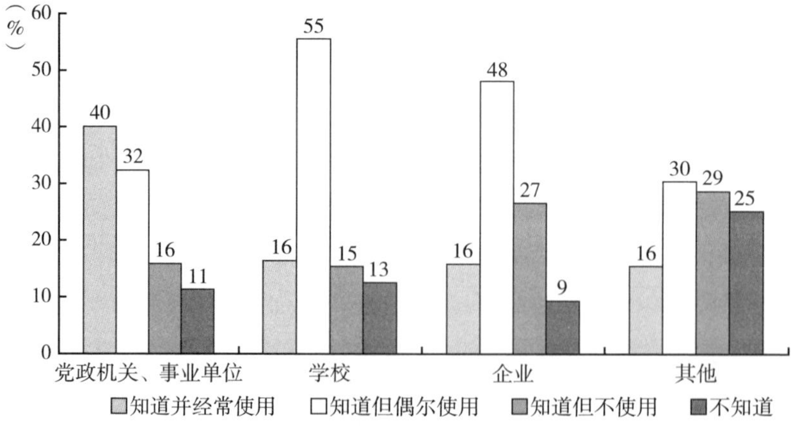

图4　不同职业地方志知晓度分布情况图

2. 对地方志的知晓渠道

随着互联网时代的到来和微博、微信等新媒体形式的普及，对地方志的知晓渠道也经历了从传统的图书馆、档案馆等纸质资料的现场查阅，向通过现代新媒体技术便捷获取信息方式的转变。调查结果显示，受访对象对地方志知晓渠道主要以互联网为主（48%），报纸书籍、广播电视等为辅（29%），这是符合我们调查的预期判断。

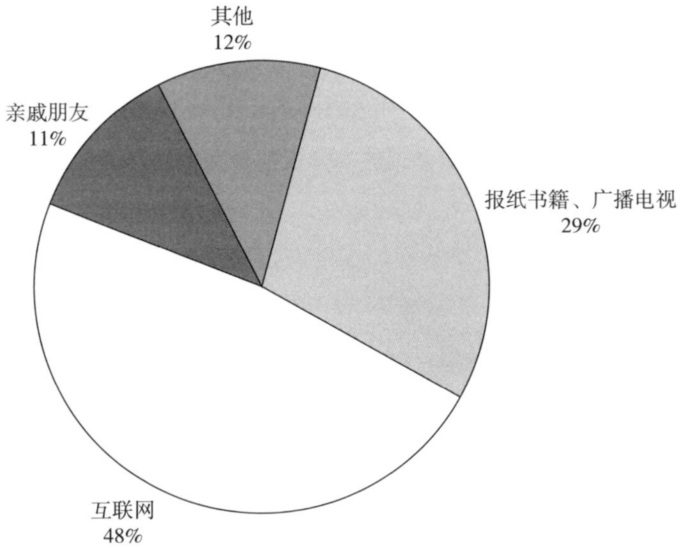

图 5　地方志知晓渠道分布情况图

（1）从年龄层次看，尽管各年龄段普遍重视互联网渠道，但中青年群体明显也高于老年群体和中小学生群体。根据调查结果，18—45 岁群体使用互联网了解地方志的比率最高达 53%，这一年龄段也是使用互联网和新媒体的主要人群。同时，60 岁以上的使用比率最低也达到了 30%，但 18 岁以下受访群体对报纸书籍、广播电视的选择（37%）要高于互联网（32%），这也与中小学生主要以学习为主，手机、电脑等使用受到家庭和学校的比较限制有关。

（2）从职业划分看，学校、企业等获取地方志的方式主要以互联网为主，占比分别为 59%、53%，而党政机关和其他一些事业单位则多以报纸书籍、广播电视为主，占比为 52%。我们分析认为，这一方面反映了纸质版地方志在各党政机关和一些事业单位的较高普及，信息查阅比较方便；另一方面也是对原

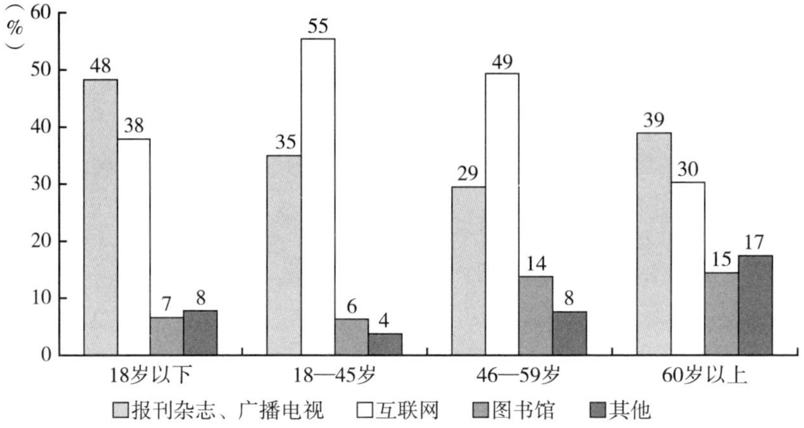

图 6　不同年龄地方志知晓渠道分布情况图

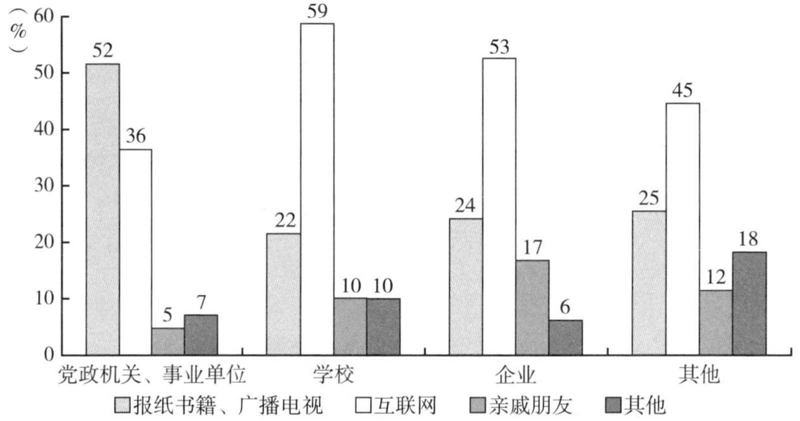

图 7　不同职业地方志知晓渠道分布情况图

始材料与数据的准确性要求相比较高。

3. 地方志的使用目的

针对地方志的使用目的，我们设置了“对日常工作有帮助”“对日常生活有帮助”“对兴趣爱好有帮助”“能够增加知识”和“没有帮助”等不同的选项。调查结果显示，社会对地方志的认可度达到 96%，仅有 4% 的受访者选择“没有帮助”。而选择“对日常生活有帮助”的占比最高，达到 39%，其次为“对日常工作有帮助”，占比 24%。这表明，地方志正在逐渐从局限于专门领域的“难食人间烟火的小众”，开始更多地走进“寻找百姓家”，走进社会公众的日常生活。

从调查情况看，一是地方志“对日常生活有帮助”，得到了各个年龄层次的普遍认同。其中，18—45岁群体选择比率最高，达到42%。二是认为地方志“对日常工作有帮助”，更多集中在学历层次较高的受访群体中。如研究生学历的受访者，选择“对日常工作有帮助”的比例（49%）要明显高于选择“对日常生活有帮助”（31%）。三是学历层次较低的受访者和中老年群体，更倾向于地方志“对爱好兴趣有帮助”。如高中以下学历水平的受访者，对“兴趣爱好”的选择（30%）高于“日常生活”（29%）；中老年群体对“兴趣爱好”的选择，也明显高于18—45岁、18岁以下群体，其中46—59岁这一年龄段选择比率最高（33%）。

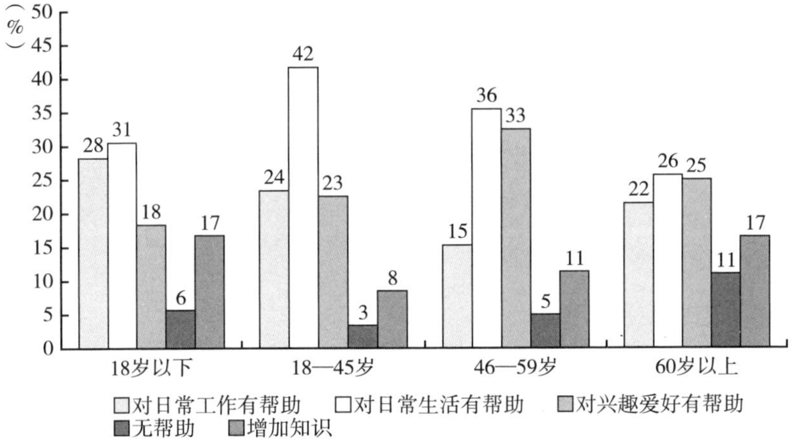

图8　不同年龄地方志使用目的分布图

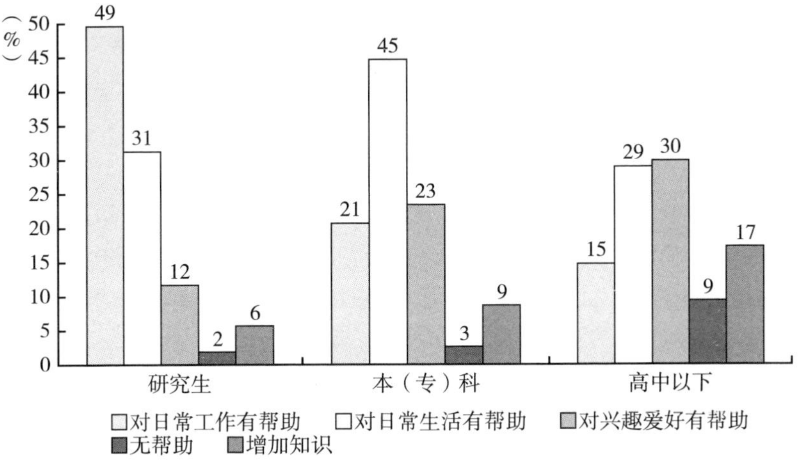

图9　不同学历地方志使用目的分布图

此外，从职业划分看，党政机关、事业单位受访者选择“对日常工作有帮助”最多（39%）；学校受访者选择“对日常生活有帮助”的最多（48%），而企业受访者更多是认为“对兴趣爱好有所帮助”（31%）。

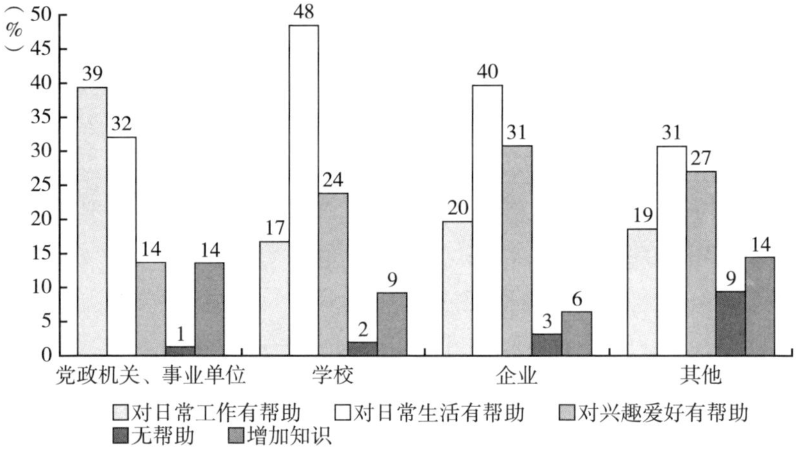

图 10　不同职业地方志使用目的分布图

4. 地方志的使用方式

从调查结果看，地方志的使用率不高，这也成为制约地方志工作长远发展

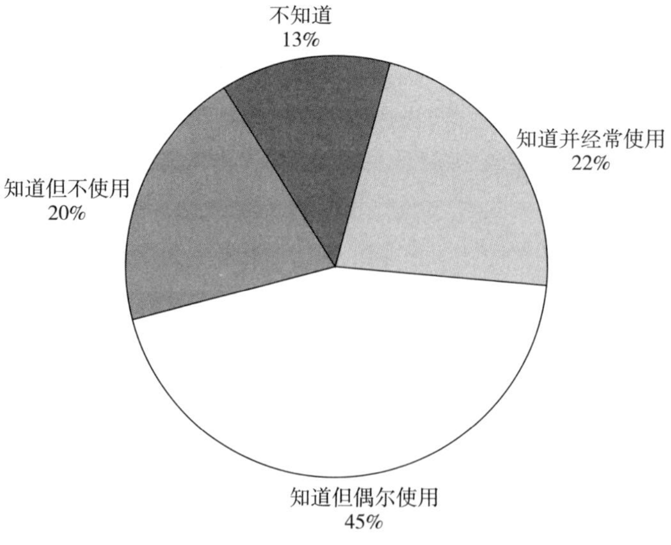

图 11　地方志知晓与使用频率分布情况图

最突出的问题。其中，选择“经常使用率”的仅为22%，而选择“不使用”的比重达到33%。从使用方式看，优先选择的依次为“互联网”（40%）、“政府机构”（29%）、“图书馆”（26%）。其中，18—45岁使用“互联网”最多（42%），46—59岁使用“政府机构”最多（39%），而18岁以下人群和60岁以上人群使用“图书馆”多于中青年群体，通过“图书馆”使用地方志的比例分别为40%、29%。

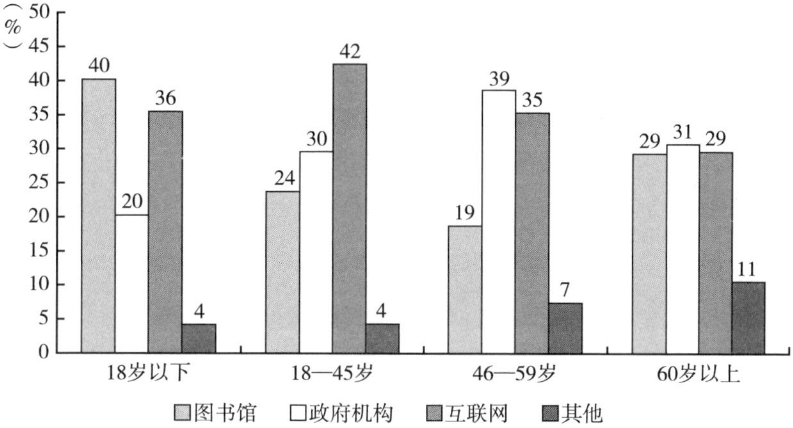

图12　不同年龄地方志使用方式分布情况图

5. 地方志工作的满意度

评价一项工作的实际成效与社会认可程度，社会满意度调查是被较多运用的方法。如上海市连续多年对“生活水平”“民生环境”“公共服务”“社会治理”四大板块的民生重点领域，开展“民生满意度调查”，对相关具体项目逐一公布满意度得分和排名，督促相关行业不断改进服务民生工作水平。这次抽样调研结果显示，地方志工作的社会满意度为53%，而认为一般、不满意和不清楚的，分别占到35%、6%、6%。

从对地方志工作的社会评价来看，（1）满意度与学历层次有着较高的正相关性。一般而言，学历层次越高，对地方志工作的满意度也越高。其中，研究生学历层次的满意度为68%，本（专）科、高中以下学历层次的满意度分别为52%、47%。我们分析认为，这与对地方志工作的认知程度有着密切的关联，相对而言，学历层次越高的受访者，由于具有较高的知识水平和对地方志工作更高的认知度，对地方志工作也有着相对客观和积极的评价。（2）党政机关、

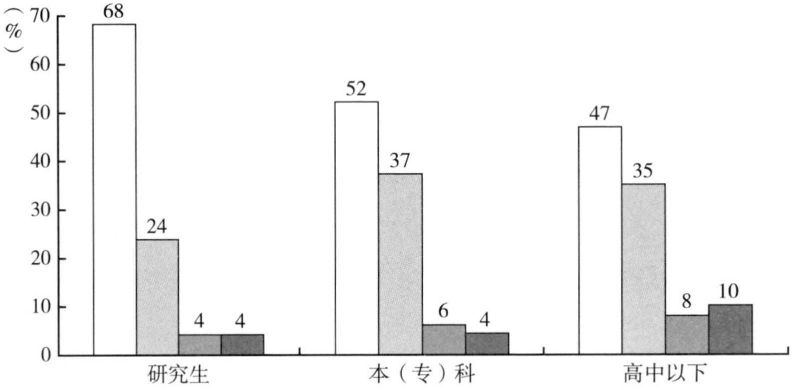

图 13　不同学历地方志满意度分布图

事业单位受访者对地方志工作的满意度最高，为 64%，而学校受访者选择“满意”（45%）和“一般”（44%）的比例基本持平。

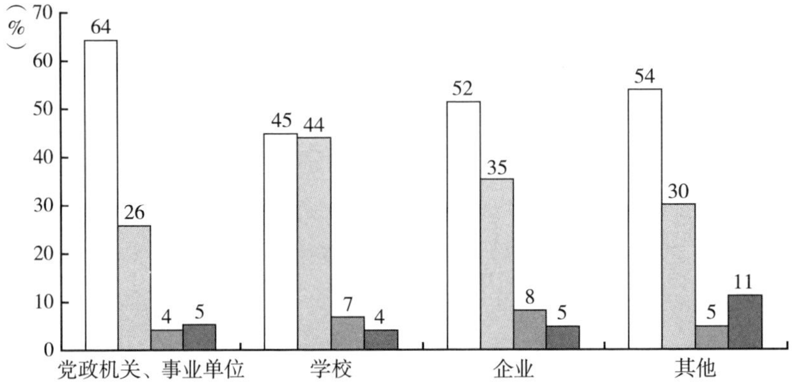

图 14　不同职业地方志满意度分布图

6. 编好地方志的重点因素

我们设置了“法规保障、领导重视”“依靠专业队伍”“改进编纂方式”和其他等不同的选项。多数受访者认为，编好地方志，最主要的是“法规保障、领导重视”，占比为 44%；其次才是“依靠专业队伍”（34%）和“改进编纂方式”（11%）。

各年龄层次以及学历较高的受访者、党政机关和事业单位，都普遍赞同

“法规保障、领导重视”是编好地方志的主要影响因素。事实上，这也从一个侧面反映了当前地方志工作所面临的实际：既难以得到领导的重视，也缺少法规的相关保障。地方志虽然是“地方的百科全书”，但在经济社会发展的全局中往往被置于相对边缘的地位。只有充分重视地方志工作，赋予地方志工作对于支撑经济社会发展的应有地位和关键作用，才能迎来地方志发展的美好未来与春天。

7. 发挥地方志作用的主要方式

地方志按照一定体例，全面记载某一时期某一地域的自然、社会、政治、经济、文化等方面情况，从这层意义上看，地方志既是客观的文化载体，也是厚重的历史积淀，并通过总结地方经济、社会、政治、文化等发展中具有普遍性的客观规律，能够对地方经济社会发展起到有力的支撑和助推作用。当然，在信息化时代，发挥地方志的作用，还必须充分借助互联网和新媒体这一手段。一方面，更好地改进地方志的内容呈现方式，积极推进地方志的数字化转型；另一方面，更好地改进地方志的普及传播方式，不断提高地方志的社会知晓度和利用率，切实发挥好地方志的独特功能。调研显示，社会认为“互联网”应该成为发挥地方志作用的主要方式（52%），其次为“报刊杂志、广播电视”（36%）。

三、地方志社会认知度调查的基本结论

通过对地方志社会认知度调查结果的深入分析，我们努力客观地呈现社会对地方志工作的认知与评价的实际状况，以及对地方志工作的诉求和意见建议。从采集的2.5万余份样本来看，全国地方志事业发展情况总体良好，但也存在一些突出的矛盾和问题，亟待加以认真研究解决。应该说，这种实证性的分析具有一定的现实意义和价值。调查得出的基本结论如下。

1. 地方志知晓率与满意度，应从当前“一高一低”走向双向提高

调查显示，尽管社会对地方志有着较高的知晓率（87%），但满意度还不高（53%）也是不容忽视的事实。为此，在提高知晓率上，要聚焦重点群体，主要包括老年人群体、低学历者和企业等，进一步扩大地方志的宣传普及与覆盖；在提高满意度方面，进一步改进地方志工作方式、内容呈现方式和宣传普

及方式，通过地方志工作更好地支撑经济社会发展，更好地融入公众的日常工作和日常生活，不断提高地方志的社会满意度。

2. 主动对接需求，提高地方志的使用率

调查显示，地方志的使用率不高，“经常使用率”仅为22%，“不使用”的比重达到33%。为进一步推进地方志工作长远发展，必须着重在提高地方志的使用率上下功夫，特别是要聚焦青少年、中青年、中老年人等不同群体，以及政府机构、事业单位、企业等不同单位类型，进行深入的需求分析，采取有针对性措施，对接和满足好不同层次、不同类型群体的使用需求。同时，还要善于运用互联网和新媒体等形式，积极推进地方志的数字化转型，更好地满足地方志信息便捷获取和使用的需求。

3. 加强地方志专业队伍建设

从调查情况看，推进地方志的大众化、普及化，内在要求进一步加强地方志专业队伍建设。为此，要一方面抓稳定队伍，采取思想教育与业务指导相结合、专兼职相结合、在岗与挂职交流相结合、培养与引进相结合等多种形式，建立一支人员稳定、结构合理、政治素质高、业务能力强的地方志人才队伍。另一方面抓提升水平，进一步加强地方志专业队伍的理论研究水平、学科建设水平，特别是深入研究社会需求规律、普及传播规律等，不断提高工作的针对性。

4. 加强地方志工作法规保障

调查显示，受访群体普遍认为“法规保障”是编好地方志的主要影响因素。为此，必须进一步重视法规体系建设，为地方志依法行政、依法修志、依法治志提供根本保障，不断增强地方志工作的法律效力，为长远发展奠定坚实的基础。

四、对提高地方志社会认知度的建议

1. 完善地方志法规

重点抓好《地方志工作条例》《规划纲要》的贯彻落实，积极促进地方立法工作，健全和完善地方志政府规章体系。同时，加大地方志法规规章的宣传贯彻和执行力度，定期开展执法监督检查，依法严格纠正执行不力及有关违法行为。

2. 加大地方志宣传

针对不同年龄、不同职业特点，充分运用手机等移动终端、互联网、微信等新媒体，以及报刊杂志、广播电视等传统媒体载体，广泛普及地方志知识、宣传地方志工作，不断提高地方志的社会知晓度。比如，针对中小学生这一重点群体，积极推进地方志“进教材、进课堂”，通过编纂中小学生地方志乡土教材，在坚持地方志全面性、客观性、公正性和权威性基础上，增加故事性、趣味性，提高可读性、实用性，以图文并茂的形式、浅显易懂的内容，帮助中小学生了解国家和地方的历史、现在和将来。再比如，针对中老年群体和企业等，采取地方志“进社区、进楼宇”等形式，有针对性抓好宣传普及。

3. 推进地方志信息化

坚持“地方志 + 互联网”的发展方向，充分发挥新媒体作用，认真实施全国信息方志与数字方志建设工程方案，推动中国方志网、中国地情网、中国国情网、国家数字方志馆、地方志综合办公平台、地方志新媒体传播平台等的建设，有力促进地方志数字化转型。完善各级地情网站的内容和功能，建立地方志的收藏、编修、研究、宣传、服务等信息技术平台。推动市、区“数字化地情资料库”和数字化通志（方志）馆建设。提供地方志全文检索，方便读者查询利用。

4. 发挥地方志智库功能

要切实发挥地方志支撑经济社会发展的功能，加强对地情文献资料的专门研究，编纂出版一批具有中国和各省市区文化特色的地情书籍、读本，以及反映中国和各省、市、区乡土历史的普及性成果，特别是通过挖掘地方志丰富的历史经验和启迪，切实发挥地方志的智库作用，不断提高地方志对服务国家战略和地方经济社会发展的贡献度。

以史资政　围绕中心　服务大局

——山东省经验做法

山东省地方史志办公室

提　要： 山东省地方史志办公室紧紧围绕省委、省政府中心工作和经济文化强省建设大局，狠抓修志编鉴主业，筑牢存史资政工作基础，加强基础设施建设，增强公共文化服务能力，主动承担政治任务，开展抗战研究，参与重要项目决策和有关工作，积极提供决策服务，通过编修专题志书、编纂重要文化丛书、推出影视作品等，取得了丰硕成果，为经济文化强省建设作出应有贡献。

关键词： 以史资政　围绕中心　服务大局　山东经验

“治天下者以史为鉴，治郡国者以志为鉴。”历史是最好的教科书。习近平总书记强调“在中国的史籍书林之中，蕴涵着十分丰富的治国理政的历史经验。”《地方志工作条例》明确要求，地方志工作应当为地方经济社会的全面发展服务，并将组织开发利用地方志资源作为各级地方志机构职责之一。《规划纲要》将“资源开发利用”纳入“五位一体”的地方志事业发展综合体系。充分发挥地方志资源优势，努力做好为现实服务文章，是各级地方志机构重要职责，是体现地方志价值有效途径，对地方志事业发展具有重要意义。山东是中华文明的发祥地之一，习近平总书记在视察山东时强调要“用好齐鲁文化资源丰富的优势，加强对中华优秀传统文化的挖掘和阐发，为做好改革发展稳定各项工作提供强大精神力量。”山东省委、省政府十分重视齐鲁文化资源的挖掘阐发和传承弘扬，省委副书记、省长郭树清在2015年省十二届人大四次会议政府工作报告中，专门将“挖掘和利用好丰富的齐鲁文化资源”单独表述，进行全面部署，摆在经济文化强省建设突出位置。同时对史志部门提出明确要求，2014年5月26日作出批示，要求“编修更多经得起历史检验的精品佳志，搞好史志成果普及和史志资源开发利用，更好地服务改革发展大局。”2015年2月8日再次批示“利用丰富的齐鲁文化资源，挖掘和阐发优秀传统文化是一项很关键的要求。你们有巨大的舞台，能演出什么样的活剧来，就要看你们有什么样的态度、能力和韧性了。”山东省史志系统认真贯彻落实各级领导批示、指示精神，坚持修志为用的工作理念，紧紧围绕省委、省政府中心开展工作，推出了很多有重要影响的史志成果，为经济文化强省建设作出了应有贡献。

一、以史资政概况

（一）狠抓修志编鉴主业，筑牢存史资政工作基础

修志编鉴是史志核心主业，也是“存史、资政、教化”主要载体。山东始终将修志编鉴作为基础和关键牢牢抓在手上，在提高工作成效上狠下功夫。第二轮修志采取倒排工期的办法，制定“计划表”，明确每部志书完成时限，发放“明白纸”，细化各阶段工作要求，每半年调度情况、通报进展、落实任务。短短3年时间，完成省志分志29部、市志4部8册6卷、县级志书49部，超出前12年修志任务量，编纂进度大大加快。截至2016年底，规划的74部省志分志完成45部，占计划的60%；17部市志完成9部，占计划的53%，137部县级志书完成108部，占计划的79%，2018年将全面完成第二轮修志任务。在加快修志进度的同时，高度重视志书质量，出台13项志书质量管理制度，加强志书评议、审查验收等各环节工作，实现了质量和进度同步推进。《山东年鉴》也围绕发挥存史资政作用不断改革创新、提速增效，2014卷7月出版，2015卷和2016卷稳定在6月出版，连续三年保持全国第一。同步推出袖珍版《山东省情概览》，应用二维码等新技术，制作年鉴光盘，服务功能大为增强，成为重要的资政工具书，出版后第一时间赠送省领导和有关

部门使用，得到一致好评。省委常委、组织部长杨东奇在 2016 年 4 月 28 日作出批示“最近读了《年鉴》和《概览》，看了你们的工作情况介绍，很有收获。”

（二）加强基础设施建设，增强公共文化服务能力

山东省副省长王随莲强调“必须把地方史志工作纳入公共文化服务体系建设中，加快方志馆、地情网站、数据库等基础设施建设，有效搭建公共文化服务平台。”山东史志系统将参与公共文化服务体系建设作为服务大局工作重要切入点，加大投入，持续发力。近年来，山东省史志办先后投入 400 万元，不断完善山东省方志馆软硬条件。聘请著名学者欧阳中石担任名誉馆长，请他题写馆名，举办专题讲座，面向社会征集馆标，大大提升了影响力。积极协调省档案局，争取省委、省政府重视支持，省委办公厅、省政府办公厅印发工作方案，确定利用全省档案馆达标升级的机会，同时建设方志馆，为实现方志馆建设“全覆盖”打下坚实基础。建立工作联系机制，加强对全省方志馆建设指导，东营市方志馆获批加挂国家方志馆黄河分馆牌子，落实 2 万平方米的馆舍，2017 年建成使用，青岛市方志馆规划面积 1 万平方米，8 个县级方志馆在建和拟建馆舍面积都在 2 千平方米以上，呈现出前所未有的良好发展势头。信息化建设也与时俱进，山东省情网开发出“俯瞰齐鲁”历史地理信息系统、原版显示等新功能，实施了第七次升级改版，开展了首轮县志数字化工作。市县两级地情网站在 2007 年全面建成的基础上，2015 年全面完成了第二轮改版升级。各级史志机构还充分适应“互联网 +”新形势，加大信息化建设力度。2015 年山东省史志办开通“山东史志”微信，2016 年在微信平台举办“山东史志”年度人物投票活动，短短十天时间，8.5 万人关注并参与投票，很好地展示和宣传了史志工作。

（三）主动承担政治任务，开展抗战研究

2015 年是中国人民抗日战争暨世界反法西斯战争胜利 70 周年。党中央、国务院和山东省委、省政府高度重视。山东省史志办主动提出并组织编纂了山东纪念抗战胜利 70 周年丛书，包括《山东抗战将士记忆》《山东抗战将士传略》《山东抗日根据地图志》《山东抗战战事史料汇编》《山东抗战纪念设施和遗址

名录》5 本书、200 万字、3000 余幅图片，收录了 102 位战争亲历者口述资料，为 163 位牺牲的抗战将士作传，用 1000 多幅图片反映山东抗日根据地发展历程，辑录汇编 164 部市县级志书中的抗战战事资料，展示了全省 790 处抗战纪念设施和遗址面貌，仅用 7 个月时间完成。省长郭树清先后 5 次作出批示，指出"编撰这本书很有意义"，副省长王随莲作序。中指组组长王伟光、常务副组长李培林，省委常委、宣传部长孙守刚，副省长季缃绮等领导作出批示给予肯定。2016 年，山东省史志办继续编辑出版山东抗战研究丛书，包括《亲历沂蒙抗战》《沂蒙抗战大事记》《沂蒙抗战歌曲选》《沂蒙抗战将士记忆》4 本书、110 万字、600 多幅图片，收录 30 多位战争亲历者对沂蒙抗战的回忆，记载了从 1937 年抗战爆发到 1945 年抗战胜利在沂蒙抗日根据地发生的大事要事，收录抗战歌曲 370 多首，以及 40 多位曾在沂蒙抗日根据地工作、战斗过的领导干部对沂蒙抗战的回忆。中指组组长王伟光作序。《山东抗日根据地志》《山东解放区志》编纂稳步推进。2016 年 1 月 13 日，组织召开了《山东抗日根据地志》编纂论证会，邀请原第二炮兵副政委、罗荣桓之子罗东进中将等领导和专家出席会议，副省长王随莲会见与会人员，相关工作稳步推进。

（四）参与重要项目决策和有关工作，积极提供决策服务

一是为建设曲阜优秀传统文化传承发展示范区建言献策。建设曲阜优秀传统文化传承发展示范区是山东深入学习贯彻习近平总书记关于文化建设的系列重要讲话和对山东工作的重要指示、批示精神的重要举措，已经纳入国家"十三五"规划纲要。2016 年，省长郭树清先后主持召开曲阜优秀传统文化传承发展示范区建设规划专题会议和省政府常务会议研究有关工作，山东省政府办公厅党组成员、省史志办主任刘爱军参加这两次会议，提出制作历史名人动漫，发挥方志馆作用、传播优秀文化等建议，都被纳入《曲阜优秀传统文化传承发展示范区建设规划》。二是服务山东对外文化交流。莱布尼茨是世界历史上少见的通才，对发源于山东的儒家文化倍加推崇，在德国下萨克森州州府汉诺威生活了近 40 年。省长郭树清在 2016 年 7 月访问德国期间，山东和下萨克森州结为友好省州。郭树清和威尔州长特别谈起了莱布尼茨，对增进两省州文化交流具有重要意义。德国正在整理莱布尼茨手稿，计划出版 120 卷文集，华人教授李文潮主持该项工作。2016 年 9 月，山东省史志办

赴德国交流，通过德国交流顾问迪特·舒伯特先生，和李文潮教授建立了联系。回国后省史志办专门向省长郭树清报告有关情况，省长郭树清对有关交流、研究和合作事宜作出明确批示。山东省史志办按照省政府要求，积极联系省外办、省教育厅等有关部门，推动山东大学、山东师范大学等高校加强与德国有关方面合作，成立莱布尼茨研究中心，成为中德文化交流的新平台。三是结合乡镇村志编修，积极参与“乡村记忆工程”和“县及县以下历史文化展示工程”。为了贯彻落实习近平总书记在中央城镇化工作会议“让居民望得见山、看得见水、记得住乡愁”讲话精神，山东在2014年和2015年启动实施了“乡村记忆工程”“县及县以下历史文化展示工程”，展示富有地域特色和群体记忆的文化遗产。山东省史志办结合乡镇村志编修蓬勃发展的大好形势，在2016年8月18日，推动省政府办公厅转发了省史志编纂委员会《关于做好乡镇村志编修工作的意见》，是山东省第一次由省政府办公厅转发关于做好乡镇村志编修工作的指导意见，明确要求“加强顶层设计，搞好资源整合”，将乡镇村志编修纳入“乡村记忆工程”和“县及县以下历史文化展示工程”，发挥史志部门应有作用。此外，还充分发挥优势，按照省委、省政府要求，积极主动提供决策服务。为省长郭树清提供了抗日战争和解放战争时期沂蒙革命根据地颁布的有关金融、经济、教育、婚姻、人权保障等方面的法规规定等资料。在深入调研基础上，起草了《关于推动京杭运河通水复航的建议》《关于传承弘扬黑陶文化促进黑陶产业发展的建议》《山东莱芜——嬴秦文化的发源地》等资政文章，省长郭树清、副省长季缃绮作出批示。组织编纂《山东简史》《山东地方史概要》《中国历代简史》《世界史概要》等资料，提供给省领导参阅，得到充分肯定。

（五）围绕重要事件、大型活动、重点工作编修专题志书

一是编纂出版《汶川特大地震山东省救助援建志》，由省发改委、省民政厅、省史志办等50家省直部门和17市共同承编，分《抢险赈灾卷》《对口援建卷》两卷，100余万字，全面记述山东支援四川地震灾区抢险救灾和对口支援北川灾后恢复重建的全过程。在2013年汶川特大地震五周年时出版发行，7位省领导作出批示并给予高度评价。二是编纂出版《第十届中国艺术节志》，由第十届艺术节（以下简称十艺节）组委会各部室和17市执委会承担撰稿任

务，分上下两册，共30篇、202万字、1072张照片，仅用一年时间高质量完成，系统记述山东省申办、筹办、举办十艺节的历程和成功经验，是1987年中国艺术节举办以来首次修志，为全面记述大型艺术活动提供了范本，成为其他省申报和承办该类节会活动的重要参考资料。2015年2月10日，省委常委、宣传部长孙守刚批示“过去一年，史志办工作取得显著成绩，特别是围绕挖掘传承齐鲁优秀传统文化、编辑出版十艺节志等方面做了大量开创性工作，体现了高度责任意识和务实精神。”三是启动《山东省对口支援新疆志》《山东省对口支援西藏志》编纂。援疆援藏是党中央、国务院从战略和全局高度作出的重大决策部署，20多年来，山东先后派出八批援疆、援藏干部开展对口支援，有力推动了新疆和西藏经济社会各项事业快速发展。山东省史志办提出以志书形式全面、客观、系统地记述援疆援藏工作，得到省委、省政府高度重视，省委副书记、省长郭树清，省委常委、常务副省长孙伟，省委常委、组织部长杨东奇，副省长夏耕、王随莲，省政府秘书长王华先后作出批示、指示，并成立了由孙伟常务副省长、杨东奇部长任主任，王随莲副省长、王华秘书长任副主任的编纂委员会。2016年9月12日，召开编纂工作启动会议，省直有关单位负责人，有关市政府分管副秘书长、市史志办主任，联络员等100人参加会议，各项工作有序推进，计划2019年出版。

（六）组织编纂重要文化丛书

一是推动旧志整理。2013年，习近平总书记视察曲阜时强调“要重视传统文化的传播和继承，推陈出新，古为今用。”古代方志是山东宝贵的历史文化资源。加强对旧志资源的整理和保护，有利于追根溯源，构建优秀传统文化传承体系，为经济文化强省建设提供智力支持。2013年，山东省史志办制定下发《关于开展旧志整理工作的意见》，发动全省积极开展旧志整理工作。2014年山东省史志办完成宣统版《山东通志》整理影印，共12函、128册、635万字，重现山东历史上规模最大、内容最翔实、体例最完备的通志。2015年完成31种府州志整理出版，计46函、275册，1300余万字。2016年制定全省旧志整理“十三五”规划，计划用5年时间完成449种现存旧志整理出版工作，形成《山东省历代方志集成》丛书，当年完成省卷、济南卷42种旧志出版工作。二是编纂出版《齐鲁诸子名家志》丛书。山东历史悠久，文化灿烂，名家贤哲辈出，在政治、经济、军事、思想、文化等诸多领域作出了重要贡献。山东省史志办组织几十名专家学者精心打造了《齐鲁诸子名家志》，以志体为主，收录了山东历史上28位最杰出的代表人物的生平、业绩、影响和后人的研究状况。2009年出版时入选“辉煌60年——中华人民共和国成立60周年成就展”，成为整个展览唯一入选的地方志成果。三是编纂《山东省历史地图集》。此书被列为“文化强省”标志性工程，全面展现山东境内五千年自然与人文地理变迁，包括《政区》《自然》《经济》《文化》《社会》《军事》《村镇》《古地图》8个分册，地图1000余幅、图片600余张、文字200余万字，参考文献2000多种，填补省内空白。四是组织编纂《齐鲁历史名人传略》丛书。收录山东范围内1949年底前过世的有重大影响的人物500人，以人物传略的形式，展示齐鲁历史名人风采，10个分卷已全部完成，2017年转入出版程序。

（七）创新传播手段，推出影视作品

刘延东副总理强调“现在文化产业异军突起，可以按照地方志记载的内容编些动漫作品，出一些普及性、趣味性读物，还可以通过网络进行宣传。”山东省史志办结合山东实际组织开展了多个影视项目，得到省政府、省委宣传部领导的高度重视，2015年9月21日副省长季缃绮批示“该项工作也是下步推进齐鲁优秀传统文化传承创新工程的内容，请有关部门给予支持”，2016年10月24日再次批示“要把成果利用好、宣传好，同时要注意运用好市场化方式。”一是制作完成山东纪念抗战胜利电视专题片。充分利用在抗战研究中积累的大量资料和线索，将其影视化，制作完成山东抗战将士记忆10集、山东抗战将士传略3集、山东抗战纪念设施和遗址5集，不但发挥了教化育人的作用，还留存了大量珍贵的口述资料和影像资料。二是开展了齐鲁历史名人动漫项目，以《齐鲁诸子名家志》为蓝本，将现有文字资料转化成画面影像，补充故事情节，利用动漫形式展现28位齐鲁历史人物，截至2016年底制作了孔子、孟子、曾子、姜太公、辛弃疾、李清照等6集。三是策划制作《家风家训》纪录片和《走近山东民俗之二十四节气》动漫。《家风家训》纪录片以在山东境内有着重要影响的家族、家庭（如孔氏、孟氏等）家风家训为主线，以真人真事为表现对象，运用现代化的拍摄手段（如航拍等），通过古装情景还原、专家点评、口述和三维特效等呈现方式，展现齐鲁

家风家训独特魅力。《走进山东民俗之二十四节气》动漫运用现代技术手段，用二维动画及后期特效作为表现形式，形象生动地阐释二十四节气的具体内涵和在山东的独特实践，以“寓教于乐”的方式让人们更好地了解先辈智慧，继承和弘扬优秀传统文化。

二、主要经验做法

（一）敢于担当、主动作为是史志事业围绕中心、服务大局的应有态度

史志工作围绕中心、服务大局关键在于高度的服务意识，跳出部门局限，站在全省发展高度看问题、做工作。山东省史志办始终坚持主动作为，在第十届艺术节开幕倒计时30天时，就向省委、省政府和十艺节组委会呈报了《第十届中国艺术节志》编纂方案，随即部署开展工作，仅用一年时间就完成编纂任务。2014年10月郭树清省长在山东省史志办关于开发利用历史文化资源方面的报告上批示要求“在抗战纪念宣传、文献征集、设施建设等方面搞一批实实在在的项目。”山东省史志办立即印发《关于开展抗战胜利70周年纪念宣传活动的通知》，迅速贯彻落实省长批示精神，作为2015年重点工作专门部署，明确要求各市史志办确定一名联络员，定期开会调度情况，每月通报工作进度，做到了早动员、早部署、早落实。为了确保山东省纪念抗战胜利70周年丛书按时出版、向党和国家献礼，采取项目负责制，按编纂任务分成五个项目组，倒排工期，压茬推进，协调出版社将丛书列为重大选题提前上报，出版印刷单位提前介入，提高了工作效率。为了保证丛书质量，从全省史志机构抽调精兵强将组成编纂团队，邀请知名专家把关，数易其稿，精益求精。编纂人员足迹遍及京、鲁、苏、豫等多个省份，行程几千公里，全面搜集整理史料，加班加点，任劳任怨，仅用7个月时间就完成这项重要的政治任务。2015年7月，习近平总书记在主持中央政治局集体学习时对抗战研究作出重要指示。山东省史志办立即印发《关于学习贯彻习近平总书记重要讲话精神深入开展抗战研究的通知》，要求各级史志机构发挥部门优势，把抗战研究摆上工作日程，纳入工作计划，在2016年继续推出山东抗战研究丛书，论证《山东抗日根据地志》等项目，保持了服务大局工作的定力和韧性。

（二）争取支持、扩大影响是史志事业围绕中心、服务大局取得成效的必要条件

史志部门开展工作离不开领导的重视支持，做出优异成绩、产生积极影响，可以争取到更好的条件，两者相互促进、相辅相成。山东省史志办坚持每年向省委、省人大、省政府、省政协等各级领导报告史志工作，用卓有成效的工作实绩争取领导重视支持。2015 年，省领导对史志工作作出 28 次批示，2016 年 31 次批示。特别是郭树清省长，到山东任职三年来，对史志工作作出 21 次批示，连续三年在《政府工作报告》中强调做好修志工作，这在山东新方志编修 30 多年来前所未有。为了支持省史志办编纂山东纪念抗战胜利 70 周年丛书，省政府常务会议专门作出决定，从省长预备费中拨付专款，促使丛书顺利完成。三年来，山东省史志办专项经费以 40% 的速度增长，确保了各项工作顺利开展。《规划纲要》要求做好宣传保障，史志部门围绕中心、服务大局推出的成果是最好的宣传热点，必须充分利用。2015 年 8 月 24 日，山东省委办公厅、省政府办公厅为山东纪念抗战胜利 70 周年丛书举办新闻发布会暨赠书仪式，中指组常务副组长李培林、山东省副省长王随莲出席会议，新华网、《光明日报》、《大众日报》等 20 家新闻单位参会，人民网全程直播新闻发布会并对山东省史志办主任刘爱军进行专题采访，引起社会各界强烈反响。9 月 10 日，《中国社会科学报》发表书评，称之为一部“活”的山东区域抗战史。《第十届中国艺术节志》也举办了新闻发布会暨赠书仪式，30 多家新闻单位作了报道。同时还要注重向社会各界广泛推介，推动这些成果进机关、进农村、进社区、进校园、进企业、进军营。山东纪念抗战胜利 70 周年丛书出版后，山东省史志办向各级档案馆、图书馆等公共文化服务机构赠阅 2300 余套，有力宣传了史志工作。

（三）厚积薄发、精准发力是史志事业围绕中心、服务大局做出成绩的关键所在

“巧妇难为无米之炊。”史志工作围绕中心、服务大局的优势在于充分掌握各类地情资料，这是开展工作的基础。山东史志系统除了对于列入规划的省、市、县三级志书精心编纂、按期完成外，还积极组织编纂各类专业和基层志

鉴，推动旧志整理等工作。在积累大量资料的基础上，开展深入细致的挖掘整理工作，根据形势任务找好服务中心工作的切入点精准发力，出版各类地情资料书，不断开拓服务中心工作境界，推出新的史志成果。各级史志机构加大年鉴资源的开发利用，挖掘其中查询率高、实用方便的信息资料，编纂出版《当代山东概览》丛书，以及大批《便民手册》《地情手册》《办事指南》等，丰富了服务经济社会发展内容。从2015年开始，山东省史志办组织编纂《山东省情概览》，与《山东年鉴》同步出版，简要记述全省自然、经济、政治、文化、社会、生态文明等方面发展的基本情况，注重体现年度特征和地域特色，具有较强的资料性、知识性和可读性，一册在手，便览省情，成为随身携带、简明实用的省情资料口袋书，大大增强了为现实服务的能力。《泰安年鉴·袖珍本》从2013年开始连续编辑出版三卷，2016卷3月出版发行，服务现实的实效性得到充分发挥，也受到广泛好评。

（四）完善机制、整合资源是史志事业围绕中心、服务大局的重要保障

山东专门出台了《加强读志用志工作的若干规定》，省史志事业发展规划纲要对史志资源开发利用提出明确要求，在评价各级地方史志工作机构工作时，不仅看修志工作、修志成果，也看用志工作、用志效果。山东开展了“山东省优秀史志成果奖”评选活动，将服务现实工作纳入其中，获奖成果和单位以省政府办公厅名义表彰，并给予一定的物质奖励。只要是利用地方志成果或地情资料，在促进当地政治、经济、文化、社会建设等方面发挥较为重要作用，并取得了社会效益和经济效益的成果都可参与评选，调动了各级史志机构围绕中心、服务大局，开发利用地方志资源的积极性。各级地方史志工作机构普遍把开发利用方志资源作为服务地方经济社会发展的重要内容，将修志和用志作为两大日常性工作，统一部署、狠抓落实。在推动纪念抗战胜利70周年纪念宣传活动时，全省史志机构发挥自身优势，开展形式多样的“自选动作”，淄博市史志办出版《淄博抗战记忆》、烟台市史志办出版《胶东红色人物志》，临沂市史志办举办了“沂蒙革命根据地抗日图片展”，潍坊市史志办参与了纪录片《潍县集中营》的拍摄，莱芜市史志办参与了鲁中抗战纪念厅建设等，全省史志系统编纂抗战题材图书80部、制作视（音）频资料15部，利用地情网站、微信等平台加强宣传，留存了珍贵史料，营造出良

好氛围，扩大了社会影响。围绕中心、服务大局必然要求不断开拓创新。很多具有开创性的工作，史志部门单打独斗难免捉襟见肘。山东省史志办注重整合各类资源，吸收社会力量参与有关项目。《山东省历史地图集》从国内历史地理界著名专家学者中选聘学术顾问，如山东师范大学教授安作璋、复旦大学教授邹逸麟、北京大学教授韩光辉等，增强了丛书的权威性。《齐鲁历史名人传略》丛书聘用高校专家教授担任学术主编，直接参与稿件撰写。山东纪念抗战胜利电视专题片、齐鲁历史名人动漫则成立制作团队，邀请省政府参事、山东广播电视台原总编辑祝丽华等专业人士作为顾问，委托专业影视公司制作，确保了项目顺利开展。

中国名镇志文化工程实施报告

王丹林

提　要： 中国名镇志文化工程主要内容包括中国名镇志丛书、全国名镇论坛、名镇宣传片等。启动伊始，建立起高规格的领导机构和完善的工作机制，并在选择对象上突出典型性、体例设置追求简便实用，内容记述上突出名和特，功能定位上突出社会效益，文体文风上简练优美。中国名镇志文化工程实施两年来，在传播方志文化上探索出新模式，在组织管理上坚持以我为主，在志书编纂上坚持接地气，在宣传推广上坚持多种手段，在受众上明确定位，在发展目标上注重打造品牌。各地对中国名镇志文化工程的高度重视，中国名镇志丛书的编纂逐渐成为全国地方志工作的一个热点。中国名镇志丛书在编纂中也存在一些问题，针对这些问题，下一步要加大指导力度，全面提高中国名镇志丛书质量；加大工作力度，全面推进中国名镇志丛书编纂，同时进一步丰富中国名镇志文化工程内容，加大宣传，做好市场推广，打造好中国名镇志文化工程品牌。

关键词： 城镇化　名镇志　文化工程　质量　品牌

中华文明璀璨夺目，绵延不断。乡镇承载着丰富生动的传统文化和历史记忆，在政治、经济、文化建设和中华文明的传承中具有十分重要的作用。制度文化方面，有农村生产生活组织方式、社会规范、乡规民约等；精神文化方面，有孝文化、宗族家族文化、宗教文化等；物态文化方面，有山水风貌、乡村聚落、乡村建筑、民间民俗工艺品、民族服饰等；行为文化方面，有民风民俗、生活习惯、传统文艺、传统节日等。这些都是中华民族的底色，镌刻着中国人独特的民族性格。

伴随着全面建设小康社会的进程，城镇化建设步伐加快，基层政区变动频繁，一些名镇甚至是千年古镇所承载的重要历史文化信息、传统文化信息不断消亡，乡土文化和民俗文化不断流失。如何留住乡音、乡思、乡风，保留乡土文化记忆，继承传统文化精华，挖掘历史智慧，成为推进中国特色新型城镇化建设的重要内容。近年来，为保护抢救、传承保存、开发利用宝贵的乡镇文化，全国地方志系统掀起了编修乡镇志热潮，积累了宝贵经验，涌现出大量成果。在中国社科院副院长、中指组常务副组长李培林倡导下，中指办于2015年1月启动中国名镇志文化工程。2015年8月该项工程纳入国务院办公厅《规划纲要》，正式成为国家级文化工程。截至目前，已取得重要阶段性成果。

一、项目启动情况

（一）启动的背景

我国乡镇志的编纂既古老又年轻。现存最早的第一部镇志——南宋常棠的《澉水志》距今已有近千年，其间乡镇志编纂传承不断，代代相继。乡镇志虽属小志，但意义却不小，特别是在当前国家全力推进新型城镇化的背景下，乡镇志的作用更显重要。地方志作为全面系统记述一定行政区域的自然、政治、经济、文化、社会的历史和现状的资料性文献，是记述、传承、保护乡土文化的最佳载体，对抢救和保护中国传统文化意义重大。

1. 全国地方志事业发展的需要

2014年以来，习近平总书记、李克强总理、刘延东副总理就修史修志和地方志工作发表重要讲话和作出重要批示，进一步明确了地方志事业在传承、发扬中华优秀传统文化中的重要作用。国家"十三五"规划，中办、国办印发的《关于实施中华优秀传统文化传承发展工程的意见》《国家"十三五"时期文化发展改革规划纲要》和国务院办公厅印发的《规划纲要》，明确赋予地方志事业发展新的目标任务。启动中国名镇志文化工程，是为适应地方志事业发展需要：一是提升围绕中心、服务大局的能力。2013年12月，习近平总书记在中央城镇化工作会议上强调，要让居民望得见山、看得见水、记得住乡愁；要融入现代元素，更要保护和弘扬传统优秀文化，延续城市历史文脉。2015年1月在云南考察、6月在贵州考察时又分别强调农村要系得住乡愁。乡镇承载着中华民族世世代代的文化寄托和心理守望，承载着丰富生动的传统文化和历史记忆，传承着中华文明血脉。乡镇志作为全面、权威的地情资料文献，是完整记录乡镇历史，留住乡愁的重要载体。用乡镇志来记住乡愁，既是各级地方志工作机构的责任，也是各乡镇党委政府的职责所在，对国家推进城镇化建设有重要的文化价值。二是能够延伸地方志工作的触角。改革开放最精彩、最生动的内容发生在基层乡镇，地方志要完整记录改革开放历史，必须形成省、市、县、乡镇、村志完整的成果体系。乡镇志能够补市县志之所缺，能够通过微观的材料反映历史变迁。从社会学、历史学的角度来看，微观的材料更能直观表现事物的本来面貌。三是有利于发挥地方志存史、资治、教化功能，培育爱乡、爱国情怀。中国人素有“家国情怀”，乡镇是无数中国人生命的底色和成长的摇篮。故乡的山水，乡音乡情的记忆，乡土的气息和家乡菜的味道，总是最能触动心弦。编纂一部全面梳理乡镇历史人文，“名”“特”突出的乡镇志，挖掘文化特色，让老百姓亲身感受本土本乡自然的优美、历史的醇厚、人物的优秀，对培育人民群众爱乡爱国情怀意义重大。

2. 适应国家文化建设的发展需要

党的十七大以来，国家对文化大发展大繁荣作出了系列重要部署。党的十八大以来，以习近平同志为核心的党中央对继承和弘扬传统文化尤为重视。“国有史，邑有志”，中国自古就有注重修史修志的传统。连绵不断地编修地方志是中华民族特有的文化基因，为中华文明代代相继、血脉相承发挥了至关重要的作用。中国现存旧志有8000余种、约1万卷，约占现存古籍的1/10。自中华人民共和国成立以来，编纂的省市县三级志书累计8000多种，部门志、行业志、专题志23000多部，乡镇志、村志4300多部，年鉴数万部，总字数以百亿计，形成以反映国情、地情为主要内容，全面系统、持续不断、卷帙浩繁的社会科学成果群，在国家文化建设中发挥着越来越重要的作用。编纂地方志作为各地文化建设的基础工程，对于梳理各地发展脉络、地情特征、文化基础等有十分重要的意义，特别是乡镇志这一作用尤为明显。名镇志丛书的编纂对于乡镇文化建设来说是打地基，地基打好了，文化建设的根基就稳固了。近年来，编纂乡镇志成为地方志事业发展新的增长点和亮点。启动中国名镇志文化工程，促进乡镇志编纂的健康发展，提升乡镇志编纂水平和质量，对地方志事业的发展繁荣意义重大，是继承和弘扬中国优秀传统文化的重要举措，对国家文化建设有重要的基础性作用。

3. 适应国家城镇化建设的发展需要

改革开放以来，我国社会发生巨变，在基层社会的乡镇、村落、家庭领域更为深刻。城镇化作为国家经济社会发展的必然趋势，也是现代化的重要标志，是全面建成小康社会的必由之路。城镇化建设日新月异，作为“乡之首、城之尾”的乡镇，逐渐被日益崛起的大都市淹没了光彩，基层政区变动频繁，乡镇、村落在快速的城镇化进程中不断消失，大量乡镇甚至是千年古镇所承载的重要历史文化信息、传统文化信息不断消亡，乡土文化和民俗文化流失严重。如何在城镇化进程中留得住乡愁，记得住乡音，忘不了乡思，继承传统文化精华，事关城镇化进程的人文关怀和文化保护，事关文化血脉的传承。同时，科学记录城镇化进程，展示乡镇个体发展脉络，摸索乡镇化建设经验，提炼发展思路，梳理发展模式和发展道路，反映城镇化成就，挖掘历史智慧，也是今后探索城镇化发展规律、积累经验的基本要求。“方志乃一方之信史”，启动中国名镇志文化工程，既是总结梳理城镇化建设的历史经验和智慧，又是传承传统文脉、重塑乡镇特色，抢救和保存乡土文化、民俗文化，满足农民文化需求的重要举措。

（二）启动过程

1. 建立高规格的领导机构

中国名镇志文化工程开展伊始，就建立起高规格的领导机构，成立中国名镇志文化工程专家委员会。第十届全国政协副主席、中国工程院原院长、主席团名誉主席徐匡迪担任名誉主任；中国社科院院长、中指组组长王伟光担任主任；中国社科院副院长、中指组常务副组长李培林担任副主任；成员包括清华大学、中国人民大学、中国城市和小城镇改革发展中心、国务院发展研究中心、中国城市规划设计院、民政部、中国社科院等单位的领导、专家、学者。

同时，还成立了中国名镇志丛书编纂委员会。编委会负责统筹规划中国名镇志文化工程的实施和丛书的组织编纂工作，研究解决本工程实施和丛书组织编纂、出版工作中的重大事项。由李培林副院长担任编委会主任；成员由中指办、各省级地方志工作机构的主要负责人担任。

2. 着力建立完善的工作机制

为保障中国名镇志文化工程顺利实施，中指办着力建立完善的工作机制。

（1）建立中指办专项工作机制。成立中国名镇志丛书编纂委员会办公室，成员由方志处和出版社有关人员组成，负责组织协调、督促指导、审核把关，以及调研、培训、组织出版、宣传等工作。

（2）建立方志处和方志出版社名镇志编辑部的工作协作机制。为提高工作效率，明确责任义务，由方志处负责前期的组织协调，各省（自治区、直辖市）和新疆生产建设兵团的申报、登记、样稿收集、组织专家评议等。进入出版环节的志稿由方志出版社负责。

（3）建立省、市、县三级申报审批机制。申报的镇志由所在镇政府申报，经县级地方志工作机构推荐、市级地方志工作机构审核、省级地方志工作机构复核后上报中国名镇志丛书编纂委员会办公室评议审定。

（4）建立各省协作组工作机制。各省（自治区、直辖市）、新疆生产建设兵团地方志机构工作协作组负责协调本区域名镇志的报送、组织编纂、审查验收等工作。为便于工作联系，方志处组建起中国名镇志文化工程各省协作组QQ群、微信群。利用这两个平台发布通知公告，业务交流，推进工程的顺利实施。

（5）建立专家审读机制。建立中国名镇志丛书审读专家库，每部镇志指定一名专家负责指导，在篇目设置、内容记述、编写规范、文字表述等方面进行认真把关，收到了良好效果。制定了《中国名镇志丛书审查验收稿质量评估办法》及《中国名镇志丛书学术委员会验收阶段学术顾问审读须知》，让指导专家有章可循、有据可依。

（6）建立中国名镇志丛书学术委员会评议审定机制。学术委员会负责对申报名镇志的终审稿进行评议审定工作，研究解决丛书编纂工作中的专业和学术问题等。通过专家审读后的送审稿连同申报表、专家审读意见一起上报中国名镇志丛书学术委员会审定通过后，方可进入出版流程。

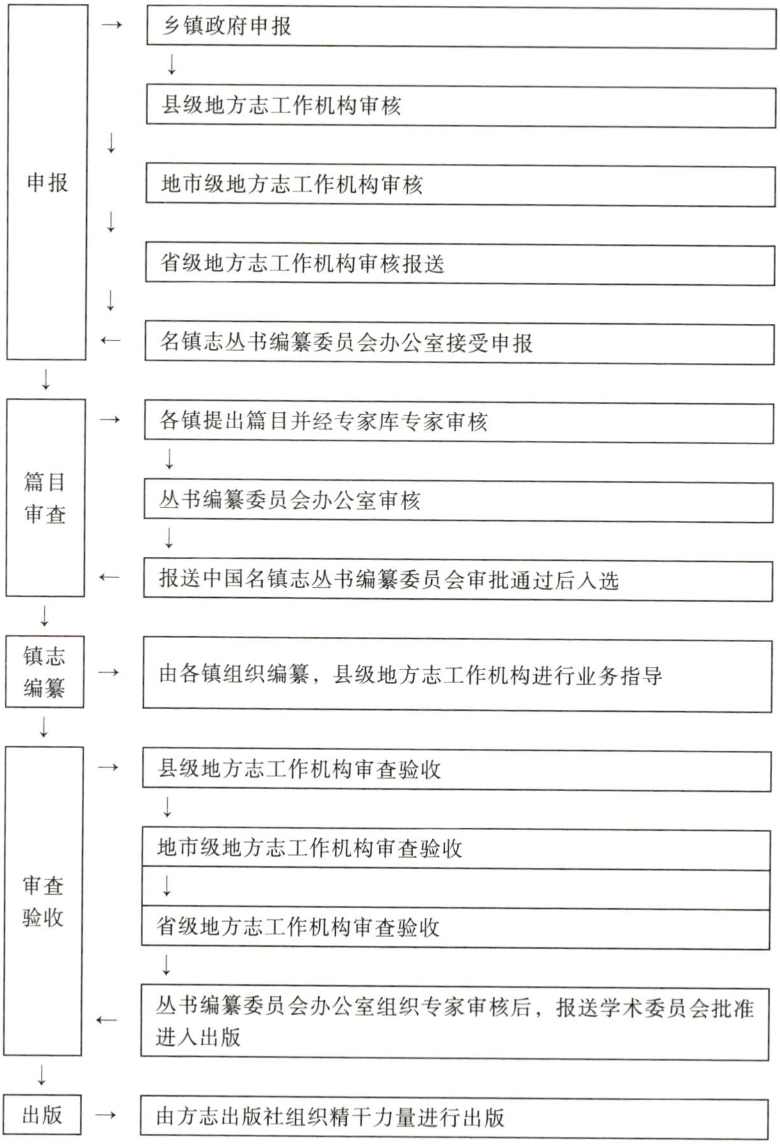

图 1　中国名镇志丛书编纂流程图

（三）主要创新思路

中国名镇志文化工程以中国名镇志丛书编纂为龙头，以打造系列精品镇志为目标，通过创新组织编纂模式和体例内容，出版一批质量高、影响大、社会效益好的名镇志。中国名镇志丛书编纂质量要求参照中指组印发的《地方志书质量规定》执行。在坚持志体的前提下，体裁运用、篇目设置、资料选择等作适当创新。以记载镇域范围内的微观资料为主，详市县志之所略。其主要创新表现在以下五个方面。

1. 选择对象力求突出典型性

中国名镇志文化工程的入选对象力求做到优中选优，包括三个类型：（1）历史文化名镇。主要以住房和城乡建设部、国家文物局评定的中国历史文化名镇为入选对象。对于历史上曾经作为政治、经济、文化、交通中心或者军事要地，或者发生过重要历史事件，或者其历史人物、传统产业、历史上的重大工程对本地区的发展产生过重要影响，或者能够集中反映本地区文化特色、民族特色，或者作为某种文化、习俗发源地或传承地的镇，可酌情收录。（2）经济名镇。以国家统计局农村社会经济调查总队公布的全国综合实力“千强镇”中有产业特色、其产业在全国占有重要地位的名镇为主要入选对象。（3）其他特色名镇。以获得国家级荣誉称号的具有某方面特色的镇为入选对象，如全国文明镇、全国特色景观旅游名镇、全国农业旅游示范点、全国小城镇建设示范镇、全国绿化百佳镇等，或由相关部门或行业协会认定，获得“××之都”“××之镇”等称号的特色镇。与镇同级的乡、街道办事处可参照以上各名镇标准申报。

2. 体例设置力求简便实用

名镇志丛书采用的是纲目体，以事类设置篇目，比如说基本镇情、历史遗迹等。同时，明确规定只设三级目：类目、分目、子目，以子目为记述实体。这种体例设置既简编易看，又是对传统旧志体例的继承和发扬。

3. 内容记述力求突出名和特

中国名镇志丛书根据不同类型名镇的特点，有选择性地记述域内自然、政治、经济、文化、社会、生态的历史与现状，重在突出名镇“名”与“特”的内涵。名镇志的内容记述不求面面俱到，而是对名特之处浓墨重彩，写透、写实、写活；对名特中的亮点精雕细刻，引人入胜；对无关名特之处，只作必要的交代，从略从简，点到为止，甚至不记述。每部镇志都力求突出本地最有特色、最能反映当地特点的内容，做到“人无我有、人有我特、人特我优”。

4. 功能定位力求突出社会效益

地方志书具有“存史、资政、育人”功能，传统镇志因部头大、内容多，主要功能在于存史。而中国名镇志丛书除注重存史功能外，更加注重资政和育人，适当减少志书篇幅，比如规定每册版面字数控制在40万字左右，图照与文字比例要达到1 ∶ 3等。力争把名镇志编成老百姓喜闻乐见的读物，既能上书架，又能摆在景点、作为学生的简便乡土教材等。

5. 文体文风力求精练优美

中国名镇志丛书除了遵守传统志书在文体文风方面的要求外，更加讲究文约事丰，更加讲究可读性，更加追求趣味性。力求文字优美、精炼、流畅，从而达到执简驭繁、文约事丰、易于阅读、利于传播的目的。

二、项目实施情况

中国名镇志文化工程推进两年来，围绕培训工作，拍摄名镇宣传片，举办首届全国名镇论坛暨中国名镇志丛书出版座谈会，同时做好宣传工作，使项目工程社会关注度不断提高，并在全国全面推进形成规模。

（一）做好培训工作

作为中国名镇志文化工程的核心组成部分，编纂高质量的中国名镇志丛书是深入推进工程的根本保障。做好编纂人员业务培训，统一思想、提高编纂业务能力，方能确保编修出一系列的高质量中国名镇志丛书。在开展中国名镇志文化工程的工作中，名镇志的修志人员是“主力军”，同时又确确实实是临时上阵的“民兵”。要解决名镇志的质量问题，首先是做好人员培训工作。中国名镇志丛书编纂委员会办公室每年针对各省协作组联络员及申报名镇志的主编业务人员做好业务培训工作。2015年7月，在北京组织召开了第一期名镇志编纂业务培训班。李培林副院长出席并作动员讲话。他在讲话中充分肯定了中国名镇志文化工程的重要意义，他指出，启动中国名镇志文化工程是全国地方志事业、国家文化建设、国家城镇化建设的发展需要。他强调，中国名镇志的编纂要坚持志体、坚持创新、坚持突出“名”和“特”。课程中为学员开设了地方志发展形势、名镇志编纂中应注意的问题等课程。《第一关镇志》《冶源镇志》《周庄镇志》《钱清镇志》四部镇志负责人作案例解读等课程，收到了良好的效果。

2016 年 10 月，第二期中国名镇志丛书编纂业务培训班在湖南省长沙市举办。中指办主任冀祥德出席开班式并讲话，中指办副主任邱新立主持开班式。培训班设置了中国名镇志丛书编纂实务、名镇志编纂思路及创新方式、“三种类型名镇编纂的实践运用——以苏州名镇志编纂为例”、名镇志编纂的篇目设置与体裁运用等课程。

培训班学员广泛，授课内容理论水平高、视野开阔，理论与实践相结合，既指出当前中国名镇志丛书编修工作存在的问题，又提出具有前瞻性的解决方案，深入浅出、形象生动，具有很强的理论性、实践性、指导性。通过培训，使学员和编者进一步提高了认识，明确了方向，增强了做好中国名镇志丛书编纂工作的决心和信心。

（二）拍摄名镇宣传片

配合实施中国名镇志文化工程，中指办联合中央电视台、中国国际电视总公司、中视影视制作有限公司，拍摄《品读名镇 记住乡愁》宣传片。宣传片展现了通过中国名镇志文化工程的实施，抢救、传承、保护、开发利用宝贵的乡土文化，留住乡音、乡思、乡风、乡愁，保留乡土文化记忆，继承传统文化精华，挖掘历史智慧，让百姓望得见山、看得见水、记得住乡愁，发挥地方志存史、资治、教化功能，培育爱乡、爱国情怀，探索中国特色社会主义新型城镇化建设发展规律。

（三）举办首届全国名镇论坛暨中国名镇志丛书出版座谈会

2016 年，中国名镇志文化工程首批推出的 11 部名镇志与读者见面，分别是:《周庄镇志》《第一关镇志》《钱清镇志》《冶源镇志》《角直镇志》《同里镇志》《三阳镇志》《枫泾镇志》《李庄镇志》《天穆镇志》《虎门镇志》。首批入选的名镇既有穿越千年的历史文化古镇，又有飞速发展的经济强镇；既有小桥流水人家的江南小镇，又有两京锁钥无双地的北方军事重镇，更有人文气息浓厚的艺术之乡。2016 年 5 月 12 日，在北京人民大会堂举办首届全国名镇论坛暨中国名镇志丛书出版座谈会。第十届全国政协副主席、中国名镇志文化工程专家委员会名誉主任徐匡迪，中国社科院院长、中指组组长王伟光出席会议并讲话。中国社科院副院长、中指组常务副组长李培林出席开幕式。

徐匡迪在讲话中充分肯定了中国名镇志文化工程的系列成果。他指出，用中国独有的文化载体——地方志书来记录名镇，记录新型城镇化历程，是中华传统文化与现代化建设对接的重要尝试，也是提升新型城镇化文化内涵的重要举措，值得肯定和鼓励。他强调，在新型城镇化中要记得住乡愁，充分考虑地方的人文和风俗，绝不能以瓦解农村文明、牺牲文化遗产为代价。特别是名镇、名村，是中华民族文化多样性的体现，更需要得到保护。他指出，中国名镇志文化工程是提升新型城镇化文化内涵的重要举措，名镇志完整记录了我国城镇化历程，是今后开展中国城镇化研究真实可信的样本，是后人了解城镇化的重要历史资料。名镇志在记录历史的同时，还为后人提供了历史智慧，对探索新型城镇化发展规律具有重要价值，对挖掘乡土文化资源和保护文化生态具有重要意义。

王伟光在讲话中指出，中国名镇志文化工程是地方志工作的重大创新，在组织模式、编纂形式、内容记述等方面有重大突破，用喜闻乐见的方式推广地方志成果，延伸了地方志工作的触角，提升了社会效益。他强调，新时期地方志工作要把创新摆在发展大局的核心位置，以创新驱动地方志事业的转型升级。

会上，播放了中国名镇志文化工程宣传片，冀祥德代表中指办、中国名镇志丛书编纂委员会办公室作了中国名镇志文化工程阶段性工作总结汇报，周庄镇党委书记唐翱作《周庄镇志》编纂经验交流。会议还向入选首批名镇志的11部名镇志的编纂单位授牌和颁发了证书。各省（自治区、直辖市）地方志工作机构主要负责人，中国名镇志文化工程专家委员会委员、学术委员会委员等140余人与会。

（四）社会关注度不断提高，社会效益不断显现

中国名镇志丛书编纂委员会办公室在系统内外全方位开展宣传。在全国地方志系统内宣传采取上下联动、全方位多角度宣传的方式全面推进。对于名镇志文化工程召开的重要会议、出版成果等，中指办和各地地方志网站、微信公众号、报纸杂志联动宣传，动员全系统的力量宣传中国名镇志文化工程。同时

通过拍摄专题片、新闻报道等多种途径扩大宣传效果。特别是首届全国名镇论坛暨中国名镇志丛书出版座谈会成功举办，在全国地方志系统反响热烈，同时引起了社会各界，包括多个国家级媒体对中国名镇志文化工程持续关注。2016年5月27日,《人民日报》第7版发表中国社科院院长、中指组组长王伟光为中国名镇志丛书所作的序言《志书古今 启迪未来》。2016年6月6日《中国城市报》第28版全文发表中国工程院院士徐匡迪在首届全国名镇论坛暨中国名镇志丛书出版座谈会上的讲话《在新型城镇化中传承文化 留住乡愁》，第27版全文刊发中国社科院院长王伟光在首届全国名镇论坛暨中国名镇志丛书出版座谈会上的讲话《以创新驱动地方志事业发展转型升级》。同时，今日头条对已出版的中国名镇志丛书从内容、编纂、出版等不同角度进行不断推送，宣传中国名镇志丛书。2016年，中国名镇志丛书被国家新闻出版广电总局纳入“十三五”国家重点图书、音像、电子出版物出版规划。

（五）全面推进，形成规模效应

目前，中国名镇志文化工程正处于全面推开的重要阶段。随着各地对中国名镇志文化工程的高度重视，绝大部分省（自治区、直辖市）地方志工作机构已经将其纳入年度重要工作当中，中国名镇志丛书的编纂逐渐成为全国地方志工作的一个热点。特别是自2015年8月，国务院办公厅印发《规划纲要》要求“指导有条件的乡镇（街道）、村（社区）做好志书编纂工作，做好中国名镇志文化工程、中国名村志文化工程组织编纂工作”。各地踊跃申报加入中国名镇志文化工程。截至2016年12月底，全国共有22个省（自治区、直辖市）申报了138部名镇志。22个省级地方志工作机构专门成立了由工作协作组，负责协调本区域名镇志的报送、组织编纂、审查验收等工作，并指定专人负责日常工作。如江苏省，有规划、有组织、有部署、有成果，省地方志办公室专门在全省地方志系统印发了《关于贯彻落实〈中国名镇志文化工程实施方案〉的实施办法》，做到推进第二轮志书和名镇志编修相结合、评选优秀乡镇志和提高编修质量相结合、读志用志和服务乡镇经济社会发展相结合，有力地推进了中国名镇志文化工程的实施。两年来，江苏省共申报了中国名镇志丛书34部，已出版4部，进入出版流程11部。中国名镇志文化工程全面引领推进了全国乡镇志编纂工作，对丰富地方志事业发展内涵发挥了重要作用。

三、经验借鉴

中国名镇志文化工程对全国地方志工作来说是一项重大创新，是一种新的探索和实践。我们在总结两年来的经验，梳理存在的不足和问题的基础上，也对深入推进中国名镇志文化工程作了一些思考。

（一）在传播方志文化上探索出新模式

党的十八大以来，以习近平同志为核心的党中央明确提出“我们要坚持道路自信、理论自信、制度自信，最根本的还有一个文化自信”，国家“十三五”规划和中共中央办公厅、国务院办公厅印发的《关于实施中华优秀传统文化传承发展工程的意见》《国家“十三五”时期文化发展改革规划纲要》就地方志工作提出明确任务和要求。方志文化作为中华优秀传统文化的重要组成部分，需要走进千家万户、走入寻常百姓家。中国名镇志文化工程实施两年多来，不论是内容还是形式都进行了一系列创新，是普及方志文化的重要尝试，是地方志系统传播方志文化的样板工程。

（二）在组织管理上坚持以我为主

和省市县综合志书编纂的业务指导不同，中国名镇志文化工程是由中指组领导倡议，由中指办发文启动，由中国名镇志丛书编纂委员会领导，中国名镇志丛书编纂委员会办公室负责具体组织实施，建立了一整套的管理机制。从实际效果上看，以我为主的组织管理模式，有利于名镇志文化工程的深入推进，有利于通过中指办的行政力强力推进。

（三）在志书编纂上坚持接好地气

讲好中国故事，用群众喜闻乐见的方式编纂名镇志，是地方志走向寻常百姓家的重要尝试。中国名镇志丛书在编纂体例、内容方面有了诸多创新，注重突出“名”和“特”，注意控制容量，通俗易懂，用最直接、最简便的方式向读者呈现各镇的个性和特点。

（四）在宣传推广上坚持多种手段

经过不断摸索，中国名镇志文化工程形成了系列内容，包括中国名镇志丛书、全国名镇论坛、名镇宣传片等。同时，还通过报纸、网站、微信公众号等加大宣传力度，增强了宣传效果，提高了在全国地方志系统乃至社会上的认知度。

（五）在受众上坚持明确定位

与以往地方志书作为“官书”，其主要功能是资料性文献，难以走入寻常百姓家不同，中国名镇志丛书在坚持“官书”的基础上，受众明确为普通老百姓，让中国名镇志丛书走入寻常百姓家。通过一段时间的实施，提高了地方志成果的受众面，增强普及性，是中国名镇志文化工程的重要尝试，并收到了实实在在的效果。

（六）在发展目标上坚持打造品牌

地方志资源丰富，是一座巨大的宝库，但也面临着社会认知度较低，没有形成叫得响的品牌，特别是让社会公认、受到广泛关注的文化精品。中国名镇志文化工程从一开始就注重品牌的打造，设计了 Logo、统一中国名镇志丛书封面风格和版式等，在设计装帧也精益求精，为打造中国名镇志文化工程品牌奠定了坚实的基础。

四、中国名镇志丛书编纂中的共性问题

中国名镇志丛书编纂两年来，编委会在组织志稿审核时，发现了各镇志送审稿中存在一些共性问题，主要表现在七个方面。

（一）体例篇目套县区志

中国名镇志文化工程启动之后，各地热情很高，想要修一部小而全的志（以下简称“全志”）。所以很多地方，在修“名志”之前就编修过“全志”，没修过的在修“名志”的同时也在修“全志”，目的是在求全的基础上，再求

“名”求“特”，修“名志”。这种做法是一个去粗取精、由博返约的过程，值得提倡。但是求全往往造成很多名镇志送审稿在体例上套用县区志结构。篇目设计是以社会分工为立志基础的。乡镇是名副其实的弹丸之地，信息量小。就社会分工而言，乡镇村工作人员常说一句话：“上面千条线，下面一根针。”乡镇村机构并不完全与县区机构条条块块相对应，而是下面“一根针”穿上面“千条线”的格局。志书就不能设置“全志”编纂体式，必须结合实际设置篇目。中国名镇志丛书有供各地参考的基本篇目，各地设置篇目要因地制宜，量体裁衣，不能套用县区志的体例结构。

（二）宗族家谱记述失度

自古以来，国有史、郡有志、家有谱，是中国传统史学三大支柱，三者在编纂中又互相渗透。特别修名镇志时，由于基层缺乏档案和文献材料，唯有完整齐全的文献就是家谱，所以，很多名镇志把家谱大量引入志书。主要表现在以下几个方面：记述人口时，人口不按居民组统计，按姓氏统计，写姓氏有多少人口可以，但不能统计全村人口也分姓氏来统计，否则就过分宣扬了宗法观念。记述宗族时，记述每个宗族代表人。记述家谱时，不是分姓氏简要介绍，而是一个版本一个条目，内容特别详细，涉及的人物故事都写进志书了，如同写家谱论文。记述家谱序跋时，有闻必录，特别是现代家谱的序跋，篇幅冗长，徒增分量。志书可以写宗族家谱，姓氏来源、家谱编修、家风、家训、宗祠等，这些都是优秀传统文化。宗法观念有积极的一面，但也有消极的一面，过度宣扬就不利于地方团结。所以要有选择地记载家谱文化、道德规范、祠堂典礼等，有些细节还是让其家谱这个文献来承载。“家谱序跋”可以入志，但一定要选择篇幅短、文字精深、涉及谱例和修纂方法的，作为“艺文”“序跋”类收录。现代家谱序言文字拖沓，义理浅薄，就没有必要收入。中国名镇志丛书编纂中，将一些名门望族专设一类来突出地方特色，也是可行的，例如《周庄镇志》的沈氏家族“沈万三”,《冶源镇志》的“冯氏世家”，都写得很充实，不仅仅记述家族世袭传承，更重要的反映这些家族对本地的贡献。但也有一些名镇志对宗族的撰写过于笼统和简单，几乎就是家谱形式，从多少世迁入，一世一世竖写下来，资料也局限于家谱，这样写就失去专类记述家族的意义。

（三）人物入志门槛太低

以事系人，强化人文，是修志的优良传统，但不能发展成为人人入志。有些志虽然不人人入志，设置了门槛，但表现手法失当。如《××镇志》设立了“名人年谱”。不论这位名人有多大名气，在一册镇志中设置年谱，一是篇幅容纳不了，二是与人物传略交叉重复。年谱篇幅太大，严重挖空了人物传的资料。有的名镇志人物传略篇幅过长，用写通讯报道、故事小说形式写人物传。人物传要素写传主生卒年、籍贯、荣誉称号、主要简历、一两件闪光事迹；篇幅最长控制在千字以内，一般小传三五百字足矣。人物入志无论是传略还是简介，抑或人物表，都应该有个标准，特别是领导任职表，不能滥到什么职务职业都列人物表。打开志书，人人是官员，个个都是历史人物，这样的志书价值何在？清代方志学家章学诚说“公足以绝请托”，就是防止人物请托入志。人物是志书敏感部类，一定要立标准，各种体式的标准不同，“名志”标准最高，必须站到历史的高度、站到全国的高度，人物入志的门槛自然就抬高了。

（四）艺文滥收无标准

严格意义上讲，乡镇区域小，人口少，文化处于边缘地带。很多名镇志为显示人杰地灵、文化繁荣，往往导致艺文类目滥收无标准。有些作品貌似律诗，句式不对仗，文字不押韵，更谈不上什么思想性和意境，毫无收入艺文志的价值。分析艺文志发生的问题，不难发现许多编者不了解艺文志收录对象与标准。艺文志可以说是一地的文化遗产，收录对象是前人已经发表的，或是经过历史沉淀在社会上广泛流传的经典；当代诗文应该在省级以上媒体发表的、获奖入选文集的、社会影响较大的优秀作品。总之，艺文志选录的是精英文化，而不是尚未发表的新人新作、大众文化。传说故事、轶闻趣事都要格调高雅，具有“正能量”的美丽的传说，不能把文字低俗、荒诞不经的文字垃圾收进艺文志，尤其不能把艺文志当作发表作品的阵地，杜绝新作诗文囊收其中。

（五）大事纪略空洞无物

中国名镇志丛书基本篇目中，没有设置大事记，而是设置了大事纪略。大事记和大事纪略的区别在于，一是体例不同，大事记是编年体，大事纪略是纪事本末体。二是选取事件的标准不同，大事记入选的标准是站在当地百姓的角度，将本镇大事逐年逐条收入。而中国名镇志丛书中的大事纪略是要站在全国读者的角度，选取对本镇发展具有重要影响、重要历史意义的大事，按照时间顺序采用纪事本末体记述。这种设置主要是考虑到中国名镇志丛书的读者定位。一个乡镇的大事对于外地读者来说，第一是不了解，第二是也算不上大事。有些名镇志把每年镇党委会什么时候开、作出什么决议，市领导、县领导来视察作为大事记下来，读之无味。采用大事纪略，要注意的问题就是一定要是对于本乡、本镇发展具有标志性意义的大事，才能收录到大事纪略里面。各地在推进中国名镇志这项工作时，一定要按照《规划纲要》中的规定，选取有条件的地方编纂“名志”，无名无特，毋滥宁缺，确保志书质量。

（六）文体文风把握不住

文体文风是修志普遍存在的问题，省、市、县三级志书是三级志办专业修志人员编纂的，反复培训，几易其稿，个别志书依然会出现文体文风问题。文体文风的问题，内在原因是资料来源于总结报告、新闻报道；外在志像是概述像总结报告，人物传像通讯报道，条目标题像文艺广告。有的志稿不注意记述人称角度，如写民主主义革命时期的革命斗争史，照搬照抄党史，或以第一人称行文，是不妥的。志书应将第一人称转换为第三人称角度记述；有些名镇志片面追求可读性，把条目标题拟得天花乱坠，并误认为是雅俗共赏。如将地方戏曲演出等“民间艺术”冠名“粉墨春秋”；有的明明是“馆藏文物”，标题拟为“遗珍荟萃”；甚至还有“铁马秋风，千载云烟；曙光初照，神府中心；平凡世界，岁月峥嵘”之类的标题，让人不知所云。从编纂规范来说，名镇志要坚持志体为主，端正文风，严谨、朴实、通俗、流畅，不要文过饰非，弄巧成拙。文贵曲，史贵直。修志本来就是朴实无华的文字，编者文字水平无论高低，都不要去故作高深，浅入深出，将志书文字写得晦涩难懂。

（七）志书编纂总纂不到位

志书的总纂者是全志的掌舵人。总纂水平的高低，决定着总纂志稿的质量。总纂要总揽全局，熟悉乡镇基本情况，既要有高超的驾驭能力，又要对志稿各部分洞察入微、精雕细刻，要协调众议、取众家之长，有较高的文字水平。名镇志的送审稿不同程度地存在水平不同、文风各异、交叉重复、比例失调等问题，这就要求总纂根据志书各部分内容的性质、类别及篇幅结构作相应调整，对各板块酌情合并、拆分或移序等进行总纂统合。要做到统一指导思想，修改完善篇目，处理内容交叉重复，取舍选用材料，统一志稿文体文风等。志稿经过总纂，进一步提升全书的整体性及质量水平。

五、下一步工作安排

中国名镇志文化工程作为国务院办公厅确定的 2015—2020 年全国地方志工作的重大专项工程，是必须高质量完成的一项重要工作。中国名镇志丛书编纂委员会办公室就深入推进中国名镇志文化工程有如下思考。

（一）进一步加大指导力度，全面提高中国名镇志丛书质量

在工作推进中要加强业务指导和质量把关，发挥县级地方志工作机构作用。只有着力发挥县级地方志工作机构的业务指导特别是志稿审查的作用，充分发挥省级地方志工作机构在志稿终审方面的作用，才能切实提高志稿质量。

在学术支撑上要形成固定团队。专家把关有利于提高名镇志的编纂质量，下一阶段，需充实中国名镇志文化工程专家队伍，尤其是在本省（自治区、直辖市）培养数名专家专门负责名镇志工作，提供学术支撑。从目前上报的名镇志送审稿来看，临近出版还出现很多史实、数据等方面的硬伤，编辑人员花费了大量精力进行核实，事倍功半，难以保证质量。因此，进一步加大指导力度，全面提高志书质量。中国名镇志丛书的报送一定要坚持三审制，镇志编纂委员会审查通过后报送县级地方志工作机构审查，再报送市级地方志工作机构审查，省级地方志工作机构要承担起督促的责任，严把质量关。省、市、县三级地方志工作机构要加强辅导，提供服务，尤其要将层层审稿的职责落到实处。

中国名镇志丛书编纂委员会办公室在继续坚持省、市、县三级申报审批机制和专家审读机制、中国名镇志丛书学术委员会评议审定机制的基础上，将进一步探索建立更加科学高效的工作机制，做到篇目有审查、志稿撰写有指导、

志书上报有审查、志书出版有专人负责等。中国名镇志丛书编纂必须上下一心，群策群力，方可打造一批无愧历史、无愧子孙的精品佳志。

（二）进一步加大工作力度，全面推进中国名镇志丛书编纂

中国名镇志文化工程在组织管理上要按省（自治区、直辖市）推动，充分发挥省级志办的统筹作用。目前，各省（自治区、直辖市）地方志工作机构对于本区域推进名镇志文化工程还是缺乏规划，没有按照统一部署、全面摸底、规划推进、协调发展的要求组织开展，难以在本区域形成成建制、成规模的整体效应。同时，在组织发动上要注意区域平衡。从第一阶段的申报和完成情况看，积极性较高的还是集中在沿海地区，内地特别是西北地区申报的数量和组织编纂的积极性还不够高。下一阶段还需要注重区域平衡，做到全面铺开。建立各省联络员的日常沟通机制，以省（自治区、直辖市）为单位推动名镇志编纂工作。名镇志文化工程的推进，必须紧紧依靠省级地方志工作机构，成规模推动。

（三）进一步丰富中国名镇志文化工程内容

通过2015—2016年两年的运行，中国名镇志文化工程在社会上引起了广泛关注。总结这一阶段的经验，中国名镇志文化工程的主要内容应包括：一是中国名镇志丛书，是中国名镇志文化工程的核心成果。二是拍摄名镇纪录片，每年选择15至20个镇拍摄纪录片在中央电视台播放。运作模式可参考《舌尖上的中国》，每年一季。三是举办全国名镇论坛，每年举办一届，适时可联合中国社科院城市发展与环境研究所，同时发布乡镇经济建设排名，占领学术制高点。四是开发利用名镇志，通过与相关媒体合作，利用名镇志编纂过程中收集的资料，与名镇合作，宣传名镇，用文化打造名镇。

（四）进一步加大宣传力，做好市场推广，打造中国名镇志文化工程品牌，全面提升社会影响力

目前，中国名镇志文化工程受到很多媒体的关注，已经有包括中央电视台在内的多家媒体联系中指办计划开展联合宣传。中国名镇志丛书编纂要走市场化运作，成为普及读物。名镇志的销售上目前还集中在系统内消化，市场推

广不足，进书店、进旅游景点销售还做得不够，市场的认可度还不够高。下一阶段应进一步加大宣传推广：一是利用多家媒体结合，包括电视台、网站、报纸、刊物等，形成广泛的宣传效果，扩大社会影响；二是拓宽发行渠道，提高中国名镇志丛书的市场认可度。

新型城镇化是现代化的必由之路，是经济发展的重要动力，也是一项重要的民生工程。中国名镇志文化工程对新型城镇化具有重要的文化意义。以打造具有重大影响力的文化品牌为目标，以中国名镇志丛书、中国名镇宣传片、全国名镇论坛等为依托，充分发挥全国地方志系统的组织优势，进一步完善中国名镇志丛书编纂的组织机制，进一步提高中国名镇志丛书质量，进一步拓宽中国名镇志文化工程的宣传推广路径，进一步提高中国名镇志丛书的市场认可度。中国名镇志丛书编纂能够进一步完善地方志工作成果体系，进一步提升地方志公共文化服务水平，从而让中国名镇志文化工程走向全国、走向世界。

中国志书精品工程实施报告

王丹林

提　要：中国志书精品工程旨在坚持质量第一原则，树立精品意识、提高志书质量、打造精品佳志。2015 年，中国志书精品工程办公室出台一系列规范性文件，明确了参选范围和行文规范，并强化了流程管理，同时做好规范组织管理、宣传推介的工作。此项工程启动以来，引起全国地方志系统广泛关注和参与。中国志书精品工程办公室积极做好相关工作，从申报参评的 17 部志书中，评审出第一批三部精品志书。从中国志书精品工程的实施，可以看出志书质量的关键问题以及开展志书编纂管理流程控制、树立质量意识的重要性。针对这种情况，要求在确保第二轮修志进度的同时，尤其要注重志书质量建设。

关键词：志书　精品　质量

志书质量建设是事业发展的重中之重。地方志书为国存史、为民树碑的作品，编修出无愧于时代、无愧于人民、无愧于历史的精品佳志，是各级地方志工作机构和广大地方志工作者的职责和使命。为贯彻落实国务院办公厅印发的《规划纲要》和第五次全国地方志工作会议的部署，全面提高志书质量，培育精品意识，打造精品志书，经中指组批准，中指办于 2015 年 10 月正式启动中国志书精品工程。坚持质量第一原则，树立精品意识、提高志书质量、打造精品佳志。

一、项目启动情况

实施中国志书精品工程目的是结合当前正处于到2020年全面完成第二轮修志规划任务最为关键时期的实际，通过工程的推进，进一步提高各级地方志工作机构对志书质量建设的重视，进一步培育全国地方志工作者的质量意识，从而提高志书质量，编修出经得起时代和历史检验的志书。至2016年12月，全国第二轮累计出版志书2200多部。但从质量上看，称得上传世之作的精品佳志并不多。打造一批流传百世、有影响力的精品佳志，是方志人的职责和追求。

2015年7月8日，时任中指组副秘书长兼办公室副主任冀祥德出席全国第二轮省级志书编纂工作座谈会暨精品志书编纂研讨会时指出，当前全国地方志事业发展呈现良好态势，为加快推进事业发展，筑牢事业根基，中指办即将启动中国志书精品工程。他强调，此项工程意义重大，是适应全国地方志事业发展的迫切需要，是全面提高地方志书质量的必然选择，是发挥志书存史、资治、教化功能的根基所在。他要求，各级地方志工作机构务必高度重视，增强责任意识，配合做好各项工作。

2015年10月30日，中指办下发《关于实施中国志书精品工程的通知》，正式启动中国志书精品工程，并对参选范围、参选条件、评选程序、组织领导、宣传推介等做了系列安排。

（一）明确参选范围

中国志书精品工程主要针对各省（自治区、直辖市）、新疆生产建设兵团、全军、武警部队规划编修并通过终审的第二轮修志志稿，如为已出版志书，则需在原有基础上进行修改完善后再行上报。

（二）出台规范性文件

为提高中国志书精品工程入选志书编纂质量，确保行文规范统一，中国志书精品工程办公室根据国家有关规定和《地方志书质量规定》，结合工作实际，制定了《中国志书精品工程评选办法》《中国志书精品工程行文规范》。对于参评志稿的观点、体例、内容、记述、资料、行文、编辑版式等七个方面做出详细的规定。专门召开专家讨论会，针对《中国志书精品工程评审办法（试行）》草拟稿进行认真研讨。

（三）强化流程管理

在评选程序上，坚持公平、公正、公开原则，严格按照自下而上、择优推荐的方式进行。在项目实施过程中，中国志书精品工程办公室不断总结前一阶段工作经验，强化流程管理，规范评审程序，如下图所示。

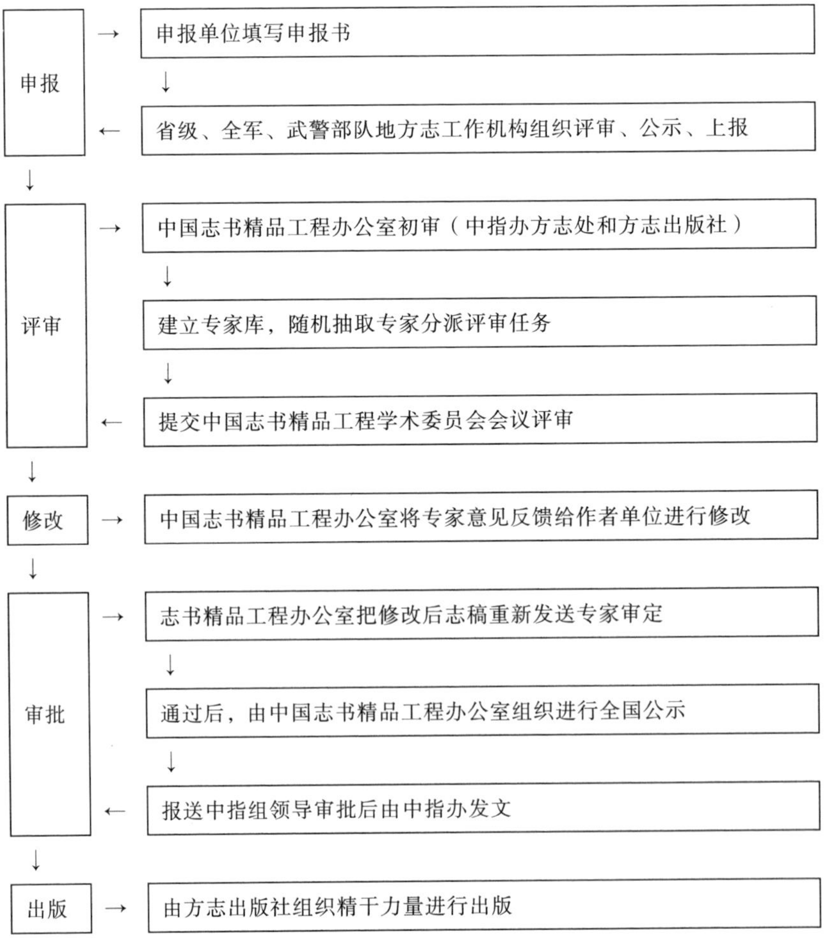

图 1　中国志书精品工程工作流程

（四）规范组织领导

在组织领导方面，设立中国志书精品工程办公室，负责日常的组织协调以及调研、组织出版、宣传等工作。目前，该办公室设在中指办方志处。成立中国志书精品工程学术委员会，由中指办、方志出版社、全国地方志系统、高等院校和科研机构的地方志、政治、经济、保密、档案、历史、法律、军事、民俗等方面的专家组成，负责志稿的质量审查。成立省级、全军、武警部队地方志工作机构协作组负责协调本地区、本系统精品志书的评选、申报、宣传推介等工作。

（五）做好宣传推介

中指办在全国范围对入选的精品志书进行全方位的宣传推介，总结编纂经验向全国推广。

二、项目实施情况

（一）申报情况

此项工程启动以来，引起全国地方志系统广泛关注。截至2016年12月，共有17部志书申报中国志书精品工程。分别是《汶川特大地震抗震救灾志》《北辰区志（1979—2009）》《威海市志》《北川羌族自治县志（1988—2007）》《宜宾市交通志》《禹城市志》《义敦县志（1912—1978）》《美姑县志（1991—2009）》《嘉峪关市志（1978—2010）》《姜堰市志》《荔波县志（1978—2008）》《赣州市志（1986—2000）》《常州市志（1986—2010）》《天津市志·公安志》《烟台经济技术开发区志（1984—2003）》《黑龙江省志·农垦志（1986—2005）》《黑龙江省志简编》。

（二）领导重视

中指办领导十分重视中国志书精品工程的实施。中指办领导冀祥德、刘玉宏、邱新立出席历次专家评审会。冀祥德多次对中国志书精品工程提出要求。他指出，要高度重视中国志书精品工程的实施。要正确处理质量与进度的关系，时间服从质量，以强烈的责任意识和高度的担当精神，将精品意识贯穿志书编纂出版全过程，严把政治关、史实关、体例关、文字关、出版关，打造出一批精品志书。

（三）组织评审情况

截至2016年12月底，中国志书精品工程办公室根据《中国志书精品工程评审办法》，分别组织召开三次初审会、三次中国志书精品工程专家评审会议，与会专家在专家库中随机抽取，每名专家按照分工负责审查相应部分志稿。各专家在评审会上分别介绍审查情况，并提交书面评审意见表作为档案留存。会上采取匿名投票方式进行评选，需三分之二专家通过方能入选。

2016年1月26—27日，中国志书精品文化工程第一次专家评审会在国家方志馆召开，对申报的《北辰区志》《威海市志》《禹城市志》3部志书逐一进行评审。最后，经专家匿名投票，决定《北辰区志》《威海市志》经再次修改后可入选精品志书工程。

2016年4月6—7日，中国志书精品工程专家审定会在山东烟台召开。有关专家对《威海市志》《北辰区志》两部志书继续进行审改，并当场与编者进行交流、提出修改意见。

2016年4月8—9日，召开中国志书精品工程第二次专家评审会，对四川省《义敦县志》《金阳县志》两部志书进行评审。经评审和无记名投票，这两部志书未能通过评审。在此次会议上，专家建议参评的每部志书在提交专家评审前，应先进行一次内部评审，即初审。初审通过后，方能提交学术委员会审核。

中国志书精品工程办公室进一步规范评审程序。2016年9月9日，中国志书精品工程第一次初审会在国家方志馆召开。会议采用分组发言的方式进行。由中指办和方志出版社组成的初审专家组分别就所负责审读的精品志书工程七部志稿介绍评审意见。此次初审会上，《姜堰市志》《常州市志》初审通过，并发送评审专家审读。《嘉峪关市志》《赣州市志》需修改后再申报。《宜宾市交通志（1911—2012）》《北川羌族自治县志（1988—2007）》《荔波县志》初审未通过。

2016年12月22日，中国志书精品工程第三次专家评审会在国家方志馆召开。会议邀请地方志工作机构的专家对申报的《姜堰市志》《常州市志》逐一进行认真评审，并提出具体翔实的修改意见，根据投票结果，这两部志书需修改后重新上报。

（四）推出第一批中国志书精品工程成果

中国志书精品工程办公室将每部志书的专家意见汇总并反馈至申报单位。在申报的十多部志书中，经过多次的专家论证和反复打磨修改、匿名投票、全国公示，评选出第一批包括《汶川特大地震抗震救灾志》《威海市志》《北辰区志（1979—2009）》在内的 3 部志书。评选通过后由中国志书精品工程办公室组织在全国范围内进行为期 15 天的公示。公示无异议，报送中指组领导审批后，以中指办文件正式公布。截至 2016 年底,《汶川特大地震抗震救灾志》《北辰区志（1979—2009）》均已出版,《威海市志》已进入出版流程。

《汶川特大地震抗震救灾志》是中华人民共和国第一部由国家层面上组织、针对特大自然灾害而编纂的志书，是方志出版社“十二五”国家重点出版物出版规划项目，也是第一个“中国志书精品工程”成果。2016 年 5 月 12 日，在人民大会堂举办《汶川特大地震抗震救灾志》出版座谈会。该志的出版发行，对于弘扬伟大的抗震救灾精神，总结编纂大型专门志的经验，为我国乃至世界的防灾减灾工作提供参考资料等方面都具有独特的价值。

《北辰区志（1979—2009）》自 2009 年编修工作启动之初，就坚持高标准、高起点、严要求，注重树立精品意识，努力提高志书质量。经过数易其稿，形成了目前达 200 万字的成果，体例完备，资料翔实，篇目科学，行文规范，语言流畅，图文并茂；着力弘扬改革开放的时代特征，大力彰显民风民俗、城市化建设、环境保护的地域特色等。

三、经验借鉴

（一）从精品工程的实施看影响志书质量的关键问题

中国志书精品工程在历时一年多的评审中，从申报的 17 部志书中，精挑细选出 3 部精品志书。从专家的评审意见来看，未能通过评审的志稿，其主要有四种类型的问题。

1. 资料缺失的问题

资料缺失严重，造成内容不全面，记事不完整。尤其是关于少数民族地区、偏远地区，资料问题比较严重。很多志书上限不齐，或者仅记下限，或者记述断线严重。比如有的志书“金融”部分就写货币，其余内容较为简单，缺乏体现信贷和储蓄的数据，讲述一般性情况。

2. 体例方面的问题

志书在体例上，有些篇目缺乏逻辑性，存在归类不当的问题。此外，最突出的表现是很多志书在编下、章下缺少无题概述。无题概述，一是对所记事物起到宏观勾勒的作用，提纲挈领，统领全章；二是起到引领读者之功用。要写好一个无题概述并非易事，它需要执笔者对所记内容的梳理、整合，对事物发展的历史、现状、态势的宏观把握，又要有较好的文字表达水平。参评志稿缺少无题概述的现象较为普遍，即使有无题概述，常常所记内容与正文内容不太一致。如有部志书的某节正文里记污染事件，而节下序则记的是污染赔偿，概述与正文内容脱节。

3. 内容记述的问题

部分志书内容空泛、文本化、概念化，缺乏与地情结合，更缺少以鉴后世的教训的记述。内容记述中呈现概念化、碎片化、数据化，以表代文不少，结合地情和时代特点记述不够。还有些志书记述不够规范的问题，如粉碎“四人帮”，应为粉碎“江青反革命集团”；政法工作中，应当记述党对政法工作的领导，但有的志稿在记述中出现政法委代替公安、检察、法院工作的问题，如有的记述了政法委领导亲临法庭，坐镇指挥等。

4. 图照的问题

第二轮志书往往讲究图文并茂，收录大量图片。图片的选录不当问题突出，有些照片缺乏历史资料性，宣传色彩过浓像画册，不符合志体庄重朴实的文风；有些照片近景过多，不能反映事物；人物照过多，领导人多，如某部县志中一位县委书记就有三张照片入志，领导活动的说明词过誉为“视察”。对于这类照片要大幅度删减。

（二）从精品工程的实施看志书编纂管理流程控制的重要性

根据《规划纲要》的规定：“到 2020 年，完成第二轮地方志书规划任务，省、市、县三级地方志书全部出版”和“一年一鉴，公开出版，实现省、市、县三级综合年鉴全覆盖”的“两全”目标要求。“中国志书精品工程”的启动，距离完成第二轮修志任务仅剩五年的时间。截至 2016 年 9 月底，全国第二轮修志省级志书规划 2467 部、出版 537 部、完成率为 21.77%，地市级志书规划 389 部、出版 193 部、完成率为 49.61%，县级志书规划 2942 部、出版 1695 部、完成率为 57.61%。可以说，中国志书精品工程的主要评审对象——市县级志书，任务已经完成过半。因此，尽管各地各级地方志工作机构培育精品意识和精品志书、提高志书质量的意愿很强烈，但从实际来看，申报的志书并不多。

打造精品，绝非易事。目前，中国志书精品工程是从终审稿开始评议。在评审阶段，专家提出很多关于篇目、资料、内容记述等具体问题的意见。修改起来无疑是“大手术”。精品志书的评审要经过多次的专家论证和打磨，反复修改，时间战线较长，也影响了志书出版进度。如《姜堰市志》在经历两次评审、修改后，仍未通过评审。在最后一次评审会的专家意见中，依然对该志的篇目提出修改要求。申报单位认为对于终审稿来说，修改量过大，因急于出书，故主动要求退出精品工程。这对于组织者来说，无疑也是消耗了大量的人力、物力、精力。

因此，在第三轮修志伊始，就要树立精品意识。质量工程要提前介入，贯穿修志始终。只有这样，才能在全国地方志系统起到示范作用，进一步培育精品意识，以点带面，推进志书质量建设，比如进一步完善审查验收程序、进一步加强编纂规范、进一步细化质量指标体系等。只有全面提高志书质量，才能打造出真正的精品志书。

（三）从精品工程的实施看树立质量意识的重要性

根据《中国志书精品工程评选办法》的要求，中国志书精品工程的申报坚持自下而上、择优推荐的方式进行。省级、全军、武警部队地方志工作机构应组织地方志、政治、经济、保密、档案、历史、法律、军事、民俗等方面的专家进行评审。通过评审后的志书，在本省（自治区、直辖市）或本系统内进行为期 15 天的公示，公示内容包括志书名称、编纂单位、主编、志书目录等。公示无异议，方才将志稿连同有关表格上报中国志书精品工程办公室。

在目前收到的志稿中，有些志稿质量较差，省级地方志工作机构未能做好质量把关。鉴于这种情况，在评选程序上，中国志书精品工程办公室增加了一项初审工作，只有初审合格的志书才能提交学术委员会审核。因此，各级地方志机构应高度重视申报工作，并在修志工作中进一步增强责任意识，加强组织领导，切实做好推荐、评审、宣传推介等各项工作，并以此为契机，促进质量保障体系建设，全面提高志书质量。

到2020年全面完成第二轮修志规划任务，实现省省有志、市市有志、县县有志，是《规划纲要》确定的硬指标、硬任务，也是中国自古以来从未有过的文化壮举和全国地方志系统为全面建成小康社会的献礼。当前，确保第二轮修志进度，按期完成任务是必然要求。但同时，越到完成规划任务的关键时刻，越要注重志书质量建设。地方志书作为地方志资源的核心组成部分，质量不过关、问题百出，不仅难以发挥“存史、资政、教化”功能，甚至会造成恶劣影响、贻误后人、谬传千古。因此，要真正发挥地方志功能作用，打造一系列的精品佳志，让信史传世，让信史说话，是基本前提和根本保障。

民族地区与贫困地区志书出版资助工程实施报告

王丹林

提　要： 民族地区与贫困地区志书出版资助工程自 2015 年 8 月启动，截至 2016 年底已经确定资助两批 17 部志书。实施民族地区与贫困地区志书出版资助工程，到 2020 年全面建成小康社会时，妥善解决地方志事业区域发展不平衡问题，这是深入贯彻《规划纲要》的应有之义。从现实意义来说，民族地区与贫困地区志书出版资助工程对于实现全国地方志事业全面、协调、可持续发展具有重要的促进作用。该工程在实施过程中取得了良好的社会影响和社会效益，但是也存在一些问题。民族地区与贫困地区志书出版资助工程是一项政治工程，也是惠及全国地方志系统的普惠工程，目的是带动全国地方志系统对民族地区与贫困地区实现“两全目标”的关注，从实施的效果看，还存在不少可以改进的地方。

关键词： 民族地区　贫困地区　志书出版　文化扶贫　区域发展

在全面建成小康社会进程中，以习近平同志为核心的党中央高度重视扶贫开发工作，全力推进脱贫攻坚工程，实施精准扶贫、精准脱贫。为配合国家扶贫开发工作，推进文化扶贫，贯彻落实《规划纲要》提出的到 2020 年必须全面完成第二轮修志规划任务的要求，特别是推进民族地区与贫困地区的地方志工作，在中指组组长王伟光、常务副组长李培林的关心和直接领导下，自 2015

年8月起，中指办启动民族地区与经济欠发达地区志书出版资助工程，取得了较好的社会效益。2016年4月，该工程成功入选国家新闻出版广电总局实施的“十三五”国家重点图书、音像、电子出版物出版规划项目。

一、项目启动背景

当前，在党中央的坚强领导下，全国各族人民正在全面建成小康社会的决胜阶段阔步迈进。全面建成小康社会，最艰巨、最繁重的任务是在革命老区、民族地区、边疆地区、贫困地区。消除贫困、改善民生、实现共同富裕，是社会主义的本质要求，是中国共产党的重要使命。“治贫”必先“治愚”，在加强经济和基础设施建设、提高教育水平等的同时，国家扶贫开发必须注重文化扶贫。

（一）民族地区与贫困地区志书出版资助工程是促进民族地区与贫困地区文化建设的基础工程

一个地方的经济社会建设，离不开文化支持。发展是硬道理，只有真正实现全面、协调、可持续发展，才能最终实现小康。与此同时，发展也必须是有序的而不是盲目的，必须是实事求是的而不是凭空设想的，必须是因地制宜的而不是照搬照抄的。对于民族地区与贫困地区来说，立足本地的资源、市场、人文旅游等优势，因地制宜找准发展路子，是确保科学发展的首要任务。民族地区与贫困地区，尤其是那些自古以来还没有编修过志书的地区，开展志书编纂既是对当地自然、政治、经济、文化、社会、生态等方面的发展历史、发展脉络、发展规律的全面摸底和调查，又是总结历史经验、挖掘历史智慧、汲取历史教训的全面梳理和探求。通过编纂和开发利用地方志书，让各级领导干部、广大人民群众了解当地的历史、了解实实在在的地情，从历史中汲取营养和智慧为现实提供借鉴和服务，是确保民族地区与贫困地区发展不走弯路、不走冤枉路的有效手段。

（二）民族地区与贫困地区志书出版资助工程是实现《规划纲要》目标任务的重要举措

赓续不断地编修地方志是我国独有的优秀文化传统，绵延千年而不断。党中央、国务院高度重视地方志工作，近几年来，习近平总书记、李克强总理、刘延东副总理作出了一系列的重要指示。《规划纲要》明确要求到2020年必须全面完成第二轮修志规划任务，这是全国地方志工作在全面建成小康社会进程中的硬性任务，也是全国地方志系统为全面建成小康社会的献礼。届时，将同步实现省省有志、市市有志、县县有志，这不仅在中国文化发展史上是绝无仅有的，在世界文化发展史上也是罕见的。从目前来看，要实现此目标任务，还存在不少困难和问题，特别是民族地区与贫困地区，面临着人才、资金缺乏等诸多困难。有的地方甚至出现了花费了大量的人力、物力，经过十余年的艰辛努力编纂出志书，因为缺乏出版经费迟迟未能出版的情况。通过民族地区与贫困地区志书出版资助工程的实施，将志书及时出版，是推进民族地区与贫困地区地方志工作的有效手段。

（三）民族地区与贫困地区志书出版资助工程是促进全国地方志事业全面协调可持续发展的工程

第五届中指组成立以来，一直把走基层、探实情作为一项重要任务，截至2016年12月，已经走遍全国31个省（自治区、直辖市）和新疆生产建设兵团。通过座谈、实地考察等多种形式，充分了解了当前全国地方志事业发展面临的主要困难和问题。其中，区域发展不平衡，中西部地区特别是边疆少数民族地区地方志工作与东部地区相比还存在不少差距，是制约全国地方志事业实现全面、协调、可持续发展的瓶颈所在。2014年6月13日，中指组组长王伟光在兰州召开的甘青宁地方志工作调研座谈会上首次明确要求，中指办在出版经费支持方面，要适当进行考虑，出台相应的政策。2014年8月29日，中指组常务副组长李培林在西北五省（区）地方志工作协作会上的讲话中提出，要试点开展甘青宁三省（区）地方志书出版资助工程，给要出版的志书一定的补贴。2015年7月17日，王伟光在出席云南省地方志工作座谈会上提出，要加大对贫困地区和少数民族地区志书出版经费支持的力度。民族地区与贫困地区志书出版资助工程的启动，是第五届中指组促进全国地方志事业全面协调可持续发展的顶层设计之一，对全国地方志工作区域平衡发展具有重要促进作用。2015年8月18日，中指办正式下发中指办字〔2015〕49号文《关于启动经济欠发达地区志书出版资助工程的通知》，开始启动经济欠发达地区志书出版资助。在实施的过程中，逐渐将资助范围扩大至民族地区。

二、项目实施情况

民族地区与贫困地区志书出版资助工程对资助对象、资助方式、流程等作出科学规划部署，保障了工程的顺利推进。截至 2016 年底，已经确定资助两批 17 部志书。

（一）资助对象

资助对象：经国务院扶贫开发领导小组办公室认定的国家级贫困县（区、旗、县级市）的第二轮志书优先资助，中西部地区、少数民族边疆地区存在经费困难的地级市和未列入国家级贫困县（区、旗、县级市）的第二轮志书酌情资助。

（二）资助经费来源、方式与出版模式

经费由财政部和中国社科院每年以项目的形式给予经费支持，资助标准为 1.2 万 /10 万字，每部志书资助最高 20 万。资助志书由方志出版社出版。出版后，留存一定数量志书作为国家方志馆馆藏以及方志出版社宣传推广之用。

（三）资助流程

资助由申报—省级地方志工作机构上报—民族地区与贫困地区志书出版资助工程领导小组审批等流程。先由申报资助的地区填报《民族地区与贫困地区志书出版资助工程申报表》，连同已通过终审志稿（提交的志稿需达到中指组印发的《地方志书质量规定》的质量要求和出版的“齐、清、定”标准）、终审意见书逐级上报。经省级地方志工作机构批准后上报民族地区与贫困地区志书出版资助工程领导小组办公室。民族地区与贫困地区志书出版资助工程领导小组办公室根据各地申报情况不定期上报领导小组，经批准后以中指办文件正式公布资助名单。

（四）组织领导方式

民族地区与贫困地区志书出版资助工程设高规格的领导小组，下设办公室。民族地区与贫困地区志书出版资助工程领导小组组长由王伟光担任，副组长由李培林担任，领导小组负责工程的组织领导、申报志书的审批等。领导小组下设办公室，设在中指办，主任由中指组秘书长，中指办党组书记、主任冀祥德担任，副主任由中指办副主任邱新立担任，负责日常的组织协调以及调研、组织出版、宣传等工作。

（五）工程进度

截至2016年12月底，确定两批共17部志书的资助，详见下表。

民族地区与贫困地区志书出版资助工程进度一览表

（截至2016年12月）

表1

批次	序号	书名	字数（万字）	进度
第一批	1	温宿县志（1991—2010）	200	2016年10月出版
	2	六盘水市钟山区志（1988—2008）	140	2016年10月出版
	3	三都水族自治县志（1978—2013）	200	2016年10月出版
	4	庄浪县志（1991—2010）	110	在出版流程中
	5	荔波县志（1978—2008）	160	准备印刷
	6	高台县志（1989—2010）	100	在出版流程中
	7	台江县志（1991—2010）	160	在出版流程中
	8	印江土家族苗族自治县志（1988—2008）	210	在出版流程中
	9	兰州市志（先秦—2008）	150	未定稿
第二批	10	美姑县志（1991—2009）	130	准备印刷
	11	贵州省减贫志	72	2016年10月出版
	12	永顺县志（1989—2010）	130	在出版流程中
	13	金阳县志（1991—2010）	110	未定稿
	14	宜川县志（1995—2010）	120	未定稿
	15	凉州区志（1990—2009）	100	未定稿
	16	民乐县志	140	未定稿
	17	银川市志（1979—2005）	500	未定稿

三、经验借鉴

实施民族地区与贫困地区志书出版资助工程，到2020年全面建成小康社会时，妥善解决地方志事业区域发展不平衡问题，这是深入贯彻《规划纲要》的应有之义。从现实意义来说，民族地区与贫困地区志书出版资助工程对于实现全国地方志事业全面、协调、可持续发展具有重要的促进作用。目前来看，该工程在实施过程中取得了良好的社会影响和社会效益。

（一）实现全面建成小康社会要十分关注文化扶贫

习近平总书记指出，“我们要坚持道路自信、理论自信、制度自信，最根本的还有一个文化自信。”文化自信是一个民族、一个国家以及一个政党对自身文化价值的充分肯定和积极践行，并对其文化的生命力持有的坚定信心，体现的是文化的凝聚力、向心力。衡量是否实现全面实现小康，关键在于经济、政治、文化、社会、生态文明建设能否达到新高度、新水平，文化小康是全面建成小康的重要组成部分。尤其是对于民族地区与贫困地区来说，要实现精准扶贫，必须高度重视文化扶贫工作，树立该地区的文化自信。地方志事业作为社会主义先进文化的重要组织部分，为增强国家文化软实力，培育和弘扬社会主义核心价值体系和核心价值观，建设中国特色社会主义文化强国发挥着重要作用。省、市、县三级志书编纂是法定任务，是《规划纲要》规定到2020年必须完成的硬指标、硬任务。而从另一角度来看，志书编纂也是一项基础文化工程，对于发展地方文化具有举足轻重的作用。民族地区与贫困地区志书出版资助工程的启动，完善了文化扶贫的重要环节，提供的是该地域最重要的地情资料和公共文化产品，记录的是本行政区域自然、政治、经济、文化和社会的历史和现状，蕴含的是当地祖祖辈辈人民积淀的历史智慧，对培育民众归属感、认同感、尊严感、荣誉感意义重大，是建立文化自信、实现文化小康的重要标志性成果。

（二）实现“两全目标”要十分关注民族地区与贫困地区

民族地区与贫困地区受限于经济、社会发展水平，地方志工作普遍存在机构、编制、人员、经费等方面的困难，一直是全国地方志事业发展的短板，要按时保质完成“两全目标”，关键在西部、关键在边疆少数民族地区和经济欠发达地区。《规划纲要》明确规定，到2020年省市县三级志鉴编纂一个也不能少，从目前看，最困难还是民族地区与贫困地区。如果不把这块短板补好，势必在实现“两全目标”中出现“木桶效应”，成为“老大难”问题。民族地区与贫困地区志书出版资助工程启动以来，总的实施效果是好的，但也出现部分地区不够重视、对政策了解不足，甚至有的因为固有利益格局不愿意参与等情况，需要引起重视。同时，在执行过程中，各地与民族地区与贫困地区志书出版资助工程领导小组办公室沟通不够，存在信息不对称、理解错位等问题，需要进一步改进。总之，民族地区与贫困地区志书出版资助工程是一项政治工程，也是惠及全国地方志系统的普惠工程，目的是带动全国地方志系统对民族地区与贫困地区实现“两全目标”的关注，从实施的效果看，还存在不少可以改进的地方。

（三）实现地方志事业区域发展平衡要创新工作手段

全国地方志事业发展不平衡，一直是制约事业全面协调可持续发展的主要问题。从了解到的情况看，民族地区与贫困地区出于维稳、扶贫等各类工作的需要，地方志工作机构人员少、任务重、完成时间紧迫，有不少地方即便是完成志鉴编纂主业都十分困难。面对当前地方志事业正处于转型升级的关键阶段，要实现全面转型升级，关键在基层，关键在市县，关键在民族地区与贫困地区。民族地区与贫困地区志书出版资助工程推动以来，解决了部分地区的志书出版问题，但要从深层次推动民族地区与经济欠发达地区地方志事业的转型升级，还远远不够，需要在援助机制、援助模式、援助内容等方面不断进行创新，才能彻底解决区域发展不平衡问题。

全国信息方志与数字方志建设工程实施报告

杨海峰

提　要：全国信息方志与数字方志建设工程的核心内容就是建设中国方志网、中国地情网、中国国情网、国家数字方志馆、地方志综合办公平台、地方志新媒体传播平台（以下简称“三网一馆两平台”）。通过五年的努力，实现国家、省、市、县、镇、村六级地方志工作机构网站联网，建成地方志系统最大、国内著名的地情资料网站群；建成国家数字方志馆和若干省级数字方志馆；建成国家地方志大数据中心，打造全国最大的地方志全文数据库，实现全国数字方志资源的共享共用，为全社会提供方便快捷的地情检索与数据分析服务。地方志综合办公平台实现中指办与省、市、县三级地方志工作机构之间，以及中指办内部便捷高效的协同办公；基本实现地方志系统新媒体的全覆盖；依托国家方志馆建成国家地方志大数据中心；互联网与地方志融合发展进一步深化，“互联网 + 地方志”成为开发利用地方志资源的重要手段，充分发挥地方志在国家公共文化服务体系建设中的重要作用。

关键词：信息方志　数字方志　网站　数字方志馆　新媒体

在党中央国务院高度重视信息化的新形势下，为顺应信息化时代发展要求，贯彻落实《规划纲要》，在全国范围内全面推动地方志从一项工作向一项事业转型升级，新一届中指组及其办公室，广泛开展调研，科学规划部署，大胆探索实践，推出了全国信息方志与数字方志建设工程。工程开展一年多来，取得了较大成绩，形成了一些经验，发现了一些问题。现主要从实施的背景、实施的意义、建设内容、取得的成绩、形成的经验、存在的问题以及前景预测等方面进行报告。

一、全国信息方志与数字方志建设工程实施的背景

当前，以大数据、云计算、“互联网+”、物联网等为代表的信息技术正在深刻影响我国政治、经济、社会、文化、生态文明的各个领域，成为重塑经济竞争力、重构经济秩序的重要力量，为我国实现“两个一百年”奋斗目标和中华民族伟大复兴的中国梦提供了难得的发展契机和巨大的创新动力。面对此轮信息化革命浪潮，党中央、国务院高瞻远瞩，将信息化工作提升到了前所未有的战略高度；中指组及其办公室和各级地方志工作机构顺应信息化时代的发展要求，也非常重视地方志信息化工作的开展。

一是党中央、国务院高度重视信息化工作。进入21世纪以来，特别是党的十八大以来，以习近平同志为核心的党中央对信息化工作提出了一系列新思想、新论断、新任务、新要求。习近平总书记不仅在相关会议和活动中专门论述信息化，而且在视察、调研、外事活动中多次强调信息化。2014年2月17日，习近平总书记在中央网络安全和信息化领导小组第一次会议上发表重要讲话；2014年11月19日，向在浙江乌镇召开的首届世界互联网大会发去贺词。2015年5月22日，习近平总书记向在青岛召开的国际教育信息化大会发去贺信；2015年12月16日，出席第二届世界互联网大会开幕式并发表重要讲话。更重要的是，2016年4月19日，习近平总书记亲自主持召开网络安全和信息化工作座谈会，并就网络安全和信息化工作发表重要讲话。这是我国第一次召开这么高规格的信息化工作座谈会，不仅反映我国对信息化工作的重视程度，更显示出我国信息化建设理念日臻成熟、发展方向日益明确、发展蓝图日益清晰。2016年10月9日，习近平总书记在主持中共中央政治局第三十六次集体学习时，又就信息化发表重要讲话，强调指出：“加快推进网络信息技术自主创新，朝着建设网络强国目标不懈努力。”2016年11月16日，习近平总书记在第三届世界互联网大会开幕式上以视频方式发表重要讲话。短短的7个月内，习近平总书记就信息化工作连续发表三次重要讲话，足见以习近平同志为核心的党中央对信息化工作的高度重视。李克强总理也非常重视信息化工作，不仅

在 2015 年全国“两会”期间首次提出“互联网 +”的理念，而且出席 2016 年 5 月 25 日在贵阳召开的中国大数据产业峰会暨中国电子商务创新发展峰会开幕式并发表重要讲话。更重要的是，在李克强总理的直接领导下，国务院推动了一系列有关信息化工作的重大政策措施的落地生根，有力推动了全国信息化工作快速发展。与此同时，两年多来，党中央、国务院出台了一系列有关信息化的政策文件、法规规章，尤其是 2016 年 7 月 27 日，中共中央办公厅、国务院办公厅印发了《国家信息化发展战略纲要》，要求将信息化贯穿我国现代化进程始终，以信息化驱动现代化，加快建设网络强国。这些重要讲话精神、重大决策部署，为地方志信息化工作提供了根本遵循，指出了明确方向，提出了最新要求。我们要认真学习领会，深入贯彻落实，有力推动地方志信息化工作迈上新台阶，开创新局面。

二是中指组及其办公室高度重视地方志信息化工作。第五次全国地方志工作会议以来，地方志事业迎来了千载难逢的发展机遇。王伟光组长、李培林常务副组长在全国性会议、基层调研等场合，多次就地方志信息化工作作出重要指示、发表重要讲话，尤其是李培林常务副组长 2015 年 12 月 1 日出席中国方志网、中国地情网开通仪式并发表重要讲话。中指办党组把信息化工作列为重要工作之一，多次召开党组会议进行专题研究。2015 年 5 月，在中指组领导的关心和重视下，中指办专门成立信息处，增加人员力量，保障经费投入，采取有效措施，加强对全国地方志系统信息化工作的业务指导。

三是各级党委政府、各级地方志工作机构大力推进地方志信息化工作。近年来，各级党委政府和地方志工作机构越来越重视地方志信息化工作，普遍把信息化建设摆上重要议事日程，加大信息化经费投入，重视信息化人才培养，通过召开信息化工作会议，举办业务培训班，以及到兄弟单位学习交流等多种形式，信息化建设有了较大突破：地情网站群覆盖面逐步扩大，地方志数据库（数字方志馆）规模快速扩容，方志业务信息系统建设加速推进，方志新媒体矩阵初具规模，信息化制度建设逐步健全等。

当前，各行各业都在抓紧布局信息化工作，推动各自行业和信息化的深度融合，着力谋取未来发展的战略制高点。谁在信息化潮流中落伍，谁就会被时代淘汰。实事求是地说，在信息化时代来临初期，地方志系统普遍存在对信息化认识不够、投入不足、举措不多的问题，错失了借助信息化手段实现地方志事业快速发展的良机。面对新一轮信息化发展战略机遇，我们不应该，也不能再次坐失良机。否则，我们将会永远处于一种被动应付的局面。因此，加快推进地方志信息化建设，既是事关地方志事业全局的战略选择，也是破解地方志工作热点、难点问题的紧迫任务。加快地方志信息化建设，最重要的一条就是做好顶层设计。中指办为顺应信息化时代要求，为在全国范围内全面推动地方志由一项工作向一项事业转型升级提供重要支撑，启动实施全国信息方志与数字方志建设工程。

二、全国信息方志与数字方志建设工程实施的意义

根据当前全国地方志事业发展的新形势、新任务、新要求，对照全国信息方志与数字方志建设工程的主要内容，实施该工程的意义主要有以下几点。

一是贯彻落实党和国家领导人对地方志工作重要讲话、重要批示精神的需要。2014 年 2 月 25 日，习近平总书记在首都博物馆参观北京历史文化展览时强调："要高度重视修史修志，让文物说话、把历史智慧告诉人们，激发我们的民族自豪感和自信心，坚定全体人民振兴中华、实现中国梦的信心和决心。"2015 年 7 月，习近平总书记在中央政治局第 25 次集体学习时强调，要整合协调党史、军史、地方志等机构力量对中国人民抗日战争进行系统研究。2014 年 4 月 16 日，李克强总理对地方志工作作出重要批示："地方志是传承中华文明、发掘历史智慧的重要载体，存史、育人、资政，做好编修工作十分重要。……修志问道，以启未来。……进一步做好地方志编纂、管理和开发利用工作，为弘扬优秀传统文化、服务经济社会发展作出新的贡献。"2015 年 12 月 28 日，李克强总理对全国地方志系统先进模范座谈会作出重要批示指出："方志流传绵延千载，贵在史识，重在致用。……希望地方志工作者继续发扬方志人精神，志存高远，力学笃行，直笔著信史，彰善引风气，为当代提供资政辅治之参考，为后世留下堪存堪鉴之记述。"2014 年 4 月 19 日，刘延东副总理在《与第五次全国地方志工作会议部分会议代表座谈时的讲话》中指出："广大地方志工作者承担着传承文明、记录历史、弘扬文化、服务社会、借史鉴今、启迪后人的光荣使命。……要加强对地情文献资料的专门研究，重视地方志资源的普查摸底，开展数字化、网络化建设，做好地方志资源的整合、共享与开发

利用。……地方志应该是严谨的资料性文献，但是传播地方志的形式和方式应该是生动活泼的。”2015 年 12 月 29 日，刘延东副总理出席全国地方志系统先进模范座谈会重要讲话是指出：“要开发利用好地方志资源，加快方志馆和地方志信息化建设，推动地方公共文化建设，使地方志更好地发挥传承历史、展现当今、启引未来的作用。”

二是贯彻落实国务院《地方志工作条例》和国务院办公厅《规划纲要》的需要。《地方志工作条例》第十六条规定：“地方志工作应当为地方经济社会的全面发展服务。县级以上地方人民政府负责地方志工作的机构应当积极开拓社会用志途径，可以通过建设资料库、网站等方式，加强地方志工作的信息化建设。公民、法人和其他组织可以利用上述资料库、网站查阅、摘抄地方志。”《规划纲要》五大体系中的开发利用体系和保障体系都涉及信息化建设，同时在总体目标和十一项具体任务中专门指出“要加强信息化建设”。

三是贯彻中指组领导对地方志信息化建设重要批示的需要。2014 年 4 月 20 日，中国社科院院长、中指组组长王伟光在第五次地方志工作会议上明确提出“加强地方志信息化建设，实现地方志资源数字化、网络化，为社会提供全面、便捷的地情信息服务。……方志馆是地方志工作向社会提供公共文化服务的基础设施和重要平台。要发挥国家方志馆的桥梁和纽带作用，推动数字方志馆建设，逐步实现方志馆之间的资源共享。”2015 年 4 月 17 日，中国社科院副院长、中指组常务副组长李培林在全国地方志机构主任工作会议总结讲话中指出：“实现中国地情网全国联网，扩大地方志的传播力和影响力。下一步要考虑地方志网络产品、微博产品、微信产品是什么，怎么来传播。”2015 年 6 月 24 日，李培林在天津调研时强调：“要重视互联网 + 修志。”2016 年 5 月 13 日，王伟光在国家数字方志馆揭牌仪式上指出：“要深刻认识大数据、‘互联网 +’时代带来的冲击，以及同时带来的难得机遇，树立创新意识，发挥后发优势，注重与科技前沿接轨，在馆藏资源的收藏、整理、开发利用及服务社会等各方面，积极引进计算机技术、网络技术和通信技术等先进技术和新兴传播媒介，最大限度地发挥信息化带来的便捷和高效，提高国家方志馆资源的开发能力和传播效率，切实提升公共文化服务能力。”

四是推进中国特色新型智库建设的需要。一方面，通过整合全国方志资源和全系统力量，推进中国地方志智库建设，推出高质量的信息咨询、研究成果和对策建议，实现资源优势、研究优势和成果优势“三结合”，当好国民经济和社会发展的地情服务专家。另一方面，为中国社科院及其他新型智库建设提供强大的数字资源支撑。自古以来留存下来的方志资源十分丰富，留存下来的旧志资源约 8000 多种，约占留存古籍的十分之一。新方志编修成果更是十分丰硕，形成了庞大的社会科学成果群。通过数字化的手段，对这些资源开发利用，必将为中国特色智库建设提供强大的数据支撑。

五是满足社会公众读志、用志需求的需要。地方志是传承中华文明、发掘历史智慧的重要载体，地方志资源对于弘扬优秀传统文化、服务经济社会发展具有不可替代的作用。实施全国信息方志与数字方志建设工程，建好网站、数字方志馆，有利于方志文化、地域文化的宣传推广和扩大影响，更好发挥地方志资源在公共文化服务体系建设中的作用。

三、全国信息方志与数字方志建设工程的主要内容

全国信息方志与数字方志建设工程的主要内容包括中国方志网、中国地情网、中国国情网、国家数字方志馆、地方志综合办公平台、地方志新媒体传播平台（以下简称“三网一馆两平台”）。

（一）“三网”（中国方志网、中国地情网、中国国情网）

建设内容：分期分批建设权威、系统、全面的中国方志网、中国地情网、中国国情网。

1. 中国方志网

是中指办的门户网站，是全国地方志系统的信息发布平台、业务指导平台、在线服务平台和互动交流平台，实现权威及时的信息发布、及时准确的业务指导、便捷开放的在线服务、顺畅高效的互动交流。

2. 中国地情网

是全国地情网站的集群，致力于各地地情网站资源的整合与开发，努力打造全国地情信息的展示、检索、服务和共享中心。

3. 中国国情网

是按政治、经济、社会、文化、生态文明等领域，充分利用国家数字方志

馆的海量资源，进行数字资源的整合、统计和分析，服务社会各界的网站，大大增强方志文化的影响力。

（二）“一馆”（国家数字方志馆）

建设内容：国家数字方志馆是地方志全文数据库的基础平台。通过开发全国地方志资源管理系统，把全国的数字化志书、年鉴、地情书、旧志、史志期刊、音视频、图片等资源集中起来，建设地方志数字资源中心。利用虚拟技术，对“方志中国”“魅力中国”展览以及各省特色展览进行三维全景展示，打造全国地情教育基地。加强国家地方志大数据中心基础设施建设，为国家数字方志馆建设提供重要保障。注重网络安全，保障网络与信息系统安全稳定运行。依托地方志大数据，开展统计分析和开发利用。深化与境外相关机构在数字方志资源方面的交流合作。

（三）“两平台”（地方志综合办公平台和地方志新媒体传播平台）

1. 地方志综合办公平台

开发全国地方志系统的邮件收发、公文流转、信息交流、即时通讯、视频会议等功能模块。开发中指办内部公文流转、信息交流、通知公告、通讯录管理、资料共享、即时通讯、个人日程管理等功能模块。开发综合办公平台移动端，实现移动电子审批、移动公文发布、移动数字方志馆查询等功能。在综合办公平台的基础上，开发方志信息在线统计系统、方志成果综合管理系统两大业务系统。

2. 地方志新媒体传播平台

包括方志系统微信矩阵、方志中国手机报、中国方志网手机客户端、手机版网站等新媒体的建设、开发和利用。

四、全国信息方志与数字方志建设工程取得的成绩

全国信息方志与数字方志建设工程启动以来，围绕“三网一馆两平台”建设，主要取得了以下成绩。

（一）2015 年 7 月 1 日，方志中国微信正式开通

截至 2016 年 12 月底，共发布微信 376 期。方志中国微信开通以来，不断加快发布周期，丰富发布内容，完善版式风格，增强平台功能，关注人数不断上升，社会影响日益扩大。在方志中国微信开通的影响下，方志北京、方志内蒙古、方志河北、方志福建、方志江西、方志上海、方志新疆、四川地方志、河南记忆、方志宁夏、重庆方志、湖北方志等省级方志微信平台相继开通。据不完全统计，截至 2016 年 12 月 31 日，开通省级微信平台 20 个，市县级微信平台 200 多个。下一步中指办要进一步整合微信平台，建成方志微信矩阵，有力推进地方志新媒体建设。

（二）2015 年 9 月 1 日，方志中国手机报正式开通

截至 2016 年 12 月底，共发布 65 期。每期发送人数 4000 多人，覆盖中指组领导，中指办、国家方志馆、方志出版社全体人员，中国社科院相关职能部门，省、市、县三级地方志工作机构部分人员等。开通以来，得到方志界的广泛认可，纷纷来电、来信表示祝贺，同时希望发给本单位更多的人员，以便及时了解最新政策和信息。

（三）2015 年 12 月 1 日，中国方志网、中国地情网正式开通

中国方志网是中指办门户网站，将努力打造成全国地方志系统的信息发布平台、在线服务平台和互动交流平台。中国方志网具有一屏展示、标签化、智能化、集约化等特点，凸显方志文化特色。中国社科院副院长、中指组常务副组长李培林出席开通仪式并发表重要讲话，对两个网站的开通表示祝贺，同时对下一步工作提出明确要求。中国社科院信息化管理办公室、中国社科院图书馆、中国社会科学杂志社，以及北京、河北、山西、黑龙江、安徽、山东、河南等省（市）地方志工作机构负责人等，中指办、国家方志馆、方志出版社全体人员，约 100 人参加开通仪式。《中国社会科学报》、中国社会科学网进行了报道。中国方志网开通一年多来，及时发布信息、加强互动交流、保证系统安全，顺利通过了国务院政府门户网站四次普查。

中国地情网是全国地情网站的集群，致力于各地地情网站资源的整合与开

发，努力打造全国地情信息的展示、检索、服务和共享中心。目前，开通的中国地情网，以地图的形式，初步实现了与已开通的 28 个省级地情网站的链接。中国地情网二期项目已经立项并启动招投标工作，预计 2017 年正式运行。中国地情网二期项目的建设重点是对中国地情网进行功能升级和栏目改造，旨在实现国家、省、市、县、乡（镇）、村六级地情网站全覆盖。

（四）启动中国国情网建设

一年多来，根据中国地情网、国家数字方志馆建设情况，初步就中国国情网的建设思路、建设方案进行初步思考。下一步将草拟中国国情网建设方案，广泛征求各方面的意见建议，形成成熟的建设方案，加快推进中国国情网建设。

（五）稳步推进国家数字方志馆建设

为制定《国家数字方志馆建设方案》，深入开展调研。2015 年利用 9—11 月三个月的时间，通过书面调研和实地调研相结合的形式，大力加强调研，撰写《关于开展信息化调研的报告》。其间，起草《国家数字方志馆建设方案》（讨论稿）。与此同时，中指办领导分别带队到山东、北京、新疆、黑龙江、上海、河南、湖南、福建、重庆、广东、海南、安徽等十几个省份开展实地调研，并广泛征求意见。随后，采取不同的形式，包括召开会议、书面征求意见，广泛征求各地对《国家数字方志馆建设方案》（讨论稿）的意见。后又在全国信息方志与数字方志建设工程研讨会、全国地方志信息化工作会议、全国方志馆建设标准暨地方志信息化建设研讨会等会议上，对《国家数字方志馆建设方案（讨论稿）》征求意见。经过广泛征求意见，建设方案基本成熟。7 月，分别由中指办、中国社科院信息化管理办公室向财政部申请专项经费，推进国家数字方志馆建设。

五、全国信息方志与数字方志建设工程形成的经验

全国信息方志与数字方志建设工程虽然启动仅一年多，但还是有一些经验教训值得认真总结。好的经验，继续坚持；教训不足，认真反思，尽快改进。

（一）领导重视是根本

当前，各级地方志工作机构对地方志信息化建设仍然存在相当多的认识误区，一些单位的主要领导仅仅把地方志信息化当作一个辅助手段，放在可有可无的位置，对地方志信息化的重要性及建设内容认识都有待加深。当前，推动地方志信息化最大的问题仍然是认识问题。刘延东副总理讲的“八到位”，其中很重要的一点就是认识到位。俗话说：“重视不重视，关键看领导。”信息化建设也是如此，只要领导重视了，搞信息化建设的机构、人员、经费等就不是问题了，信息化建设就会搞得风生水起，有声有色。综观当前全国地方志系统信息化建设情况，尤其是这一多年来，中指办领导就信息化工作开展了十多次调研。在调研中明显地感到，领导重视是信息化建设的根本，是决定性的。有的地方搞得比较早，但是搞了一段时间其实就停了；有的地方志搞得比较早，一直在持续地做，也做出了一定的成绩；有些地方做得比较晚，在一些专项工作方面做出了特色；有些地方做得比较晚，发展也比较缓慢；还有的地方甚至是整个省的地方志信息化工作基本没有开展；有的省级地方志工作机构还没有网站。这一现状，与领导的重视与否，尤其是主要领导有很大的关系。此外，领导重视，不能仅仅停留在口头上，要落实到行动上，具体就是落实到给机构、给人员、给经费，这样信息化建设才能健康发展。

（二）顶层设计是关键

中国有句古话“凡事预则立，不预则废”，讲的就是做事要有规划，要做好顶层设计。有谋划、有规划，且谋划好、规划好，才能成大事。全国信息方志与数字方志建设工程的目标是什么、步骤是什么、怎么抓、分几步抓、每年抓哪些工作，一定要规划先行。纵观工程一年多的建设，虽然总体上取得了较大成绩，但也走了不少弯路，浪费了一些时间、资金和人力，最重要的是失去了一些发展机遇。一个重要的原因就是中指办的规划、顶层设计相对滞后。顶层设计滞后，导致一个很大的后果就是各地各自为战，自定标准，许多方面都不统一，最明显的例子就是地方志数据库的技术标准、接口以及数据格式、数据标准、数据加工都不统一，严重影响了下一步数字资源的共享共用。因此，要做好规划制定，搞好顶层设计，抓好规划落实。

（三）密切配合是保障

全国信息方志与数字方志建设工程是一个系统工程，不仅涉及中指组及其办公室，还涉及各级地方志工作机构，能够做到互相配合非常重要。中国方志网、中国地情网，需要各级地方志工作机构提供工作动态信息、各地地情信息等；国家数字方志馆的资源建设，需要各级地方志工作机构，尤其是省级地方志工作机构提供本省数字化后的数字资源，同时按照中指办制定的数据格式、数据标准上传到国家数字方志馆的后台，由中指办专门人员审核后正式发布；地方志综合办公平台需要各级地方志工作机构按照平台的功能和要求，进行在线办公，完成有关事项的审批与报送；地方志新媒体矩阵的建设，需要各级地方志工作机构主办的微信平台做好信息更新、安全维护，才能形成聚集效应，扩大影响。因此，如果没有各方面的密切配合，该工程将会很难推进，即使推进了，也不会产生聚合效应，产生更大的影响。

六、全国信息方志与数字方志建设工程存在的问题

全国信息方志与数字方志建设工程虽然取得了一些成绩，形成了几条经验，但也存在一些问题：一是建设经费不足。原计划2016年启动的国家数字方志馆一期建设，由于缺乏经费的支持，2016年只是完成了建设方案的制定和项目的立项。因此，只有等2017年经费到位后才能启动项目建设，这在一定程度上影响了整个工程的进展，影响了方志资源的开发利用。二是专业人员缺乏。一方面是中指办信息处人员调整大，缺乏专业人员，在一定程度上影响了项目建设的推进，比如中国地情网二期就没有按期完成；另一方面是各级地方志工作机构从事信息化的人员也非常缺乏，没有机构和人员，在工作开展中不能形成很好的上下联动态势，在一定程度上影响了工程的进展。三是顶层设计滞后。此部分内容前文已论述，不再赘述。

七、全国信息方志与数字方志建设工程的前景预测

通过五年左右时间的积极探索，到2020年，全国信息方志与数字方志建

设工程将把中国方志网、中国地情网、中国国情网、国家数字方志馆、地方志综合办公平台、地方志新媒体传播平台，即“三网一馆两平台”，建成全国地方志系统宣传方志工作、提供国情、地情服务、传播方志文化的政府门户网站，搭建全国地方志系统关注度高、影响力大的信息发布平台、地情展示平台和国情资源利用平台，实现全国地方志系统的信息共享；实现国家、省、市、县、镇、村六级地方志网站联网，建成地方志系统最大、国内著名的地情资料网站群；建成国家数字方志馆和若干省级数字方志馆；建成国家地方志大数据中心，打造全国最大的地方志全文数据库（含目录数据库、提要数据库），实现全国数字方志资源的共享共用，为中国特色新型智库建设提供强大的地情数据支撑，为全社会提供方便快捷的地情检索与数据分析服务。地方志综合办公平台实现中指办与省、市、县三级地方志工作机构之间，以及中指办内部便捷高效的协同办公；不断扩大微信矩阵、手机客户端矩阵规模，基本实现地方志系统新媒体的全覆盖，不断提高地方志新媒体的影响力；依托国家方志馆建成国家地方志大数据中心；互联网与地方志融合发展进一步深化，“互联网 + 地方志”成为开发利用地方志资源的重要手段，充分发挥地方志在国家公共文化服务体系建设中的重要作用。

中国地方志学术交流团赴香港、澳门出访报告①

刘　丹

2016年12月8—15日，应澳门大学澳门研究中心林广志教授和香港地方志办公室刘智鹏教授的邀请，中指办主任冀祥德率中国地方志学术交流团一行6人，赴香港、澳门特别行政区进行学术访问和交流，进一步了解香港和澳门特别行政区地方志、地方史的编修和收藏利用情况。交流团团长为中指办主任冀祥德，成员有中指办秘书处处长杨军仕、人事处处长王杰、方志处处长陈旭、年鉴处处长刘永强、科研处副调研员刘丹。其间，交流团访问了澳门大学、澳门理工学院、香港地方志办公室、香港大学图书馆、中央人民政府驻香港特别行政区联络办公室、香港特别行政区政府新闻处，拜会了香港岭南大学校长郑国汉，还顺访了澳门博物馆、香港历史博物馆、香港新界邓家祠堂博物馆。通过访问和交流，对香港和澳门的地方志工作情况有了进一步了解，获益匪浅，达到预期目的。现将此次出访交流情况汇报如下。

一、香港地方志工作概况

（一）香港地方志编修情况

香港历史上没有编修地方志。清代，香港属广州府新安县管辖，现存主要

① 本报告由刘丹执笔，杨军仕、刘永强审定。

涉及香港的地方志仅有由靳文谟和舒懋官分别于康熙二十七年（1688）和嘉庆二十四年（1819）编纂的《新安县志》。这两种《新安县志》是研究古代至清代香港的主要文献，但香港自1942年英国管治至1997年中国恢复行使主权之间的经济社会发展情况，没有专门进行全面系统记录。1997年回归前后，香港社会一些有识之士已开始关注香港修志的问题。2003年3月，香港文化委员会在《文化委员会政策建议报告书》中提出："我们必须先了解自己的历史，才能向别人介绍香港的文化遗产。我们建议政府编纂《香港地方志》，让更多人更有系统地认识香港的人文和风土历史。"爱国爱港人士为推动香港地方志工程做了大量工作。2007年2月14日，香港地方志工程正式启动，计划编修《香港通志》，志书断限为远古至1997年6月。香港地方志办公室在参考借鉴海峡两岸的修志经验，广泛征求多方意见的基础上，结合香港社会的实际情况，编制出较为完整的《香港通志》篇目。限于条件，香港地方志办公室计划等时机成熟后再正式着手编纂《香港通志》。根据篇目，暂定55卷，分为地理志、政治志、经济志、社会志、文化志、人物志、大事记、专记等8个部分，共约250个课题单元。全书字数预计约1000万字，分为10册出版。《香港通志》编修完成后将缩编普及本及英文本，以照顾社会大众的阅读兴趣。

香港修志由特区政府注册的非营利团体香港地方志基金会主导进行。基金会主要负责筹集经费，在财政上全面支持香港地方志的编修和发展，同时就编修地方志的原则和进度等问题提出指导性建议，但不干预编修的具体方式和内容。香港地方志基金会下设香港地方志办公室及《香港通志》编辑部。香港地方志办公室从2004年开始筹备，2007年正式挂牌成立，与香港岭南大学的香港与华南历史研究部合署办公，共有10余名工作人员，主要负责日常行政和业务工作，也是联系和收集社会各方面信息的资源中心。《香港通志》编辑部则主要负责编修《香港通志》，编辑部的主编、副主编、编辑及各研究人员均由香港素有研究的学者出任。《香港通志》编辑部内设"HONG KONG LOCAL RECORDS"英文编辑部，负责编修《香港通志》英文版。香港特别行政区政府支持编修地方志，但没有拨给专项经费，各项经费主要依靠香港地方志基金会的资助和向香港岭南大学申请研究课题经费。

香港地方志办公室自成立以来，编纂出版了涉及村志、风物志、地情书、人物传记、口述史、抗日战争史料等方面的一系列成果约30余部，其中有《屯门历史与文化》《简明香港史（新版）》《香港史话》《展拓界址：英治新界早期历史探索》《香港问题谈判始末》《屯门风物志》《〈新安县志〉香港史料选》《香港国家地质公园：人文散步》《香港达德学院：中国知识分子的追求与命运》《莲麻坑村志》《屯门风物志》等，还与深圳市史志办公室合作编纂了《中英街与沙头角禁区》。

（二）香港大学图书馆有关地方志收藏情况

香港大学图书馆建于1911年香港大学创立之时，包括总馆和冯平山图书馆、医学图书馆、法律图书馆、牙医图书馆、教育图书馆、音乐图书馆6个分馆。总馆设有特藏部，主要藏有关香港的图书资料。

冯平山图书馆建立于1932年，主要收藏中文图书，也收藏一些日文、韩文图书。截至2016年6月30日，共收藏图书110万卷、期刊1.3万期及中文报纸170多种。香港大学图书馆1990年曾编有《香港大学冯平山图书馆藏中国地方志目录》，著录冯平山图书馆藏综合性方志1700多种，其中线装古籍和民国年间印本较多，包括清嘉庆前刻本及手抄本40余种，缩微胶卷及胶片90余种。列入善本者有宋本《方舆胜览》、明本《大明一统志》《盛京通志》《富平县志》《武功县志》《吉安府志》《番禺县志》等，其中《番禺县志》在海峡两岸公藏仅有五家。馆藏明隆庆《潮阳县志》，现除天一阁存两部、“傅斯年图书馆”一部外，国家图书馆为残本，冯平山图书馆得存一部，与现存天一阁藏本存有差异，亟待学者研究。韵古楼抄本陈光烈《饶平志补》及其《南澳县志》，为陈氏定稿，存世孤本。

20世纪90年代以来，冯平山图书馆陆续购入海内外多家图书馆所藏的孤本、罕见志书影印本，如《哈佛燕京图书馆藏稀见方志丛刊》《著名图书馆藏稀见方志丛刊》等。同时也购入了一些新编志书、年鉴、文史资料汇编，其中包括部门志和专业志。近20年来，冯平山图书馆并未全面调查现存旧志之数目，估算包括各新修志书约15000册、5000种以上。目前仍致力于收集旧志和南方部分省的新编志书。

（三）《香港年报》编纂情况

《香港年报》创刊于1946年，由英国统治时期的香港政府编纂出版发行，早期只有英文本，1971 年发行的《香港 1970》首次出版中文本。1997 年香港回归后，改由香港特别行政区政府新闻处编纂出版发行。政府新闻处下设宣传及推广科，宣传及推广科下设本地宣传事务组，本地宣传事务组下设编辑及互联网资源分组，编辑及互联网资源分组又设编辑小组,《香港年报》的具体编纂出版发行工作即由编辑小组承担。编辑小组除编纂《香港年报》外，还负责编写《香港概览》《香港便览》等。1998 年以前,《香港年报》一直以发行年份题名，记述上一年度政府施政情况，如《香港 1997》记载 1996 年有关情况。1998 年,《香港年报》改为以记载内容年份题名，一般在次年出版，如 2016 年 6 月出版的《香港 2015》记载 2015 年香港特别行政区政府施政情况。只有 1998 年发行、记载 1997 年有关情况的《香港年报》，为避免与已出版发行的《香港 1997》同名，定名为《迈向新纪元》。每年的《香港年报》出版后，还在香港特别行政区政府网站上提供网上版本，以方便读者使用。

二、澳门地方志工作概况

（一）澳门地方志编修情况

澳门历史上也没有编修过地方志。迄今为止，有关澳门历史的中文记载，除了见于清乾隆年间所编的《澳门纪略》，以及明、清两代所修的《香山县志》等少量史书、文献外，还没有一部类似内地各省市县那样，由历代政府主修、客观科学和系统梳理澳门历史文化和经济社会发展情况的官书。2008 年 12 月 1 日，澳门地方志工作启动，计划编修的《澳门通志》是澳门首部志书，将全面系统地记述澳门特别行政区域自然、政治、经济、文化、社会的历史与现状，是当代澳门的一项重大文化工程。澳门地方志项目启动之初由澳门理工学院牵头，其成人教育及特别计划中心和澳门口述历史学会承担前期基础工作。近期，此项工作已转由澳门大学牵头协调，已经形成《澳门通志》编纂计划和基本篇目并上报行政区政府有关部门，计划用两年时间内继续推进和完成筹备工作，目前正处于落实编纂经费阶段。

（二）《澳门年鉴》编纂情况

《澳门年鉴》是由澳门特别行政区政府新闻局从 2002 年起，逐年编纂出版的综合性地区年鉴，分中、葡、英三种文字版本。其中，葡、英文版本根据中文文本翻译、编辑出版。《澳门年鉴》旨在按年度全面、系统地记录澳门特别行政区政治、经济和社会文化等方面的基本情况、重大事件和主要发展变化，宣传和推广澳门，为研究和期望进一步了解澳门的人士提供翔实的数据。其内容包括澳门特别行政区政府施政重点、大事纪要、澳门特别行政区年度综述和附录等四个部分。该年鉴中引述的数字和数据主要来自特区各相关部门和统计暨普查局，其时限绝大部分截至当年年底，但部分内容依据实际情况略有延伸，以尽量强化年鉴的时效性。

为形象地展示澳门特别行政区的最新面貌，自 2004 年起，澳门特区政府新闻局联同澳门 8 个摄影团体、4 个传媒团体举办摄影比赛，从中精选得奖者的作品作为内页插图，增添《澳门年鉴》的视觉享受和审美效果。2016 年，考虑网上阅读的普及和环保的因素,《澳门年鉴》中、葡、英版本停止纸质版印刷，集中完善电子版，增添图文数据以及视频内容，满足需求。同时，新闻局重新设立《澳门年鉴》新网页，推出新版本《澳门年鉴》移动设备应用程序，方便读者阅读。

三、收获与感受

交流期间，交流团一行受到香港和澳门特别行政区受访机构的热情接待，并与相关机构人员和专家学者进行深入地切磋与交流。通过座谈和交流，交流团不但宣传介绍了当前全国地方志事业发展的情况和内地经济社会发展取得的巨大成就，而且还进一步了解到香港和澳门两地修志缘起、志鉴编纂与收藏利用、修志模式、修志团队以及特别行政区政府和社会对地方志工作的支持等情况。交流团成员一致认为，在交流中共谋全国地方志事业发展，密切了相互关系，为今后进一步加强交流与合作开辟了更广阔的舞台和更美好的前景。主要收获如下。

（一）进一步了解了港澳地区修志机制

地方志编修一直沿用传统的官方修志做法，坚持“党委领导、政府主持、各级地方志工作机构组织实施，社会各界广泛参与”的工作体制。2006 年 5

月 18 日，国务院颁布的《地方志工作条例》明确规定：“以县级以上行政区域名称冠名的地方志书，地方志综合年鉴，分别由本级人民政府负责地方志工作的机构组织编纂，其他组织和个人不得编纂。”在“一国两制”方针下，香港和澳门修志有着自己的特点和模式。澳门由政府提供经费支持和资料方便，委托高校组建项目组负责具体实施，项目组通过招聘全职教授和访问学者，或者招标方式邀请目标专家参与编纂。香港则采用“政府支持、社会参与、学者主修”的修志模式，主要依托大学和研究机构，经费自筹，由学者全盘主持纂修工作，尚处于民间修志状态。据了解，这种模式比较符合香港社会较普遍的价值取向。

（二）进一步了解了香港地区志书和年鉴开发利用情况

通过与香港大学图书馆和香港政府新闻处及互联网资源分组的座谈了解到，高校收藏的内地志书和年鉴，以及香港政府新闻处编辑的《香港年报》开发利用率不高。香港大学图书馆收藏的旧志和新编地方志书在香港高校中收藏量最大，近 20 年也在收集新编地方志书，尤其是南方省份的志书，但利用率不高。分析造成这种状况的原因，主要是香港地区的教师和学生对地方志学科研究较少，对地方志认识不深，即使相关课题有需从地方志书查找的史料，他们也会选择通过网络快捷查询。随着电子化时代的到来，香港大学图书馆也致力于信息化建设，不断完善网络服务体系，提高馆藏书籍利用率。

（三）进一步了解了港澳地区地方志工作情况及发展中存在的困难

香港在修志过程中存在的困难主要是两个方面：一是经费问题。目前香港采取学者主修、经费自筹模式，编修团队由香港地方志办公室的刘智鹏和刘蜀永两位教授牵头，工作人员仅十几名，而香港地方志牵涉的方面很广，内容繁杂，如果没有一个庞大的研究团队用较长时间来研究，很难完成任务。尽管目前已有一些非常热心的社会贤达先后向香港地方志基金会捐款，但捐款数额与整个地方志工程的需求相比是杯水车薪。另一个是资料问题。据了解，《香港通志》编修过程中，目前所接触到的资料在所需资料中只是冰山一角，大量的资料储存在特区政府各部门内，因尚未有档案法，所以很多政府部门的资料都由各部门自行保存，而部门是否会将资料公开给学者做研究，还是未知数。

澳门在修志过程中存在的困难是中西文化差异问题。澳门作为中西文化沟通的桥梁，对中西文化交流作出很大的贡献。然而，在社会中一直存在两种不同价值观。因此，在澳门志的编修中，关于记录什么内容，如何选取入志资料，在社会中存在争议，意见的分歧给修志工作造成一定的阻力。澳门大学和澳门理工学院在推动澳门地方志编修工作方面付出了很多努力，但压力也不小。

四、结语

通过交流，我们感受到香港和澳门地区对优秀历史文化传统的传承是十分重视的，尽管历史上没有编修过志书，也没有独立的地方志工作机构，但一直都有编纂年鉴的传统，而且都将计划编修的首部地方志书视为一项重要的文化工程。2015 年 8 月 25 日，国务院办公厅颁布施行的《规划纲要》明确要求，要采用多种形式，加强与中国香港、澳门和台湾地区以及国外的高等院校、科研机构、档案机构与图书馆等单位的学术交流与合作。在交流期间的座谈会上，交流团团长冀祥德曾多次表示，今后将建立常态化联系机制，进一步加深内地与港澳地区地方志编修机构的交流，进一步拓展方志领域的合作。可通过邀请港澳地区地方志编修机构工作人员参与中指办实施的全国地方志“十大工程”和《中国抗日战争志》项目，举办地方志学术研讨会，组织开展港澳青少年国情地情教育活动，组织港澳同胞到内地开展寻根活动等多种形式，推动港澳地方志编修和地方志事业的可持续发展。

香港和澳门是中国两个有着特殊历史发展记忆的特别行政区。编修香港和澳门地方志，不仅能使两地区市民更为系统地了解自己的历史文化，增强社会的凝聚力，加强对国家的认同感，而且能促进中华民族优秀文化在两地区的继承和弘扬，推动社会经济文化的发展和繁荣，因此具有重大意义和深远影响。

博大精深、源远流长的中华文化是中华民族最宝贵的精神财富，是千百年来维系中华民族的精神基础，是团结联合广大港澳同胞的重要途径。地方志作为全面系统记述自然、政治、经济、文化和社会历史与现状的资料性文献，是传承中华文明、发掘历史智慧的重要载体，是中华民族优秀文化的瑰宝。在“一国两制”方针下，港澳同胞的价值观念和思维方式与内地存在差异，但同根文化深深植根于中华传统文化的土壤中。在新的历史时期，如何更好地弘扬中华传统文化，传承好编修地方志这一古老的文化传统，使其实现新的价值，在推进广大港澳同胞的团结，增强中华民族向心力和凝聚力方面发挥更好的作用，值得我们深入思考。

地方志信息化建设与新型智库建设报告

谭 浩 韩 旭

提 要：以全国地方志信息化建设现状为切入点，对地情网站、地情资料数据库、业务信息系统、新媒体和信息化制度等建设方面进行系统梳理，从中找出目前存在的共性问题。同时，结合大数据的概念和特征，对地方志未来新型智库建设的几种模式进行深入的剖析和比较，选取出适合地方志事业发展的操作方式，并对其实际的应用给予展望。

关键词：地方志　信息化建设　大数据　地方志新型智库

地方志是传承中华文明、发掘历史智慧的重要载体。在中华传统文化中，地方志具有独特的魅力，是最具有民族特征的标志性传统文化形式之一。地方志所记载的内容纵横古今，横陈百科，在存史、资政、育人方面起着不可替代的积极作用。随着信息时代的全面到来，信息化等高科技手段为这种古老的传统文化注入了新的活力，使之具有丰富多彩的表现形式，更好地融入社会生活的各个方面。地方志信息化建设起步于20世纪90年代末，2006年随着《地方志工作条例》的颁布，各级地方志机构信息化建设有了长足进步。2010年以后，信息化社会飞速发展，各级政府越来越重视地方志信息化建设工作，尤其是在《规划纲要》《全国地方志信息化发展规划（2016—2020年）》深入贯彻落实之际，更是推动地方志信息化建设迈入了新的台阶，实现了快速发展，取得了较大成绩。

一、地方志信息化建设现状

（一）地情网站群建设覆盖面逐步扩大

地情网站群是地方志信息化的基础工作，经过十余年的建设发展，覆盖面逐步扩大。根据中指办发布的统计数据显示，截止到2016年12月底，全国省级地方志机构网站有28个，除重庆、西藏、青海和宁夏四个省（自治区、直辖市）外，其余均已建设。市级地方志机构网站250多个个，县级地方志机构网站约900个。较上一年度同期增长约6%。

省级地方志机构中，较早建立地情网站的机构，如山东、黑龙江、吉林、上海、北京、内蒙古、浙江等，大多对网站进行数次改版，栏目内容更加丰富，形式更加新颖，访问量也逐步增多。山东省情网历经六次改版，充分借助图文视频、3D动画、电子地图等多种信息技术，现栏目设置452个，信息资料33000余篇，日访问量3000多人次。黑龙江省的中国龙志网于2012年进行改版，采用"多主页、快速通道"的交互页面设计思路，下设龙江要闻等近30个子栏目。北京市的京网历经三次改版，现设有修志工作、史地风物、多媒体和互动交流四大板块共86个栏目。上海通网站历经两次改版，网站资料逐步丰富，影响面不断加强，在上海世博会召开之际还开辟了英文栏目。内蒙古区情网历经三次改版，现设有栏目68个，同时结合内蒙古民族特色，着手打造内蒙古区情网蒙文版。

近些年建设的省级地情网站，如陕西、广东、福建、湖北、新疆等，起点较高，栏目设置更好地结合地域特色资源，发展迅速，社会影响力迅速扩大，取得了很好的成绩。如福建省情网设立闽台姓氏、妈祖文化、船政文化等特色栏目，深受社会各界的欢迎。湖北方志网结合"千湖之省"的美誉，开辟了千湖竞秀栏目，图文并茂地介绍湖北省的湖泊，获得一致好评。

地方志网站群的建设能够共享一个区域的地方志资源，使之最大化地向社会各界宣传普及地方志文化，进一步提高地方志的开发利用水平。近些年来部分省市的市、县级地方志机构网站有了长足的进步。广东省以广东省情网为龙头，建设覆盖省、市、县三级地方志机构的地情网站群，覆盖率达到100%。2016年1月14日，中国地情网开通，实现了国家、省、市、县四级地情网站互联，2016 年 1 月 14 日，广东省东莞市大朗镇情网和大朗镇村情网的成功开通，实现了自上而下的六级互联，真正体现了“一网网天下，深情满人间”的理念。

（二）地情资料数据库（数字方志馆）建设规模快速扩容

地情资料数据库建设是地方志信息化的核心，随着全国地方志各级机构加快志书、年鉴，以及其他地情资料的编纂速度，越来越多的地方志资源实现数字化并入库上网，为社会各界提供最权威准确的地方志资料，供社会各阶层参考决策使用。目前省级的地情资料数据库，资料量均过亿字。据不完全统计，截至 2016 年 4 月，省级地方志机构已建成 22 个地情资料数据库。更有部分省、市、县三级地方志机构地情资料库统一标准，共享互联，资料量能够达到数十亿字，是当之无愧的海量数据资源。如山东省实现省、市、县三级地情资料库数据的规范统一，目前已录入三级地方史志资料文献 219 部，入库资料 20 亿字。广东省各级地情资料库入库志鉴、史料等地方文献近 1500 册，总字数达到 12 亿字。陕西省与百度公司启动百度百科词条和陕西数字方志馆的建设，并于 2015 年 4 月 7 日正式上线运行。

随着各地方志馆的建设落成，数字方志馆的建设也得到逐步加强。数字方志馆是利用网络技术、信息技术和多媒体技术等现代技术，在网络上建设的一种虚拟方志馆。它具有数字性、存储性、开放性和高效性等特点，弥补了空间距离等障碍，为社会读者提供更加便捷的服务。目前部分省市对数字方志馆进行了尝试性的建设。北京市数字方志馆于 2013 年 5 月正式上线运行。网站建设围绕北京市方志馆“三个中心，一个基地”的功能定位，有别于一般的政府网站，主要向社会大众提供海量的北京地情资料，包括古籍、志书、年鉴、地情书、期刊、图片等资料，同时服务于北京市方志馆的展示和交流，为北京市方志馆走进社会提供一扇窗口。数字方志馆栏目设置分为数字资源、特色专题、资讯动态和服务推荐四个板块。其中数字资源分为古籍库、志书库、年鉴库、地情资料库、影音库和图片库，目前共入库地情资料 700 余部，图片资料 1000 余张，视频资料 30 余部，总字数近 5 亿字；特色专题设立王府、庙会、大栅栏、老字号等专题，展示北京的民俗风情；资讯动态设立馆内动态、通知公告、机构设置、领导简介等栏目，向社会反映方志馆的工作风采；服务推荐设立在线预约、入馆指南、馆藏查询、路线查询、网上展厅等栏目，其中网上展厅栏目已经制作上传北京地情展、毕业证书展、科技展和老北京民俗展等9个展览，提供全景交互的网上展厅模式，成为社会大众了解认知方志馆的服务平台。除此之外，内蒙古、河南、湖南等省（自治区）正在或者打算下一步进行建设数字方志馆。

地方志资料中拥有海量权威准确的数据资源，涉及社会的各个行业。将这些数据资源进行更深层次的挖掘，重新加工整理，形成一些有特色专题的地情资料数据库，将大大提高地方志的资源利用度。北京市尝试进行了北京历史统计数据库的建设。数据库根据事先设定好的属性从志书中采集统计数据，再进行分类加工，从而生成具有连续性的统计报表和统计图表。目前数据库主要收录了新中国成立前的统计数据数万条，从而为一些社会研究者提供基础性的数据支持，供其研究决策使用。

（三）地方志业务信息系统建设加速推进

地方志业务信息系统主要是指集地情资料收集、存贮、加工、整理、编辑、查询和服务等功能的综合性系统，主要包括了志鉴协同编纂系统、方志馆业务系统、内部办公自动化系统等。经过数年的建设探索，部分省市取得了一定的成绩和经验。

上海市于2010年开始建设上海市地情资料库系统，这是一个网络化的地方志网上协同修志和资料开发利用的数据库平台系统，可以切实提高志书编纂工作效率，缩短工作周期，提升工作质量。其下属的闵行、金山等区开发了具有数据存储、在线编纂等功能的区情资料库系统，基本实现了从修志编鉴源头的数据收集保存，到志书出版后内容全文发布的全流程地方志资料管理。浙江省于2013年建设《浙江通志》在线编纂信息系统，实现了在线资料收集管理、自动化资料长编编辑、志稿编辑、实时进度目标管理及系统管理等功能，极大地方便了《浙江通志》的编纂工作。系统上线3年以来，约有2400余用户在系统上进行通志编纂工作，收录的资料数据超过6亿字。内蒙古、吉林等省（自治区）建设了年鉴在线编纂系统，在网上实现了年鉴编纂的全流程，极大地提高了工作效率。

方志馆业务系统主要服务于方志馆的运行发展，业务系统的建设既满足了自身办公的硬件需要，同时也利用方志馆这一平台，最大限度地集收集、保管、阅览、编纂、研究、咨询、展示、交流于一体，使方志馆成为传播地情文化、服务社会公众的标志性文化设施。北京市方志馆于2012年开始建设方志馆业务信息系统，先后建设完成局域网络系统、图书管理系统、地情资料管理系统、图片管理系统等。经过三年多的上线运行，图书管理系统收录馆藏图书5.1万册，地情资料管理系统收录业务资料和年报资料7860卷，图片管理系统收录图片资料6.7万张。江西省方志馆结合自身特点，建设了图书管理系统、读者查询系统、电子阅览室查询等业务系统，具有图书管理、读者触摸屏自助查询和电子阅览区阅览古籍等功能，实现了从人工操作到机器操作的转变，从单机操作向网络化应用的转变，极大提高了方志馆的工作效率和质量，提升了社会读者的满意度。

（四）地方志新媒体矩阵逐步加强

近些年来，随着移动互联水平的大幅提高，地方志信息化建设也逐步向一个崭新的领域跨进。各级地方志工作机构主办的微博、微信、手机客户端、手机网站，以及影像视频等新媒体形式不断地涌现，给地方志信息化建设注入了新的生机和活力。

微信作为目前主流的社交媒体软件，许多省市都创办了微信公众号（订阅号）。2015年7月1日，中指办的“方志中国”微信公众号开通试运行，在此带领下，北京、吉林、上海、福建、江西、山东、河南、湖北、广东、宁夏和新疆等省市自治区也纷纷开通了微信公众号（订阅号），其中上海市的8个区县也分别开通了微信公众号，以新媒体的方式扩大地方志的影响力。

手机地情网站和手机客户端，可以让社会用户随时随地去查找和利用地方志信息资料，使地方志能够更加贴近百姓的生活。近些年来，部分省市在此领域取得了一定的成绩。山东省开通手机版的山东省情网、省情资料库和地情电子书，方便社会各界获取信息。广东省情手机网开通一年来，社会各界的访问量突破了200万次。广西依托政府公众信息服务平台“魅力广西App”建成广西地情移动传播平台，率先探索地方志资源的移动化和智能化，打造传播广西、宣传广西的移动名片。

利用影像视频的多媒体手段，记录宣传地方志文化，成为补充地方志展现形式，扩大地方志影响力的新途径。北京市于2015年建设了专业的视频演播室，集视频拍摄、编辑、制作和管理等功能于一体，先后拍摄了《房山古塔》、《通州运河号子》（上、下）、《延庆古壁画》（上、下）、《百年天桥》（上、下）、《房山花会》（上、下）、《密云河西村》（上、下）、《志者心声》等一系列共计23部地情资料片，这些片子全部在京网上播出，获得社会各界的一致好评。广西组织编纂拍摄了《广西古建筑志》《广西名胜志》《广西节庆志》《广西名吃志》的一系列地情影像志，其中《广西古建筑志》荣获第四届中华优秀出版物奖音像出版物奖，这也是广西首次荣获此项全国性大奖。江苏拍摄制作视频片《方志之乡——江苏》，制作专题故事片《惠山泥人》《明城墙》等7个动画故事片，将志书中记载的资料用生动的故事形式播出，使老百姓更加喜闻乐见。

（五）地方志信息化制度逐步健全

2016年9月，中指组正式印发《全国地方志信息化发展规划（2016—2020年）》，规划中对未来几年全国信息化发展的目标、建设内容、工作任务等方面均作出了明确的要求，对全国地方志信息化建设全面发展有着重大的意义和作用。北京、内蒙古、吉林、黑龙江、上海、山东、贵州、陕西、新疆等省（市、区）也出台了一系列关于信息化建设的规章制度，涉及网络管理、网络安全、信息报送、数字化标准等方方面面，确保信息化建设工作有据可依，有章可循，推进信息化建设工作科学、规范、有序地进行。

二、信息化建设存在的主要问题

近些年来，虽然地方志信息化建设取得了辉煌成绩，发挥的作用和影响力也是与日俱增，但也要清醒地认识到，与其他先进的行业，尤其是在大数据时代背景下的应用创新相比，地方志信息化在一些方面还是存在需要改进和不足的地方。

（一）移动终端应用（App）建设不足

如今社会移动领域建设飞速发展，人们已经逐渐习惯在移动终端上阅览信息、沟通社交、在线购物等，这种“快餐式”的生活方式，彻底改变了传统的交流模式，完全融入社会生活的各个领域。地方志信息化建设经过十余年的建设，在普通电脑网络数据库建设上取得了丰富成绩，但在移动领域信息化建设上与其他行业还存在明显的差距。截至2016年底，只有广西、平顶山市等少数地方志工作机构建设了移动终端的应用，多数省级地方志机构只在移动终端上建立了微信平台或者是手机版的地情库，尚无建设应用的构想。地方志移动终端的应用与手机地情网站有很大的区别，除了具有地情资料库的查阅功能外，能够结合社会兴趣点，建设具有地方特色的专题应用，如北京的胡同、北京的老字号等，更可以针对不同的年龄段，制作出各具特色的应用，吸引社会各年龄段人群去关注关心地方志事业发展，使地方志真正能够走入到社会百姓的生活中去。

（二）“互联网 + 地方志”模式有待提高

“互联网 +”是互联网思维的进一步实践成果，推动经济形态不断地发生演变，从而带动社会经济实体的生命力，为改革、创新、发展提供广阔的网络平台。通俗地说，“互联网 +”就是“互联网 + 各个传统行业”，但这并不是简单的两者相加，而是利用信息通信技术以及互联网平台，让互联网与传统行业进行深度融合，创造新的发展生态。可见“互联网 + 地方志”就是通过信息技术手段，让互联网与地方志行业进行深度融合，从而切实提高地方志的资源利用程度。近些年来，部分省市对这种模式进行了有益的摸索，如建设网上协同编纂系统、年鉴编纂系统等，很好地推进了志鉴编纂的效率。但随着方志馆在各地的普遍建立，“互联网 + 地方志”可以进行更深层次的探索，实现类似于“线上和线下”的模式。通过信息通讯等线上技术手段，将各地的数字方志馆形成集群，制作一些能够深入社会生活的优秀应用，从线上吸引更多的人走入方志馆去探究地方志文化，形成线上和线下的良好互动，提升“互联网 + 地方志”的发展水平。

（三）数据库建设模式稍显单一

目前，全国各省市地方志机构建立的地情资料库，大多是采取全文检索的方式，查询者通过完全或模糊的字段来查询地情资料，从而反馈匹配的地方志资料。这种查询方式的优点是简单明了，但缺点也是显而易见的，需要查询者从大量的反馈结果中筛选需要的内容，精准度欠佳，也不能完美地体出现地方志的资政功能。随着大数据和云计算时代的到来，通过高科技信息手段可以对更多的数据进行获取、存储、管理和分析，形成更有针对性的信息专题。地方志资料中存有海量的数据资料，这些历史上的资料可以通过采集、分析等处理手段，形成有一定特色的专题数据库，为现实乃至以后的社会发展提供一定的科学依据，揭示某一行业的特征或是历史发展脉络，从而真正实现地方志为社会各阶层提供参考决策的可能。地方志新型智库的建设将弥补当前数据库模式相对单一的不足，也是本文后面将进行深入探讨的内容。

三、新型智库建设分析

地方志新型智库有别于传统的全文检索数据库，其主要功能是更好地为社会决策者提供决策服务，数据库建设也必然更加智能化、人性化和便捷化。新型智库是大数据时代的必然产物，目前地方志信息化建设领域对此尚无太深的理论研究和实践应用。结合其他行业的应用经验，大致可以给出的定义是一种使用了分布式处理机制，在降低成本的同时又能高效处理大数据架构的基础上，通过基于数据仓库概念构建的新型数据存储模式。这种新型模式支持多样的数据格式，能对复杂的数据进行交叉、对比和深度挖掘，既能为开发者提供透明的数据管理平台，也能为使用者提供多维度、多角度的自助即席、迭代分析能力，可以为各行业决策提供智能的数据分析，可以为地方志事业可持续性发展提供强有力的数据支撑。

（一）大数据时代给新型智库建设提供了基础保障

从传统的数据存储到现在流行的大数据存储，数据的存储模式发生了翻天覆地的改变。随着移动设备和物联网的发展，数据来源也变得多样化。传统行业的数据也随之发生改变，数据不再简单局限于交互数据，而逐步向图片、视频、记录用户行为等方面发展，服务器端的数据量更是在不断膨胀，现有传统的数据存储模式已经不能适应这种大数据量的存储和分析，大数据的概念才逐步产生。大数据总体可以归纳为一种规模大到在获取、存储、管理和分析等方面大大超出了传统数据库软件能力范围的数据集合，具有海量的数据规模、快速的数据流转、多样的数据类型和价值密度低四大特征。因此，大数据主要的四大特征为 Volume（大量）、Velocity（高速）、Variety（多样）和 Value（价值）。从上述几个特征描述可以看出，大数据并不是一部分数据样本，而是关于某个现象的所有数据，它通过汇集庞大的、价值密度较低的、各类型数据的集合，从中进行分析，生成一种具有较高价值的数据。

地方志数据资源特点是总量庞大，涉及社会政治、经济、文化等方方面面，数据存储类型包括图书、图片、影像等多样化，这些都符合了大数据的主要特征，因为大数据时代的到来给地方志新型智库建设提供了重要的基础保障。

（二）地方志数据资源的发展成为新型智库建设的有力推手

近些年来，随着多媒体形式的地情资料的不断涌现，地方志的数据资源有了海量增长。以北京市的京网为例，最初网站以记录一些地情资料、网站信息为主，存储在传统的关系型数据库中，这些数据都是以结构化数据为主体，包括了通过对纸质志书或电子数据加工和处理后的数字化志书。随着北京市方志馆的建成使用，地方志业务量不断扩大，数据量和展现形式也逐步发生改变，出现了大量非结构化数据，如古籍、音视频、图片等，使原有的结构化数据存储无法满足现有非结构化数据的管理，因此出现了北京市数字方志馆这种以结构化数据存储为主、非结构化存储为辅的方式来对数据进行管理，即对基础常规数据使用传统的关系型数据库管理，对非结构化数据使用全文检索数据库进行管理。这种混合的方式适合数据相对孤立，数据增长缓慢的数据形式。

随着虚拟网络时代的来临，地方志的内容也可能不再局限于对本区域内传统行业的数据采集，或许会对其他区域或非传统行业数据进行采集，同时，对采集到的数据进行整理、分析和对比，对数据进行深层次挖掘，为社会各界提供有价值、有依据的决策性数据，这样才使地方志的数据资源价值得以更好地体现，也符合“大数据”四大特征中的“价值”特征。这样就要求对数据的存储形式更加多样化，对这种非结构化以至于半结构化的数据

（一般是指自描述的，数据的结构和内容混在一起，没有固定数据结构的数据）进行管理和分析。然而传统的关系型数据库无法存储和管理这类数据，因此需要一种更为先进、更为适用的新型存储模式来满足未来对数据存储的需求。

（三）新型存储模式为新型智库建设提供了重要支撑

目前地方志数据大多数都是传统的关系型数据库存储，很难为使用者提供自助的即席、迭代分析能力，因此编纂人员在编写志书时都要手动翻阅之前的志书来查找所需要的内容，很难从现有的关系型数据库中直接获取到想要的分析或统计数据。同时，全国各地的地方志数据中心相互独立，没有共享，导致数据资源无法提供大范围的、相对全面的决策性数据，缺少对整个事业发展研究的数据支撑。通过对业务人员、自身区域性以及社会公众的需求分析来看，现有的关系型存储很难再适合地方志面临大数据时代发展的需求，需要设计一种新型的数据存储模式来改善这种需求矛盾，更好地利用地方志数据资源。

在大数据之前，很多大型企业如银行、保险公司等都花费了大量资金建立了自己的企业级数据仓库。这些数据仓库主要是为企业决策者提供一些企业的关键指标数据，跟地方志新型智库实现的功能有异曲同工的作用。只是之前的传统数据模式都较为落后，对于一些复杂的数据应用，如挖掘和检索并不适用。目前地方志存储体系信息化水平发展不高，根本就没有经历过数据仓库模式，如何选择较为适合的数据存储应用就显得尤为重要。当前几种大数据存储模式，分别是采用分布式架构模式（MPP）的新型数据库集群、围绕结合分布式架构（Hadoop）衍生出的相关大数据技术，以及大数据一体机等。结合地方志自身行业特点以及大数据存储概念，典型传统的数据仓库要处理和分析大量复杂的数据时，要求存储系统具有很高的数据处理能力，并且需要提供足够的带宽与之匹配，这种方式硬件要求较高且后期的扩展空间很小。而新型的大规模并行数据处理架构（MPP 架构）采用分布式模式处理数据请求，完全适合大而复杂的结构化数据并发处理机制，结合分布式架构（Hadoop）来实现半结构化、非结构化数据处理，可以同时满足结构化、半结构化和非结构化数据的处理要求。因此，两者结合构成的新型数据存储形式可以支撑地方志新型智库未来数据的发展（图 1）。

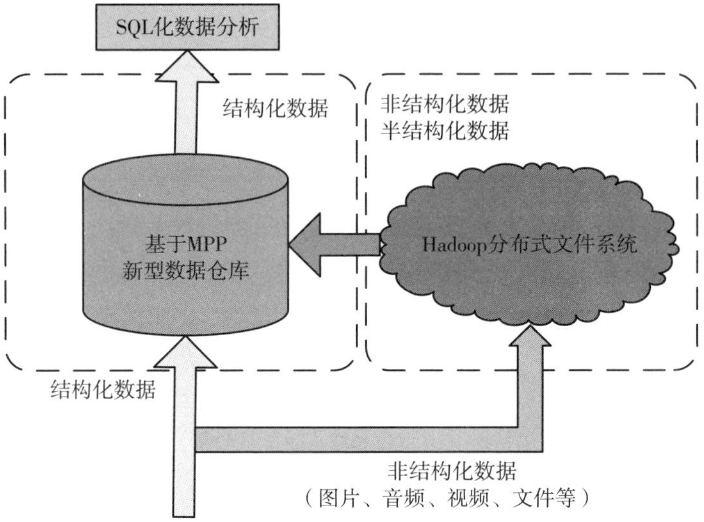

图 1　新型智库储存模式示意图

四、新型智库建设应用展望

新型智库的建设，将为地方志事业的可持续性发展提供可靠的技术支撑。未来在方志云服务平台、移动终端、物联网技术等方面的应用将引领地方志的开发利用工作进入一个新的时代。

（一）方志云服务平台

将国家、省、市、县等各级地方志机构的数据资源组建一个庞大的云服务平台，基于该平台可以实现全国或区域性的志鉴编纂工作。同时构建全国或区域性的数据中心，并对数据进行集中整合处理，为地方志事业可持续发展提供共享数据，为社会各级决策者提供决策分析数据（图 2）。

（二）移动终端应用

地方志移动终端应用可以从新型数据存储中实时获取所需的地情资料，随时随地为社会用户提供一个区域内的地情信息。用户获取到的不仅有名胜古

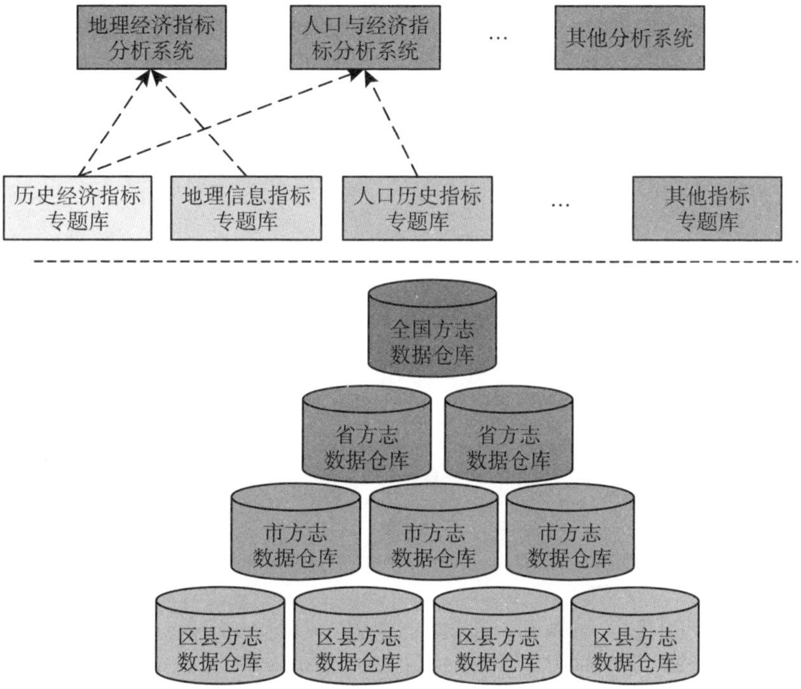

图 2　方志云平台示意图

迹、民俗文化等热点信息，还能通晓该区域的历史传承和发展脉络，这样使地方志真正为当地的社会经济发展起到宣传促进作用（图 3）。

图 3　移动终端应用示意图

（三）物联网应用

物联网是新一代信息技术的重要组成部分，也是信息化时代的重要发展阶段。顾名思义，物联网就是物物相连的互联网。物联网通过智能感知、识别技术与普适计算等通信感知技术，广泛应用于网络的融合中。地方志与物联网应用技术的结合，主要体现在通过地理定位或在城市的热门地区设置一些射频标签，从而使用户可以实时的从移动终端接收到地方志数据信息，这些信息全部来源于新型智库的数据仓库中。这项应用还可以尝试在方志馆展馆自助导航系统中使用（图 4）。

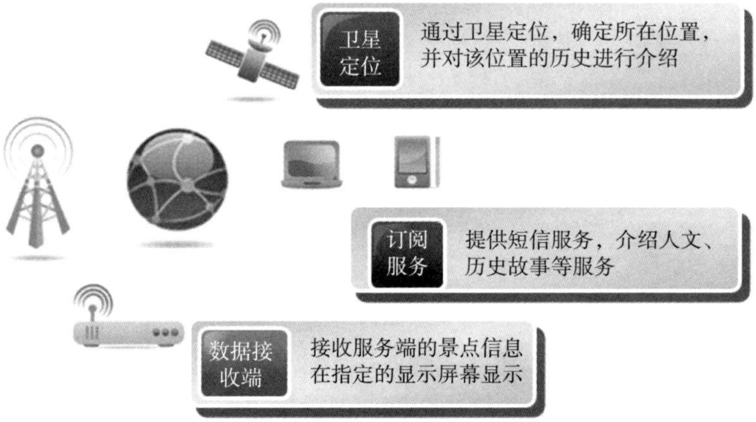

图 4 物联网应用示意图

全国方志馆建设与运行管理报告

潘捷军　吕克军

提　要：近两年，按照《规划纲要》部署要求，在中指办《方志馆建设规定（试行）》指导下，全国方志馆建设事业发展迅猛。仅 2016 年短短一年中，各级各类新方志馆相继落成开放，并在建筑设计、展览活动和现代化技术运用上等各方面多有创新，同时方志馆学术组织建设和理论研究也取得了新进展。

关键词：方志馆　建设发展　运行管理

党的十八大报告指出，要“继续推动公共文化服务设施向社会免费开放。建设优秀传统文化传承体系，弘扬中华优秀传统文化”。2015 年，国务院办公厅印发的《规划纲要》，也明确指出“方志馆建设比较滞后”，并要求要进一步“加强信息化和方志馆建设”，以更好“发挥地方志资源在地方公共文化资源在地方公共文化服务中的重要作用”。这都对全国各地的方志馆建设起到了重要的推动作用。近年来，全国各地方志馆建设过程中，建筑样式百花齐放，展示陈列方式多有创新，建筑和展陈技术运用日趋现代化，为推动全国地方志事业的发展和社会主义文化大繁荣作出了积极贡献。本文对近年来特别是 2016 年当年全国方志馆的建设和运行管理情况作了较为系统的梳理。

一、全国方志馆建设及运行管理现状

近两年，全国各级方志馆蓬勃发展，蔚然大观。2015 年 8 月《规划纲要》

颁布时，据统计“全国已建成国家方志馆 1 个、省级馆 15 个、市级馆 60 多个、县级馆近 200 个。”截至 2016 年 12 月底，全国已有各级方志馆 400 余个，其中国家方志馆 1 个、省级方志馆 17 个、市级方志馆 100 个、县级方志馆 349 余个[①]。其中省级馆增加了 2 个，市级馆增加了 30 多个，县级馆增加了 100 多个。

（一）国家方志馆开馆并积极推进分馆建设

2016 年 5 月，国家数字方志馆揭牌暨“方志中国”展览开展仪式在国家方志馆举行。10 月 31 日，中国社科院院长、中指组组长王伟光，中国社科院副院长、中指组常务副组长李培林对国家方志馆“魅力中国”展览设计方案进行审查，方案经审查顺利通过，标志着展览进入实施阶段。“魅力中国”展览分为锦绣山河、悠久历史、今日辉煌、走向未来四个主题，集中展示中国国情特色，重点记录改革开放之后中国特色社会主义建设的辉煌成就和中华民族实现伟大复兴中国梦的奋斗历程，宣传中国“魅力”，讲好中国故事。同时，国家方志馆还通过购买《国家图书馆藏地方志珍本丛刊》《中国稀见地方史料集成》等大型图书，以及接受单位和个人捐赠等方式，完成了 1 万多种约 2 万册志鉴等资料文献的入库工作。

中指办和国家方志馆还积极开展了对全国各地方志馆建馆与运行管理的指导工作。继 2014 年 2 月国家方志馆秦皇岛分馆揭牌之后，国家方志馆黄河分馆和长江分馆也在积极筹备中。2016 年 10 月，召开了黄河分馆展览大纲研讨会，经过认真研讨，到会专家在深入分析、研究了东营地情和黄河文化后，普遍认为大纲主题突出、内容丰富、形式多样、结构合理。同时，国家方志馆长江分馆进展顺利，该馆建在长江经济带重要节点城市铜陵市。国家方志馆长江分馆的建设，有助于传承长江文明，弘扬长江文化，促进地区发展。

（二）省级方志馆建设与指导管理工作

近年来有关省（自治区、直辖市）方志馆建设方兴未艾，各种活动亮点纷呈。

---

① 据中指办《全国地方志系统网站、网页建设和方志馆建设情况统计表》

北京市方志馆自建成开放以来，活动持续频繁，观众络绎不绝，2016 年新举办了“侯仁之眼中的北京古都”等 3 期专题展览，拍摄了“通州中仓”等影像视频，进一步增强了方志馆的吸引力，全年共接待观众 100 多批近 10000 人次。

山东省 2016 年在方志馆建设和管理事业上又有新手笔。一是省馆面向社会开展馆标征集等活动，进一步丰富内涵，扩大影响；二是召开全省方志馆建设工作会议，力求推进全省建馆“全覆盖”；三是会同有关部门联建，以实现资源共享，优势互补；四是积极指导青岛、东营等市、县级方志馆建设。

广东省馆正在进行 4000 平方米的省情展厅布展，以省情概况和“四地”（岭南文化集中地、海洋文明重要发祥地、民主革命策源地和改革开放先行地）为主要内容，2015 年 12 月正式开放。2016 年 12 月，该馆还为参加全国第一次方志工作经验交流会暨省级方志机构主任年度工作会议的代表举办了专场展示，受到一致好评。

另外，在 2016 年短短一年时间里，海南史志馆已封顶并转入后期安装装修及布展工作；吉林省新馆建设方案已经省发改委批复，现已立项并正在编制可研性报告；黑龙江省方志馆已重新设计布展并对外开展；湖南省启动“数字方志馆”工程；湖北省在启动省馆改造的同时，积极推进市县建馆工作；重庆市方志馆 2015 年开工后，正在积极建设过程中；四川省方志馆（国学馆）可研报告已通过专家评审和财评等。

（三）市、县方志馆建设发展情况

近两年来，全国又有 30 多座市级方志馆、100 多座县级方志馆相继建成，同时更多的正在积极推进过程中。2016 年，不少方志馆精彩亮相后，展览活动持续不断。

2016 年 5 月 17 日，经过两年多筹备兴建的广州市地方志新馆正式宣布开馆。该馆位于广州天河国际会展中心，占地 1.26 万平方米，包括管理用房 2643 平方米，地情展厅 6603 平方米，馆藏书库 1225 平方米，同时还拥有 4D 影厅、报告厅等多功能场所。全部展览包括序厅、“方志中国”、“方志广州”、“广州千年大事长廊”、“广州之最”等十分丰富的内容板块。其中突出的市情展览便有“区情纵览”、“城：千年羊城 南国明珠”、“商：海丝大港 商都传奇”、

“政：革命策源 改革先行”、“人：人才汇聚 务实创新”、“水：云山珠水 锦绣花城”、“文：文化名城 引领风华”和“珠三角及泛珠三角视窗”等八个方面内容。整个展馆既展出了历代志书、年鉴等大量方志成果，又充分采用了最新的现代化多媒体新技术，既突出了方志主题，又突显了地情特色，充分展示了其地情展示、教育、文献、编纂、影音和服务等六大核心功能，是社会各界全面了解广州、解读珠三角及泛珠三角城市未来的重要窗口，也是全国方志馆建设新水平的重要标志。

《长春市方志馆（道台衙门博物馆）建设工作总体方案》2014 年 7 月确定后，市政府确定建馆投资为 8000 万元，现该馆已完成项目立项、可研和审批等工作，建馆各项工作加紧推进，力求打造全省乃至东北地区的样板。

杭州市方志馆于 2016 年 6 月正式开馆。该馆分设概览、山水、政治、人物、文化、经济、社会、方志等 8 个展厅，占地面积 2900 平方米，其中展陈面积约 1100 平方米。杭州市方志馆成为一个园林景观与文化元素相融合、杭州特色与方志特色相融合、文化品读与游览观光相融合的特色展馆。

深圳市方志馆于 2015 年正式揭牌，2016 年该馆将深圳市史志信息化项目（数字方志馆）和方志馆布展项目一起打包向市发改委等部门申请立项，信息化项目（数字方志馆）包括地情数据分中心、网站迁移、图书管理系统、方志在线编辑、信息检索系统、馆务管理系统、移动信息发布平台等。当年该馆还收到社会各界文献等捐赠品共 1.2 万件，并启动了改革开放时期口述史的记录和整理工作。当年该馆文献阅览室正式开放，同时全馆布展和数字化方志馆也在积极推动中。

成都市和所辖区（县、市）数字方志馆建设特点鲜明，成效显著，全市 11 个区（市、县）初步建成数字方志馆或地情网页。成都市方志馆按成都概览、地域文化、杰出人物、方志成都、多媒体阅览等五个主体功能区加快布展进度；内江、南充等一批市县级馆也积极建设中。

宁波市正式确定了方志馆（党史馆）的选址方案。市政府专门召集市有关部门进行专题协调，明确选址地点、移交时间、建设资金、机构挂牌等主要问题，筹建工作取得突破性进展。该馆位于老外滩历史文化街区，场馆为独栋四层建筑，建筑面积 6700 平方米，其建筑体量、空间格局等基本符合展列需求。经反复研究比对方案，现该馆已进入后期布展阶段。

山东东营市方志馆获批加挂国家方志馆黄河分馆之后，市委市政府高度重视，全市上下将其视为第一个“国字号”文化工程，按国家性、方志性、黄河性和东营性“四性”要求和全国方志馆样板、沿黄文化标志、东营文化名片、重要爱国主义基地等“四位一体”的目标定位，全馆建筑面积超过2万平方米，仅装饰和布展工程投资就达1.3亿元。2016年该馆建设筹备工作已全部就位，力争于2017年建成开放。

湖南浏阳市方志馆利用新建的市综合档案馆，在长沙市地方志系统率先挂牌。馆内设有地方志专用库房、地方志资料室，以地方志、档案为主的《浏阳记忆》展厅面积1200平方米。2016年8月26日，长沙市在浏阳召开全市方志馆建设调研座谈会。会议总结浏阳市方志馆建设经验，号召在长沙地区推广与档案馆合一的“浏阳模式”。

沈阳市康平县地方史志馆2016年已正式开馆。该馆和博物馆同建，展示各历史时期图照272幅，文字资料3万字，各类表格12张。主要内容有康平政区概况、自然概况、境域区划、人口民族、建置沿革等。其中建置沿革用“史海踪迹”“设县初期”“烽火岁月”“风雨历程”“盛世春秋”五个单元，分别介绍康平各历史时期沿革概况、重大事件和著名人物等。同时，馆内展示了县志办编辑出版与收藏的方志类、地情类、文史资料类书籍2000余册。

福建泉州市泉港区将区方志馆布馆工程列为全区2015年5项为民办实事文化公共设施项目之一，该馆初步规划泉港发展演示区、谱牒展示区、名人文化区、家训展示区、志书文献区、著作资料区、方志沙龙区等7个功能区，布馆面积2107平方米。

（四）乡镇方志馆、专业方志馆发展概况

近两年乡镇方志馆、专业方志馆蓬勃发展，成为方志馆建设中的一个可喜现象。

2016年6月，北京市朝阳区豆各庄乡乡情博物馆开馆。该馆筹建于2014年，占地面积1700平方米，分为“历史沿革，辖区建制”“文物众多，古迹遗存”“发展农业，夯实基础”“多种经营，发展经济”“把握机遇，乡村巨变”和“以人为本，注重民生”六个展厅。

2015年11月东莞市大朗镇方志馆揭牌成立。该馆为档案馆、展览馆、艺术

馆、方志馆“四馆合一”格局，总建筑面积近1万平方米，馆藏数量超过7万件，其中方志馆面积约1500平方米，集收集、保管、阅览、编纂、研究、咨询、展示、交流于一体，设有藏书区、展示区、服务区、编研区，收藏东莞市地方志和大朗镇志、村志、年鉴、族谱等地情文献总计7000多册，同时设有“数字方志”库。此外，广东省东莞市南城街道还建成了全省第一个街道方志馆。

近两年，按照全军军史馆会议精神和武警部队政治工作信息化建设三年规划，全军和武警部队积极推进实体史馆和网上史馆一体化建设。指导大单位制定年度建设计划，确定建设项目。落实逐级审查把关制度，确保建设质量，逐步增加网上警史馆在全军政工网发布的数量；对各单位警史场馆建设情况进行通报，督导部队加大警史场馆建设力度，史志馆建设取得较大进展。

二、推动全国方志馆发展中的重要举措

一是《规划纲要》及各省制定的“地方志事业发展纲要”或实施方案都明确把方志馆建设作为下一步发展目标。这意味着在2015至2020年内，方志馆建设将迎来发展的重要战略机遇期。按《规划纲要》总要求，中指办制定出台《方志馆建设规定（试行）》，对方志馆规模分级与项目构成，方志馆选址、总建筑面积和分项面积，总体布局与建设要求，建筑设备等作出规定。该规定的颁布实施，将促进全国方志馆建设事业的健康发展。

二是2016年9月10日，中国地方志学会方志馆研究会正式成立，第一次会员代表大会在江西省景德镇市召开。会员代表大会表决通过《中国地方志学会方志馆研究会规程（草案）》《中国地方志学会方志馆研究会会员登记办法》《中国地方志学会方志馆研究会理事会理事、常务理事、会长、副会长、秘书长、副秘书长产生办法（草案）》，产生了方志馆研究会第一届理事会，共有理事94名。一届一次理事会选举产生常务理事42名。

三是围绕方志馆建设的理论研究有新进展。2016年，由浙江省地方志办公室主任潘捷军研究员主持的国家社科基金项目《中国方志馆研究》（编号：13BTQ003），经课题组近三年努力，当年正式通过国家社科规划办组织的鉴定并获“优秀”等级（在当期230个项目中，共有13项成果获得“优秀”）。该项目系全国史志学界首次对这一问题进行系统研究，项目最终成果约40万字

的《中国方志馆》一书由中国社科院副院长、中指组常务副组长李培林作序，当年也已由方志出版社正式出版。当年，全国方志界还通过参加学会年会、发表论文、出版相关成果等方式，如曾荣的《民国通志馆述略》等多篇文章对通志馆做过介绍，对方志馆建设和运行管理进行广泛深入的研讨，从而有力促进了方志馆的建设事业和日常的运行管理。

三、方志馆建设、功能开发的经验总结和利弊分析

方志馆建设的过程十分复杂，内容涉及方方面面，作为一篇年度发展报告实难容纳如此多的内容，所以本文择取对方志馆建设中的关键环节——建筑设计和展示陈列做简要总结和分析。所选例证主要为近两年开馆或建成的各级方志馆。[①]

（一）方志馆的建筑类型、设计技术和艺术形式

1. 方志馆建筑类型总结

方志馆的外观设计如同其他综合性文化场馆的建筑设计一样没有固定模式，且随着功能的日益丰富和类型的不断发展，方志馆的外观设计也会呈现多样化发展趋势。回顾近两年及之前方志馆的状况，可以按不同标准进行分类。

一是从选址角度可区分为新建的方志馆和改造传统建筑建设的方志馆。二是以建筑风格为标准可分为：借鉴苏联建筑经验所建的苏式建筑、借鉴西方经验所建的独具艺术色彩和人文气息的文化场馆、传统中式建筑。三是以场馆是否独立为标准可分为独立型方志馆和合建型方志馆。其他还有以行政级别为标准划分国家、省、市、县、乡级方志馆；以建筑面积为标准划分的大、中、小型方志馆等分类。本报告主要对第一种分类的方志馆进行论述，因为它涉及方志馆建设中重要的规划、选址和建筑设计问题。

新建方志馆至少具有占地面积大、资金相对充裕、方便现代化手段的运用等优势。这一类方志馆是现在全国方志馆建设的主流，全国大多数省级方志馆都是采取新建模式建设的方志馆。2015 年 12 月开馆的广东省方志馆就是这种

① 部分内容参考了潘捷军等编著:《中国方志馆》，方志出版社 2016 年 2 月版。

类型的方志馆。广东方志馆项目建设地点位于广州市天河北路“广东社科中心”项目建设用地，总建筑面积 10000 平方米。由于是新地块，“一张白纸好画最美的图画”，它规划了：广东人文历史展示厅、广东名人展示厅、省情信息检索厅、广东方志和地方文献收藏室、广东牒谱室、阅览与咨询厅、学术交流中心等主体业务用房 8000 平方米，采编部、信息部等馆务工作用房 500 平方米，志书编研室 500 平方米，以及地下室 1000 平方米。经过这样的规划，该馆十分符合地方志工作的实际需要。该馆重于“地情”和“文化”，把方志馆定位为全面宣传展示方志文化与广东省情、收藏借阅广东地情文献的文化机构。该馆主要设计了五部分功能区：一是省情馆陈列区，将历史悠久又富有时代特色的广东省情展览浓缩在3000 平方米的展厅里；二是收藏区，全面搜集地情文献及文物；三是资料查阅区，利用网络技术着力打造数字方志馆，向广大人民群众宣传普及广东省情和地方志文化；四是研究区域；五是交流区域，打造省级地方志服务公共文化机构，对内与各地方志馆、图书馆、博物馆、文化馆进行业务交流，对外向社会各界及海外传播方志文化。同样由于是新建场馆，在外观设计上也有更广阔的设计“空间”。广东方志馆通过一个凹面型的体块塑造出一个展翅雄鹰的形象，外形现代，韵味厚重，在天河路这个广州市的重要街区初步形成一定的地标性建筑意味，也方便市民参观，有利于方志文化的传播。

利用传统建筑改造的方志馆具有自身的独特优势：一是地方志是中华民族特有的传统文化形式，方志馆则是传承这种文化的固定场所。从这个意义上看，利用传统建筑改造而成的方志馆往往与当地深厚的地域文化氛围相融合，与传统相契合，这首先是由中国传统建筑的自身固有优势所决定的。二是由于这类方志馆利用现有建筑改建，因而可免去征地拆迁等大量烦琐的事务性工作，同时也可大大节省建设成本，压缩开支，并有效提高传统建筑的利用率。三是由于这些建筑往往居于老城区一般也是该城市的中心区域，交通便利，因而十分便于群众参观。例如，杭州市就选择在地理位置优越、环境优美的胡雪岩故居附近建设方志馆。胡雪岩故居位于杭州市河坊街、大井巷历史文化保护区东部，建于清同治十一年（1872），建筑面积5800多平方米。古宅内有芝园、十三楼等亭台楼阁，从建筑到室内家具陈设，用料之考究，堪称清末中国巨商第一宅。汪宅和胡雪岩故居隔街相望，形成一体，建于清咸丰三年（1853），系原胡庆余堂账房先生汪秉衡的住宅。这座建筑现存结构由外墙、正门、入口天井、入口东厢房、主楼、后楼、副楼、东西草坪、副楼天井等几部分组成，建筑面积1100平方米，是杭州地区典型的晚清民居建筑，2000年被杭州市政府列为第三批杭州市级文物保护单位。显然，这样的传统建筑不能轻易改造，只能在不破坏其建筑结构的前提下适度改建装潢。根据这种情况，杭州市方志馆采取了古色古香、古朴典雅富有江南传统特色的设计方案，在原有建筑框架基础上进行设计布展。整个方志馆现由展示区、办公区（培训交流部、地情资料部、古籍文献部）、网络工作区、专用书库、阅览区等5个区域组成，既满足了方志馆的基本功能，又保留了这座建筑的传统风格，以力求实现建筑、空间、景观等多种因素的有机统一。

2. 建筑设计技术与艺术形式日益创新

建筑设计的技术与艺术水平是决定方志馆质量水准的先决条件，建筑设计技术与艺术水平高了，可以超越既有条件的限制，扬长避短，设计出高水准的方志馆。这一方面南京方志馆是一典型例子。

南京市方志馆系2011年市委、市政府确定的重点民生工程和文化项目。该项目与市档案馆合建，总建筑面积为41000平方米，其中方志馆约为5000平方米，总投资约3亿元。该项目位于南京河西奥体中心北面，南临梦都大街，西邻乐山路和地铁松花江站，交通便利。但该馆的馆址存在一些缺陷，主要是馆址狭窄，相邻建筑的日照要求导致建筑高度受限，同时还要考虑与相邻标志性建筑奥体中心的关系。面对上述情况，该馆在设计策略、技术手段和材料的运用上都下足了功夫：一是在设计策略上，由于限高35米，所以设计的主导方向是“向下生长”，为此设计了大尺度的下沉广场，提出了双首层的概念；下沉广场既是场馆的入口广场，也是展示的公共区域；这样不仅地面建筑的高度可以有效控制，而且削弱了实际功能位于地下空间的负面影响。二是协调与相邻地标性建筑奥体中心的关系，不挑战奥体中心的重要性，同时契合方志馆的风格定位，不采取夸张变异设计理路，把体量分为不同层次，1—6层为传统体量，7层为凹入式虚体体量，8、9层为玻璃体量，对超过24米的建筑体量进行弱化，使之和周边奥体中心更好地融合。三是在广场和主体的连接设计上注重了场地的整体性、集中性和开敞性。从地面二层到地下一层通过自动扶梯连接，同时通过绿化、景观、雕刻等方式，制造艺术上的协调一致性。四是对材料和表皮形式的选择。根据该馆需体现的文化特征和地域特征，庄重而有内涵的外在形象需要，因此在设计中选择了深色调，材质采用石材和玻璃，易和南京古城墙产生关联。顶部的外墙玻璃设计了“金陵胜景”的主体城市长卷形象，采取磨砂玻璃材质，无论白天还是黑夜都会产生不同的亮度和效果。所以，通过以上的设计手段，南京方志馆有效地化解不利条件，设计出了一座高质量的方志馆。

对体块的设计也是方志馆建筑设计的一个重要方面，体块是方志馆的三维几何造型，是方志馆建筑造型中的常见因素，大多数的场馆是通过选择创造不同形式的体块表现出其独特的艺术美感。如广西方志馆则通过一个长方体和一个正方体的结合，再加上中国印的传统因素创造出一个形象鲜明的方志馆，独具魅力，颇有特色。

（二）方志馆的功能及展陈开发

1. 方志馆的基本功能及发展趋势

方志馆的各项工作和功能都要在这个空间内进行，因此建筑设计全过程首先要从以功能划分空间入手，力求将方志馆设计成有特色、有蕴含、有灵性的建筑空间。纵观全国各地、各类方志馆，现有功能一般都包括陈列、展示、储存、收藏、借阅、电子阅览、交流、研究、办公、休闲、服务、信息、安保、水电、监控等不同功能。但这些功能并非杂乱无章的无序存在，而是分别归类于不同的功能区块，并协调一致发挥作用。在功能区的设置中其设置要合理，分区要明确，各功能区要有机联系，流线设置合理、安全。据此可将方志馆的功能分为展示陈列功能、参观服务和休闲功能、文献查借和阅读功能、管理办公功能、编研交流功能等几种类型，相应功能区也可分为展示陈列区、参观服务和休闲区、文献查借和阅读区、管理办公区、编研交流区等。

在空间设计布局上，主体功能区无疑是一座方志馆的重点与核心区块，它既是展示其建设主旨和规划理念的重要窗口，是其展览主题和特点特色的重要标志，也是外界评价这座方志馆质量水平的重要依据。主体功能区包括序厅、主要展厅、方志书库等用于展览的区块，其中地情展示区是当代新型方志馆的重要功能区。扩大面积、丰富内容并运用现代化多媒体手段充分展示地情，也是当代新型方志馆空间建筑功能规划的一个重要趋势。如新建广东省方志馆便十分注重“加强省情馆建设”，认为“省情馆作为方志馆的重要组成部分，要充分发挥展示作用，全面客观反映广东省的自然与社会、历史与现状，做到简朴大方，历史厚重，存真求是、突出特色，既要有大型综合展馆的传统型、严肃性，又要有广东的独特性和历史厚重感。”在具体设计中，广东方志馆重点设计了序厅、当代展厅。序厅先以模型展示由东北走向西南的五岭山脉，显示岭南的位置与由来；接着展现广东先民们在原始社会时期的生活场景；往下在视窗或画轴上，出现岭南原始各部落先民们渔猎采集场景，呈现从原始社会发展至氏族公社的解体，形成岭南古越族，先民们与中原楚地的文化交往等历史场景。往下依次出现诸如南越王国的建立与回归、秦汉至南朝广东郡县制的推广、中原人民的南渡、汉越杂处的民族大融合、岭南东道的设置、海上丝绸之路、南汉政权的建立与灭亡、广南东（西）路的建立等及近现代的历史场景。当代展厅重点展现中华人民共和国成立后各方面的成就，特别是改革开放后的成就。

近两年来，由于全国各地对公共文化建设日益重视，方志馆建设也普遍呈现出“新、大、综”的发展趋势，“新”即新型方志馆更注重展示综合地情和方志文化；“大”即与传统方志馆相比，以展示综合地情为主的新型方志馆一般体量大、展示空间相对也较大；“综”指综合性，即方志馆自身也日益注重打造成集地情展示、方志文化传播、志鉴编研、学术交流、管理办公，以至公众休闲等多功能为一体的综合性场所。当然，在这一总趋势影响下，并非所有的方志馆都包括以上全部功能区，在实际规划中，不同馆因其实际需求、占地面积甚至成本控制等不同因素，在功能区选择上也有不同侧重点。

2. 方志馆展陈内容开发及技术运用

首先，方志馆的展陈内容要“全面，客观，系统”展示一地的综合地情，这既是国务院《地方志工作条例》对志书编纂的基本要求，同样也是方志馆布展所应遵循的重要原则。方志馆展示的基本内容包括区域地情、地方志、历史人文、历代名人等。其次，方志馆要善于展示一地的独特形象。全面、客观、系统是对方志馆展陈内容的基本要求，一座好的方志馆善于从该地丰富的历史文化资源中，提炼出最能反映其本质特征的主体内容。这种展陈构思使人仿佛身临其境，具有十分鲜明的地域特色。最后，还以灵活多变的临展丰富充实主体展。在展区主体格局基本不动或作定期微调的同时，还有必要在馆区中留出一定的空间用于举办临时展览，作为主体展览的必要补充，以满足公众不断变化的需求，并树立方志馆常展常新的良好形象。

展陈技术的合理运用在方志馆展陈中具有重要作用。正如刘延东同志 2014 年 4 月在第五次全国地方志工作会议上所指出的："地方志应该是严谨的资料性文献，但是传播地方志的形式和方式应该是生动活泼的。"方志馆是地方志开发利用的"主战场"，展陈技术为方志馆的传统内容插上了现代的翅膀。方志馆在展陈设计中必须有意识地采用现代展陈技术，根据实际需要合理运用各种传统和现代展陈技术，使展陈的内容和精神内涵得到完美体现。如建设中的湖州市方志馆充分利用声、光、电等现代科技手段，综合运用多种表现方式，增加展示内容的生动性、直观性。在采用图表展示、文字说明的基础上，穿插运用动漫、雕塑（雕刻）、电子地图、沙盘模型、场景再现、多媒体演示、绘画、实物（仿制品）、触摸屏等表现形式，力求错落有致，增加整体和谐和视觉冲击力，达到了整体能精致、思路上有创意、面上显大气、点上有亮点的效果。

（三）问题分析及对策

综上所述，近两年全国各级地方志机构在方志馆建设上进展迅速、成绩显著，方志馆建设类型百花齐放，在建设、展陈、服务群众等各方面创造了诸多经验。但不可讳言，目前各地方志馆建设还处于单打独奏阶段，对方志馆的本质还缺乏深刻认识；部分已建成的场馆特征不明确，使用性不强；有的方志馆体量不够，有的则面积过大，造成浪费；等等。这些都限制了方志馆的健康发展。

为了解决好上述这些问题，试提出以下对策。

一是要全面贯彻落实《规划纲要》。各级地方志工作机构要紧紧抓住全面落实《规划纲要》这一契机，积极作为，扎实工作，争取党委政府领导重视，使方志馆工作成为政府的工作任务。

二是要努力将方志馆打造成当地的一张文化"名片"，强化教化功能。方志馆作为推动地方志事业前进和发展的重要阵地，已经成为地方志事业重要的组成部分，必然是公共文化中的重要一分子，理应成为公共文化展示的平台，成为对外宣传的窗口，成为一张地方"名片"。在国家高度重视文化建设和各地文化强省建设的大背景下，方志馆作为一个公益文化服务机构，要积极配合当地文化强省建设，高举"方志文化"品牌旗帜，在文化强省建设中发挥自己的品牌效应，努力成为当地的文化"名片"和地标性建筑。除打"文化"牌外，还要紧紧扣住"公益"二字，增强服务意识，拓宽服务领域。

三是方志馆建设要在遵循共性的基础上突出地方特性。必须彰显方志的特性，在布展内容、形式设计等方面要打上“方志”的烙印，使其成为名副其实的“方志馆”。要突出区域特性，在申报立项、规划建设等环节，就要将地方元素融入方志馆的建设之中，在展览展示、内容设计等环节，更要突出区域特性，地方历史、地方文化、民风民俗、旅游名胜等元素都要充分考虑。

四是在各环节善于创新。要善于创新设计理念。理念是行动的先导，理念正确与否决定着建设的成效。要坚持理念创新与设计实践相结合，充分发挥创造性的思维，发挥设计者的创造力：一是坚持展示理念的科学性；二是坚持展示内容的全面性；三是坚持展示目的的人本性。要善于创新展示方法，在坚持传统布展方式的同时，适当利用声、光、电等现代科技手段，综合运用多种表现方式，增加展示内容的生动性、直观性。此外，还要善于优化布展设计。

五是善于在方志馆建设中运用新体术。现代科技层出不穷，前几年数字技术还比较罕见，当前在方志馆中的运用已屡见不鲜。在三维形态的方志馆中要结合设计数字方志馆，采用微信、App 等传媒方式，还应创新使用 VR 等技术，注重陈列的有效性，增加受众的持久体验性。

表 1　**全国部分省（自治区、直辖市）方志馆建设运行情况一览表**

（2016 年度）

省（区、市）	2016 年建馆及运行主要情况
北京	市方志馆自建成开放以来，活动持续频繁，观众络绎不绝，2016 年新举办了“侯仁之眼中的北京古都”等 3 期专题展览，拍摄了“通州中仓”等影像视频，全年共接待观众一百多批近万人次
内蒙古	锡林郭勒盟等地的方志馆正在积极建设中
山西	太原市方志馆已完成规划选址工作并进入概念性招标阶段
辽宁	康平县地方史志馆 2015 年已正式开馆。该馆和博物馆同建，展示各历史时期图照 272 幅，文字资料 3 万字，各类表格 12 张，并收藏展示方志类等文献书籍 2000 余册
吉林	省馆新馆建设方案已经省发改委批复，现已立项并正在编制可研性报告； 长春市馆建设加紧推进，力求打造全省乃至东北地区的样板
黑龙江	省馆已重新设计布展并对外开放
浙江	杭州方志馆于 6 月开馆；宁波方志馆已在老外滩历史文化街区确定选址方案并后期布展阶段；湖州市方志馆正在积极调整方案并加快布展 省方志办承担的国家社科基金项目《中国方志馆研究》已完成并正式出版

续表

省（区、市）	2016 年建馆及运行主要情况
安徽	省馆正在建设中，同时拟在铜陵市建中国方志馆长江分馆，现已进入论证阶段；全省已有市级馆 8 个，县级馆 35 个
福建	泉州市泉港区方志馆初步规划泉港发展演示区、谱牒展示区、名人文化区、家训展示区、志书文献区、著作资料区、方志沙龙区等 7 个功能区，布馆面积 2107 平方米
江西	当年在已建成 1 个省级馆和 10 个市县级馆基础上，又有 6 个设区市馆分别进入开馆筹备阶段或正积极申报立项。其中已建成的景德镇馆已被列入该市重要的旅游景点，九江市馆则是全省规模最大的市级馆
山东	召开全省方志馆建设工作会议，以部门联建等方式，积极指导推动市县级方志馆建设，力求推进全省建馆“全覆盖” 东营市方志馆获批国家方志馆黄河分馆，筹备工作已就位，力争 2017 年建成开放
湖北	省方志馆在原有基础上已启动改造工作 6 个地州市级馆已建成或正在建设，7 个县级馆（室）已建成
湖南	省方志馆当年启动“湖南数字方志馆”工程 浏阳市利用新建市综合档案馆在长沙市地方志系统率先挂牌。8 月长沙市在浏阳召开全市方志馆建设座谈会，要求借鉴推广与档案馆合一的“浏阳模式”
广东	省情馆已先期正式开馆。深圳、中山等 18 个市县级馆也以各种方式在积极运行； 2016 年竣工开放的广州市新馆占地 1.26 万平方米，是全国方志馆建设新水平的重要标志 2016 年，深圳市方志馆已收到社会各界文献等捐赠品共 1.2 万件，并启动了改革开放时期口述史的记录和整理工作，同时全馆布展和数字化方志馆也在积极推动中 东莞大朗镇方志馆系广东省第一个镇级方志馆，东莞南城街道方志馆系全省第一个街道方志馆
海南	省史志馆已封顶，转入后期安装装修并全面启动布展工作
重庆	市方志馆 2015 年 12 月开工，正在积极建设中
四川	省方志馆（国学馆）可行性报告已通过评审 成都市和所辖区（县、市）数字方志馆建设成效显著，成都市馆当年完成主体布展；内江、南充等一批市、县级馆正在积极建设中
贵州	贵阳、遵义、六盘水、铜仁等一批市、县级馆正以各种方式积极推进建设进程
云南	昆明、昭通、红河等一批方志馆已建成或被纳入当地政府建设规划
陕西	由省方志办具体承担的省人民政府沿革陈列展已进入布展陈列阶段

注：主要根据全国地方志机构 2016 年工作总结等有关材料汇总

全国地方志事业转型升级评价体系的探索与实践

——基于浙江“方志工作强省”评价指标体系的研究

中国（浙江）地方志学术研究中心①

提　要：以《规划纲要》的颁布为标志，中国地方志事业进入全面转型升级的新时期，亟须通过理论研究和相关的样本实践，对转型期升级的目标要求、评价体系等重大问题进行研究，以指导推动全国各地的地方志工作全面科学发展。以浙江“方志工作强省”建设为目标，以相应评价指标体系和相关实践为范本，对此问题进行一些探索。

关键词：方志事业　转型升级　评价体系

《规划纲要》的颁布，标志着中国地方志事业进入了一个全面转型升级的发展时期。2016 年 12 月在广州召开的第一次全国地方志工作经验交流会表明，经过改革开放以来两轮大规模修志实践，全国各地已积累了十分丰富的地方志工作经验，同时在转型升级的临界点上也面临着不少亟待解决的共性问题。例如，转型升级往哪儿“转”？如何“升”？因此，如何通过总结经验发现规律，

① 2011 年 8 月经中国社科院、中指组批准设立的由省级地方志工作机构负责管理的方志学理论研究基地。

特别是通过探索建立具有共性特点、能为各地普遍参照借鉴的评价指标体系，对推动全国各地地方志事业的转型升级和科学发展，具有十分重要的意义。

一、开展评价指标体系研究的意义及指标设置

第一，研究意义。地方志是中华民族特有的传统文化形式，在数千年历史发展过程中已形成了悠久传统，积累了丰富经验。一方面，中华人民共和国成立后特别是改革开放以来，由于党中央、国务院和各级党委、政府的高度重视，经过两轮大规模修志实践，全国各地的地方志工作取得了令人瞩目的新成就。如何通过较为规范量化的形式来总结经验，发现规律，以利于指导并推动当前和今后的工作，这是当前亟须关注的问题。另一方面，新时期全国地方志工作的转型升级也需要有一个共同的操作平台和评价体系，即通过用同一标准来衡量各地的工作，既便于中指组及其办公室通过了解各地的不同情况来指导修志工作，也便于各地相互取长补短，共同提高。

近年来，浙江省开展的“方志工作强省（区、市）”评价指标体系（以下简称评价指标体系）在这方面作出了有益的探索。2011 年，针对浙江省地方志事业发展的新情况，省政府在下发的《关于进一步加强全省地方志工作的意见》中，从加快文化大省强省建设的战略高度，明确提出了“方志工作强省”的建设目标。那么，什么是“方志工作强省”？如何建设“方志工作强省”？围绕这一目标，中国（浙江）地方志学术研究中心（浙江省地方志办公室）专门成立课题组进行具体研究。课题组以《地方志工作条例》和《规划纲要》等重要文件为指导，参考借鉴目前高校等系统评价指标体系等相关成果，对涉及地方志工作的各方面因素进行较为系统的分析研究，并形成初步成果。理论研究和样本运行实践都表明，这个体系对推进全国地方志事业的转型升级具有积极的借鉴意义。

第二，指标体系设置。评价指标设置最难把握的是指标的选取和权重的设定。课题组认为，指标体系设置应以各地目前“一业为主，多业并举”、全面发展的新格局为主要参照系，设计时既要突出志鉴主业，又要覆盖工作所涉及的各个方面，以便全面衡量一地的发展现状；既要切合各地实际并突出各自不同的亮点，又要“一把尺子量到底”，保证相互间具有可比性，以树立共同的发展标杆。一级指标选取和权重的设定，主要从该项内容在整体事业发展特别

是强省建设工作中所具有的重要性来考虑；二级指标则从最能反映其工作业绩和效果内容进行分项；三级指标则是在前两者基础上的细化量化，以进一步体现这项工作的精准化和可操作性。具体如下。

一级指标权重设定。每个一级指标权重主要参考和综合全国先进省份的经验并结合被测评省份的实际情况进行确定，特别"事业推动力"集中包含了目前地方志工作的主要内容，因此该项权重设定明显应高于其他一级指标。

二级指标权重设定。二级指标权重设定根据其在整个一级指标所反映的工作实际业绩和效果来进行设置。如同样在"事业推动力"这一指标中，志书编纂作为地方志工作的主业，其权重设定明显应高于其他二级指标。

三级指标权重设定。三级指标的权重设定根据其在整个二级指标所反映的工作业绩和效果进行细化分解。如"志书编纂"这项指标中，规划内地方志书（如省、市、县三级志书）编纂为"九业之主"，地位毋庸置疑，权重相应较高；非规划志书（如部门、行业和专门志等）的编纂情况可一定程度反映地方志部门开展工作的深入程度与多样性，予以纳入，但权重宜相应低于前者，以凸显规划内志书的地位和三级方志工作机构的责任程度。又如，因全国首轮志书编纂工作已基本结束，目前各地的主要工作是第二轮修志，故权重比例应以第二轮为高。

指标权重的测定。上述这些指标基本能集中反映一个省份的地方志工作发展现状。在测定具体指标权重时，要根据各种不同情况进行分类测评：第一类是任务型指标（如机构设置、第二轮志书编纂等），以完成情况及完成比例来进行评定；第二类是已经固化的情况（如传统资源类的历代志书等）及已经完成的工作（如首轮志书编纂及全国地方志工作成果奖等），可以根据全国各省（自治区、直辖市）的情况进行排序，确定一个中间位，以第一位为100，中间位为50，计算出每一位的差值，再根据测评对象的位次进行评定；第三类是动态发展指标（如方志馆建设、网站建设等）可以根据某一时限的进展情况，参照上述方法进行测评。

二、"方志工作强省"评价指标体系简介

按"一业为主，多业并举"、全面发展的新格局为主要参照系，经综合分

析，评价指标体系可分为以下 8 项：体制保障力、资源传承力、事业推动力、业绩竞争力、社会辐射力、人才创造力、学术影响力、未来发展力，同时在一级指标下再细化为二级指标和三级指标，具体如下。

第一，体制保障力。该指标按“一纳入、八到位”总要求，主要反映一个省（自治区、直辖市）范围内确保地方志事业可持续发展的体制保障程度。具体又分为两个方面：一是外部工作环境和条件，如政策环境、支持力度；二是自身建设情况，如方志工作机构设置、内部管理机制建设和运行情况。具体又分为政策环境、支持力度、机构设置和管理机制 4 个二级指标。

政策环境，该指标主要反映地方志工作正常开展的政策保障程度。对政策环境的考察，主要提取行政性法规制订、省级党委和政府出台地方志工作有关文件 2 项指标。

支持力度，该指标主要体现党委、政府对地方志工作的重视及条件保障程度，主要提取省级政府召开有关会议情况和地方志工作经费保障 2 项指标。

机构设置，机构是开展工作的重要载体，该指标主要提取省级方志工作机构职能设置及人员编制和市县级地方志工作常设机构覆盖率（百分比）2 项指标。

管理机制，该指标主要反映省级地方志工作机构的制度建设情况，主要提取省级方志工作机构日常管理制度、档案资料（室）管理制度、地方志书（年鉴）编纂管理制度 3 项指标。

第二，资源传承力。主要包括传统资源情况和方志文化保护情况 2 个二级指标。

传统资源指标，主要反映一个省级区域范围内地方志传统资源丰富程度，并考察其可供开发资源的潜力。传统方志资源主要由历代旧志、历代著名学人和历代理论研究 3 个要素组成，主要从由旧志数量及全国占比情况、历代方志学人数量及全国占比情况、历代方志学论著数量 3 项指标来考察。

方志文化保护，该项指标主要考察继承、保护各地方志文化遗产的情况，主要提取旧志整理出版情况（部）、方志遗迹（址）保护情况（处、个）、方志名人论著整理出版情况以及流播海外的方志孤本引进情况（部）4 项指标。

第三，事业推动力。该指标主要反映地方志事业全面发展的情况，也是整个评价指标体系中占比最高、权重度最高的指标，下设志书、年鉴、地情书编纂和地情馆库网建设 6 个二级指标。

志书编纂，志书编纂是地方志工作的主业。该项指标内含 3 个部分：一是首轮规划志书编纂出版完成情况，二是非规划志书编纂出版情况，三是第二轮修志进度。以启动修志、完成志稿、正式出版 3 个层次，按规划志书总数的百分比分别评价。

年鉴编修，地方综合年鉴编修在近年来和未来发展趋势中的地位日趋重要。该项指标按省级年鉴、市县年鉴、省级专业年鉴编纂 3 个层次分别设置评价。其中，编纂市县级地方综合年鉴，以其数量与市县行政区数按百分比计覆盖率；编纂省级专业年鉴覆盖率，按种类与省属部门行业总数计覆盖率，按比例高低进行评价。

地情书编纂，地情书（指志鉴以外的地情资料）编纂在一定程度上反映出地方志工作机构在推动事业发展中的视野广度，它所带来的社会认知度与认同感，相比志鉴编纂并不逊色。地情书以地方志工作机构编纂的正式出版物为依据，通过数量进行综合评价（对质量的评价纳入业绩竞争力指标）。

数据库建设，该指标细分为各级志书、年鉴、旧志、期刊、地情书籍等 5 项指标。

网站建设，市县方志网站建设情况，按市县建有方志网站数与市县行政区数百分比计覆盖率，根据比例高低予以评价。

方志馆建设，设区市方志馆建设，按市县级建有方志馆数与市县级行政区数百分比计覆盖率，根据比例高低予以评价。

第四，业绩竞争力。该指标反映的是全省各级地地方志工作机构和广大地方志工作者取得的主要成就。该指标的设定主要从地方志工作获得的成果奖、工作先进表彰和地方志工作试点 3 个方面设 5 个二级指标。

全国地方志成果奖，按一、二、三等奖级分别评估。

全国年鉴评奖，以中指办评奖为依据，按特等、一、二、三等及单项奖级分别评估。

省级政府奖其他成果奖按奖级分别评估。

全国先进工作表彰奖励，全国先进集体与全国先进个人按奖级分别评估；中指组等中央国家有关部门表彰的全国先进集体与先进个人按奖级分别评估。

试点工作，目前，中指办分别开展了第二轮志书编纂和信息化等试点工作。

试点单位的数量在一定程度上可以反映出该地区的地方志工作水平及对全国地方志工作的引领能力。这两项试点指标以全国平均值为基准线进行评价。

第五，社会辐射力指标。该指标主要反映一个区域地方志工作的整体社会影响力，是地方志存史、资政、育人功能的具体体现。主要从服务社会、国内外方志文化交流、地方志工作宣传 3 个方面来设定指标。

服务社会，具体可以提取为党委政府决策提供咨询服务和为经济社会发展提供支持服务 2 个三级指标来进行评估。

国内外方志文化交流，具体可分为 3 个指标：一是举办各种形式的地方志国际性学术会议；二是接待海外（包括港、澳、台）学者，开展地方志文化交流；三是国际访问交流。

地方志工作宣传，这项指标考虑到可操作性，结合省级地地方志工作机构的实际，选用媒体的宣传报道来进行定性定量评估。一是在国家级媒体上的有关宣传，具体可结合两轮修志以来在国家级媒体宣传报道次数的平均值来设定；二是省级媒体的有关宣传，方法同国家媒体。对于海外媒体的宣传报道，因难以衡量把握，暂未列入。

第六，人才创造力。该指标主要反映省级地地方志工作机构在人才队伍建设方面的工作情况。从省级层面来统计，人才主要指大学本科以上学历及具有中级以上职称的在职工作人员及聘用人员，主要从人才总量、人才结构、人才培养 3 个方面来设定。

人才总量，包括省级以及全省县级以上地方志工作机构的人才数量。具体选取全国有关省份人才数量的平均值来设定。

人才结构，包括人才的年龄结构、学历结构、职称结构等。年龄结构选取人才的平均年龄与全国各省份的平均年龄进行比照确定。学历结构按照大学本科、硕士、博士 3 项，选取全国各省份的平均值进行比照确定。职称结构按照中级职称、高级职称 2 项，选取全国各省份的平均值进行比照确定。

人才培养，主要从发展角度来衡量人才的创造力。包括人才培养制度、经费保障及有关具体的活动。具体以省级地方志工作机构是否建立面向全省的相关的人才培养制度、安排固定的工作经费及开展具体的培训活动等要素来进行评估。

第七，学术影响力。该项指标主要反映省级地方志工作机构在开展方志学研究和学科建设方面的综合能力，主要从学术团队、学术平台、学术成果 3 个方面设定 5 个二级指标。

一是学会，从地方志学会全省覆盖率、省级地方志学会会员数量两方面进行评估。二是省级专家委员会、专家库等咨询机构建立情况。三是地方志刊物编辑工作，主要从市、县刊物（含内部刊物）覆盖率（百分比）、《中国地方志》订阅率（百分比）、省级刊物 3 个指标进行评估。四是地方志学术研究平台，主要从省内全国性研究团体及机构数量（个）、省级研究团体及机构数量（个）2 项指标进行考量。五是学术研究成果，该指标是学术研究实力和潜在发展能力的综合数值体现。根据对全国有关研究成果数据的了解，地方志学术成果主要应从 3 年内在中文核心期刊发表论文数量（篇）和 3 年内公开出版著作数量（部）以及省部级以上重点立项课题 3 项指标进行考量。

第八，未来发展力。该项指标主要用来考察一个省份的地方志事业发展潜力和未来发展状况。该项二级指标主要从修志队伍里中青年人才年龄结构、学历结构和方志品牌数量 2 个方面进行设定。

中青年人才年龄结构越合理，年轻人才占比重越大，一定意义上可说明一个地方的未来发展潜力越大。同理，年轻人才中高学历人才越多，未来发展潜力也越大。

省内方志品牌，主要指以地方志为标志的文化品牌和长期性的文化活动。这类活动品牌的影响力越大，无形价值越大，这个地方的地方志事业未来发展状态相应也越好。

三、关于评价指标体系的实践应用和需进一步关注解决的问题

（一）浙江的有关实践

评价指标体系成文后，浙江省方志系统结合实际开展了以下两个方面的测评实践。

其一，以“方志工作强省”建设指标体系所作的初步测评。在省级层面上，浙江与广东等先进省份进行了自行对比分析。经测算发现，作为全国地方志事业发展的“排头兵”，近年来，广东的地方志工作呈现出几个特点：一是

重心突出，主业成效显著，如在全国已率先全面完成三级第二轮志书编纂出版任务，这在整个评价指标体系中将占有较高比重，也是目前其他省（自治区、直辖市）可能无法比拟的；二是省、市、县三级工作均衡发展；三是除主业外，其他各业同样发展均衡，特色鲜明。因而从总体上看，广东的工作确实走在了全国前列。另外，近年来山东、江苏等省份的地方志工作同样亮点纷呈，令人瞩目。与它们相比，以“方志工作强省”评价指标体系衡量，浙江也看到了工作的差距和发展的标杆，这也恰恰印证了设计这一评价指标体系的意义所在。

同时需要强调的是，指标体系测评显示，每一被测单位或多或少几乎均有突出成绩和亮点业绩，即先进地区并非一好百好，相对落后地区也并非一无是处，而是各有所长，各具特色。这也实事求是反映了各地改革开放以来，特别经过两轮修志实践，地方志工作和事业产生的显著变化。例如，尽管有些内陆省份与沿海发达地区相比，尚存在不同程度的差距，但根据历年来各地提交给全国省级地方志工作机构负责人会议的年度工作总结等材料显示，在一级指标“体制保障力”所属的“政策环境”“机构设置”“管理机制”等二级指标中，有的内陆省份工作毫不逊色，有些指标甚至超过了部分沿海省份，这也从一个侧面反映了评价指标体系项目及权重设置的科学性、合理性。当然，既然是相同的数值比较和细化的计量测评，样本之间总会有差距，既有总分上的差距，也有三级指标相互比较形成的具体差异，从而会使各样本单位通过“取长补短”来“扬长避短”，这也正是评价指标体系的主旨和价值所在。

其二，以评价指标体系对“方志工作示范县”的评比实践。2012年初，鉴于浙江全省相当一部分县（市、区）已完成第二轮志书编修主业，如何避免首轮修志结束后出现的“刀枪入库、马放南山”、人员分流甚至机构撤并等情况，特别是如何促进各地以“一业为主、多业并举”全面发展，浙江省在全国方志系统面向全省县级地方志工作机构率先开展了“方志工作示范县”的评选活动。省方志办以这个评价指标体系为蓝本，同时针对县级地方志工作的实际情况，另行制定了“全省地方志工作示范单位工作测评指标体系”。评选活动由当地对照评价指标体系自行申报，省方志办专门成立专家组，按评审表逐项衡量打分。最后在6个申报单位中，有海盐、萧山、义乌和鄞州4个县（区、市）入选第一批示范单位。各地普遍反映，这种方式对衡量评价一地的工作既系统全面又科学规范，确实为全省工作起到了示范标杆作用。未被评上的单位也表示，这样的方式规范可行，使之看到了工作差距和前行标杆，对今后开展工作很有指导意义。

（二）需进一步关注解决的问题

“方志工作强省”评价指标体系的研究设计还只是一种初步尝试，面对全国方志事业转型升级的新形势新要求，这个指标体系如何适应还有待进一步完善。需进一步关注和解决的问题如下。

指标内容和权重设置的科学规范问题。目前这样的指标框架是否全部涵盖各项工作，特别是各项指标的权重这样分配是否合理，类似问题都还值得探讨。

指标体系仅是课题组以浙江为例所做的探索。各地在具体实施时，可能也会根据各自实际情况扬“长”避“短”，重新设置指标（即可能会将优势项目的权重定高一些，同样将自身不足的项目权重定低一些），这样同一个指标由于权重程度不一，显然会形成不同的评价结果，因而指标体系在一个区域范围内（如在一个省域内或全国范围）需要相对统一规范，即“一把尺子量到底”，尤其主导者在设计指标时不能根据主观偏好各取所需，一定要确保评价指标体系的相对客观公正。

应根据工作实际情况变化及时调整指标体系及相应的权重分，既要保持指标体系在一定时期（如一个年度）一个区域（如省级范围）的相对稳定，又要因“时”制宜与时俱进。如在设计这个体系时，“中国名镇志”“中国名村志”文化工程尚未启动，因而未列入其中。同样，有的工作如已完成，就要从指标体系中及时剔除，及时以新指标替代（如到第三轮修志工作开始时，就要考虑以第二轮志书的编修情况来取代对各地首轮修志的考核测评）等。这也正是目前全国地方志工作转型升级主题中“转”的内在要求，“升”的必然趋势。

转型升级是全国地方志工作和事业面临的新形势、新任务，如何使这个目标更为科学清晰，更为规范精准，评价指标体系的探索仅仅只是一种思路和应用载体，相信在中指组及其办公室的组织下，经过全国方志界的共同探索和实践，转型升级的目标会日益清晰，路会越走越宽，从而推进中国地方志事业持续发展，不断繁荣。

方志工作强省建设评价指标体系一览表

表 1

一级指标	权重	二级指标	权重	三级指标	权重
体制保障力	10	政策环境	20	行政性法规制订	60
				省委、省政府有关地方志工作文件	40
		支持力度	20	省委、省政府召开地方志工作会议	40
				地方志工作经费保障	60
		机构设置	30	县以上地方志工作常设机构覆盖率	60
				省级地方志工作机构职能设置	20
				省级地方志工作机构人员编制	20
		管理机制	30	省级地方志工作机构日常工作管理制度	30
				省级地方志工作机构档案资料管理制度	30
				省级地方志工作机构地方志书编纂管理制度	40
资源传承力	8	传统资源	40	现存历代志书	60
				历代方志学人	20
				历代方志学论著	20
		方志文化保护	60	旧志整理出版	30
				方志遗迹保护	20
				方志名人论著整理出版	20
				海外馆藏方志孤本引进	30
事业推动力	40	志书编纂	40	首轮规划志书编纂出版	20
				第二轮规划志书编纂出版	70
				非规划志书编纂出版	10
		年鉴编修	20	省级综合年鉴编纂	30
				地方综合年鉴编纂覆盖率	40
				省级专业年鉴覆盖率	30
		方志馆建设	10	省级方志馆建设	70
				市级方志馆建设覆盖率	30
		网站建设	10	省级方志网站建设	60
				市县方志网站覆盖率	40
		数据库建设	10	新编志书数字化	20
				年鉴数字化	20
				旧志数字化	40
				刊物数字化	20
		地情书编纂	10	省级地情书编纂	60
				市县地情书编纂	40

续表

一级指标	权重	二级指标	权重	三级指标	权重
业绩竞争力	10	全国地方志成果奖	30	全国地方志评比一等奖	50
				全国地方志评比二等奖	30
				全国地方志评比三等奖	20
		全国年鉴评奖	20	全国年鉴评比特等奖	40
				全国年鉴评比一等奖	25
				全国年鉴评比二等奖	15
				全国年鉴评比三等奖	10
				全国年鉴评比单项奖	10
		省级成果奖	10	省政府奖或其他省级成果奖	100
		全国评先	20	全国先进集体	30
				全国先进个人	20
				中指组表彰全国先进集体	30
				中指组表彰全国先进个人	20
		全国试点	20	第二轮修志试点	80
				信息化建设试点	20
社会辐射力	8	服务社会	60	为党委政府决策提供支持	40
				为经济社会发展提供支持	60
		海内外文化交流	20	举办国际学术会议	60
				接待境外来宾，开展地方志文化交流	20
				国际访问、交流考察	20
		宣传报道	20	国家级媒体	70
				省部级媒体	30
人才创造力	8	人才总量	40	省级地方志工作机构人才数	30
				全省市、县级地方志工作机构总人才数	70
		人才结构	30	年龄结构	30
				学历结构	30
				职称结构	40
		人才培养	30	培养制度	30
				培养经费	40
				培养活动	30

续表

一级指标	权重	二级指标	权重	三级指标	权重
学术影响力	8	学会	10	市县学会覆盖率	60
				省级学会会员数量	40
		刊物	10	《中国地方志》订阅率	30
				省级刊物（内部）编辑	40
				市县刊物（内部）覆盖率	30
		研究成果	60	中文核心期刊发表论文	40
				公开出版专著	40
				省部级以上重点立项课题	20
		研究平台	10	全国性研究团体（机构）	40
				省级研究团体（机构）	60
		专家库	10	省级专家库	100
未来发展力	8	中青年人才比重	70	40周岁以下（含）硕士所占比例	50
				50周岁以下（含）高级职称所占比例	50
		品牌建设	30	方志品牌数量	60
				方志品牌影响力	40

开发地方志资源　服务“一带一路”建设

周勇进　王丹林　詹利萍　杨卓轩

提　要:“一带一路”是党中央作出的重大倡议，对我国开创全方位、开放新格局具有重要影响。中指办成立课题组，力图通过调研摸清地方志系统当前服务“一带一路”建设的现状，结合国家对“一带一路”建设的决策部署，寻找开发利用地方志文化资源服务“一带一路”建设的契合点，提出顶层政策设计建议和服务路径设想。课题组在社会调研、广泛查阅资料、听取专家介绍的基础上，对涉及“一带一路”建设省份的地方志工作和资源进行摸底，尤其是对新疆、福建核心区的方志资源进行考察。全面了解地方志资源在“一带一路”建设中所能发挥的作用，服务“一带一路”建设的路径、存在的障碍以及相应的对策，为“一带一路”建设提供历史智慧和智力支持。

关键词：一带一路　地方志　开发利用　服务中心工作

“一带一路”是丝绸之路经济带和21世纪海上丝绸之路的简称，2013年9月和10月由中国国家主席习近平分别提出建设“新丝绸之路经济带”和“21世纪海上丝绸之路”的伟大构想。“一带一路”倡议构想旨在借用古代“丝绸之路”的历史符号，发展与沿线国家的经济合作伙伴关系，共同打造政治互信、经济融合、文化包容的利益共同体、命运共同体和责任共同体。建设“一带一路”是党中央作出的重大倡议，是我国开创全方位、开放新格局的重要举措，影响十分深远。

丝绸之路经济带圈定新疆、陕西、甘肃、宁夏、青海、内蒙古、黑龙江、吉林、辽宁、广西、云南、西藏、重庆13省（自治区、直辖市），21世纪海上丝绸之路圈定上海、福建、广东、浙江、海南5省（直辖市）。“一带一路”以新疆、福建为核心区，共涉及18个省（自治区、直辖市）。其带动范围之广，影响区域之大，前所未有。

经过改革开放30余年的积累，全国地方志系统打造了数以百亿字计的地情资源，是国家极为重要的一笔文化财富。首轮修志任务全面完成，全国累计出版规划内省、市、县三级地方志书5800多部。首轮修志开创了我国方志编修的崭新局面，是中国方志发展史上的壮举，也是中国文化发展史上的盛事。目前，全国第二轮修志工作正在深入展开，其中广东省第二轮修志规划任务已经全面完成。这些志书翔实地记录了我国经济社会发展的过程和取得的成就，以及应当汲取的经验教训。

面对新时代、新布局，如何引导开发利用地方志文化资源，为国家发展倡议服务，是地方志系统面临的重大命题。中指组组长王伟光、常务副组长李培林高度重视开发利用地方志资源服务国家发展战略，多次明确要求全国地方志工作机构要开拓进取、拓宽思路、创新服务方式，为“一带一路”国家发展倡议服好务。目前，涉及“一带一路”建设的各省地方志工作机构正着力通过编修地情读物、编纂志书、开展历史考证、提供决策咨询等方式为“一带一路”建设服务。比如海南史志办与中国社科院边疆研究所联合开展“海南与海上丝绸之路”课题研究，泉州地方志办公室筹划编纂《海丝志》等。本报告力图通过调研摸清地方志系统当前服务“一带一路”建设的现状，结合国家对“一带一路”建设的决策部署，寻找开发利用地方志文化资源服务“一带一路”建设的契合点，提出顶层政策设计建议和服务路径设想等。

课题组于2016年1月24—29日赴广东开展专题调研。期间，调研组在广东省地方志办公室、广州市地方志办公室、深圳市地方志办公室的帮助下，对广东省方志馆、广州市方志馆、深圳市方志馆以及广州市南沙区与海上丝绸之路有关的相关工作开展认真细致的调研，并听取相关专家的专门介绍。并以此次社会调研为基础，又广泛查阅资料，对涉及“一带一路”建设省份的地方志工作和资源进行摸底，全面了解地方志资源在“一带一路”建设中所能发挥的作用，服务“一带一路”建设的路径、存在的障碍以及相应的对策，为“一带一路”建设提供历史智慧和智力支持，提供具有学术深度的成果。

一、“一带一路”涉及省份旧志资源述略——以新疆、福建核心区为例

地方志作为全面系统地记述本行政区域自然、政治、经济、文化和社会的历史与现状的资料性文献，编修传统绵延数千年不断。历朝历代留存的方志达8000余种，占我国现存古籍的十分之一。改革开放以来编修的省、市、县三级志书近7800种、省、市、县三级综合年鉴达16000部、部门志行业志22000余部、专业年鉴近7200部、山水名胜志和乡镇村志近5000部，整理出版了历代方志近2500种和大量的地情书，内容极为丰富，覆盖了“一带一路”建设区域的政治、经济、文化、社会、生态文明建设的方方面面内容。

这里我们所说的旧志，是指中华人民共和国成立以前各个历史时期所编纂的地方志书。方志兼容史地两学，我国很早就有与后世方志性质相近的史籍。两汉魏晋南北朝时期，各种志体史籍更是数不胜数，尤其是《华阳国志》，相当于四川早期的通志，由晋人常璩所撰，全书12卷，附录1卷。该志记录了起自远古，下至东晋永和三年（347），以巴蜀为中心的西南地区的地理沿革和历史风物，把地理、史事、人物容于一书之中，对后世方志体例的定型有着重要的意义。隋唐以后，志书开始由官方倡修，既有各府州县的志书，又有涉及全国范围的总志。《沙州图经》《元和郡县图志》等，至今仍被视为一代佳志。两宋时期是方志的定型时期，这一时期的方志无论从数量还是种类上，都已大大超越前代，而且体例完备，内容详赡，有众多名志留存后世，成为后人修志的典范。元、明、清三朝，更是方志发展史上的重要时期。现存旧志，大多出自这三朝。官修方志成为主流，而又代有赓续，传承不绝，而且部分学者也积极参与其中，不仅编修了大量的具有很高编纂水准的志书，而且极大丰富发展了方志学的编纂理论，这对于方志编纂和方志学的发展、成熟起到了不可估量的作用。民国时期，方志编修仍是弦歌不辍，1929年国民政府内政部颁布《修志事例概要》22条，要求各省建立通志馆，并对方志编纂提出许多规定。1934年，国民政府内政部又颁布《地方志书纂修办法》9条，规定省志30年一修，市县志15年一修。在民国40余年间，也有大量的方志涌现，还造就了一批方志大家，这在方志史上也值得写上一笔。

作为“一带一路”核心区的新疆和福建，有大量的旧志资源，记录了大量与前人在开发经营丝绸之路和海上丝绸之路时的有关的重要文献资料。

（一）新疆

古代新疆属于西域地区，与内地很早就有经济、文化的交流。有关新疆的方志类文献出现的也比较早，比如西汉张骞出使西域曾纂有《出关志》，记录了大量关于西域一带的地理风貌和人文史事；东汉班勇纂有《西域风土记》，其内容曾为正史所采用。隋唐时，新疆也盛行编纂各种志书，比如《西域图记》《西州图经》《西域图志》等，至今仍有残存的内容，对后人了解那个时代提供了不可替代的原始资料。宋、元、明时期，新疆方志编纂似乎发展很有限，这与内地差别很大。清代则是新疆方志编纂最为繁盛的时期，有乾隆《西域图志》《回疆志》《西域总志》《伊犁略志》、嘉庆《回疆通志》《西陲要略》《三州辑略》《西陲总统事略》、道光《钦定新疆识略》《哈密志》、咸丰《孚化志略》、光绪《新疆志》《新疆大记》《新疆四道志》、宣统《新疆图志》、民国《新疆志略》《乌苏县志》等，还有大量的不以“志”为名的方志类著作，这些方志既有涵盖全疆之志，也有州县之志。以《中国地方志联合目录》为例，其中共收录新疆方志 111 种（除去同书异名和节本外，约有 81 种），其中乡土志 36 种。有些方志中所载的内容，除了存史的价值之外，对我们今天开发新疆资源，探索新疆未来的发展方向仍有重要指导意义。上文提到的《新疆四道志》就是一例，该志名为道志，实为省志，全志对新疆各地的沿革、风物做了详细的记录，完整呈现了新疆建省前后的社会情况。该志中“厂务”一目中，对新疆各州县矿产的分布、开采等都有明确记载，从今天的角度来看，这些恐怕也不仅只是当作历史资料来看待。

清光绪三十三年（1907），清政府通令各地编写乡土志。这项工作在新疆得到较为积极的响应。当时新疆省 38 个地方政权机构及 4 个派出机构中只有迪化府、疏附县、霍尔果斯分防厅三地乡土志未进行编修，也或者还没发现。现存当时所编新疆乡土志共 44 种，其中哈密、昌吉、若羌、沙雅、和阗各有 2 种稿本，实存乡土志 39 种。这次大规模的乡土志编纂是如何进行的，史籍中未见详细记载，但从 39 种乡土志内容看，编写过程是由当地政府主持，组织了一批本地文人对当地现状进行实地调查与考察。如《库车直隶州乡土志》

《温宿县乡土志》载有光绪二十九年（1903）至三十二（1906）年间当地对俄、英的皮毛、布匹、毡子贸易的数额，显然也是对当地官、商档案调查整理的结果。因此，这批志书中存有大量当地经济生活的重要史料，对于现今新疆的发展也有相当的参考价值。

在新疆现存的旧志里，有一些特别重视舆图的收录。比如《西域图志》既有区划演变图，又有山河地理图；《钦定新疆识略》里的图不仅“上稽星度，下弄土方”详载城池、山川、关隘，还对屯务、卡伦、军台、矿厂、寺庙等一一标记；《新疆图志》更是以图为名，“图志并重”（《新疆图志·凡例》），收录各种舆图百幅以上。这些旧志里所收的图，有许多都是经过实地勘测而绘制的，有些使用了现代地图绘制方法，相比以往传统舆图更为科学严谨。舆图在政治和学术的重要价值已有定论，而各地不同时期旧志中的这些图如果能加以研究利用，相信对于深入了解当地的历史地理、人文地理，开发当地的人文经济资源都有巨大的实际意义。

新疆还有很多以事宜、事略、汇览、政略、志略等为名的方志文献。这些文献用方志的体例，纂辑了大量的为当政者提供政务决策支持的文献资料，这些资料多为一手材料，对官员施政具有重要的参考价值。比如松筠的《西陲总统事略》、徐松的《伊犁总统事略》等，都强调资政与经略边疆的功能。

注重资政功能，注意使用实地考察资料，这为新疆旧志的实用价值奠定了坚实基础。这些志书的作者不辞劳苦，利用在新疆为官作幕的机会，访探民情，观风问俗，把所见所闻尽心记录，为我们今天利用这些宝贵的资料提供了诸多的便利。鉴古知今，察往知来，这些文献资料的实用价值还有待我们更为深入细致的开发和研究。

（二）福建

福建省位于我国东南沿海，凭借其有利的地理位置，经济文化发展势头强劲，各项指标均处于各省前列。福建是文化大省，也是方志大省。历史上也是名志迭出，不甘人后。

唐代以前，福建地区经济文化发展相对落后，加之当时方志尚未定型，所以所修旧志今已不存。宋代以后，全国经济中心呈南移之势，福建的文化也受经济发展的影响，有了较大的进步。福建现存最早的方志为南宋淳熙九年

（1182）的《三山志》，该志对宋以前福州的历史、地理、政治、经济、文化、人物等均有载录，是研究福州当地历史、地理、人文的重要史料。另外还有宝祐五年（1257）赵与泌、黄岩孙修纂的《仙溪志》和开庆元年（1259）胡太初、赵与沐修纂的《临汀志》。《仙溪志》中除了介绍仙游地区的社会政治情况外，还特别记载了仙游的甘蔗种植情况、海运概况、食盐生产等一些关系国计民生的内容。《临汀志》也对于当地的物产作了详细的介绍，涉及矿产和药材等许多方面的内容，对现在发挥当地地利优势、发展地方经济，仍有其现实参考意义。作为古代海上丝绸之路的起点城市——泉州，在国家“一带一路”规划中被赋予“建设21世纪海上丝绸之路先行区”的城市定位，而宋代的赵汝适在泉州任职时“询诸贾胡，俾列其国名，道其风土，与夫道里之联属，山泽之蓄产，译以华言”（《诸蕃志·序》）写成一部《诸蕃志》，该志上卷志国，下卷志物，详载东自日本、朝鲜，东南自菲律宾，南至印度尼西亚群岛，西达非洲之摩洛哥、欧洲意大利西西里岛，北溯中亚及亚细亚共58个国家和地区。《诸蕃志》对各国方位、山川、途程、风土、物产记载甚详。书中还有外国人在泉州生活居住的情况，以及从泉州出口的货物种类，这些资料亦可佐证当年海上丝绸之路的繁华。元代承继《诸蕃志》的也有一部奇书，就是汪大渊的《岛夷志略》，汪氏两次从泉州出发，浮海游历，归来后撰成《岛夷志略》一书，该书对99个国家和地区的疆域、土产、地理、风土、人情都详细记载，提到的地名多达200多个，是书是了解古代印度洋、南洋一带史实的重要史料，后世许多记载海外风物的书籍都借鉴了该书的内容。元代福建也有少量方志问世，惜已不存，仅在后世典籍中有部分佚文存录。

明清时期，和其他省份一样，也是福建省方志文化大发展的飞跃时期。《八闽通志》为福建省第一部省志，由黄仲昭主纂，修于成成化二十一年（1485），成书于弘治二年（1489）。《八闽通志》的编纂当然也是受当时各省编修通志的影响，对福建通省的史地沿革、人物风俗作了详细的记载。据《福建省旧方志综录》所载，明代福建至少有省府州县志292种，但目前仅存82种。在明代福建所修省志中有一部何乔远的《闽书》，该志修于明万历四十年（1612）至四十四年（1616），作者在荟萃前代史籍和志书的基础上汇集而成，内容详赡丰富。尤其作者长期生活在海上丝绸之路的起点泉州，对泉州的情况非常了解。所以书中记录了很多宋明以来的珍贵史料，比如伊斯兰教在当地的传播时间和途径，以及摩尼教的传播情况等。书中还征引了很多重要的已遗失的典籍，都涉及经济、宗教、对外关系等方面的罕见史料，历来为学界所重。清代修志之盛，为历代所罕见，清代方志也是福建现存旧志里所占比例最大的一部分，现存180多种。光是福建的省志，清代就修过6种，其中现存4种，分别为郑开极所修之康熙《福建通志》，谢道承、刘数与所修之《福建通志》，沈廷芳修纂之乾隆《福建续志》，陈寿祺、魏敬中总纂的《重纂福建通志》。乾隆《福建通志》中有“海岛”一目，其中还记有琉球和苏禄等岛与中国交流的一些情况，这些中外交通史料对于我们现在了解海外一些国家相关的历史和风俗很有助益。清末各地倡修乡土志，使得各地乡土志的纂修也兴起了一个热潮。一直影响到了民国时期。民国时期，国家层面颁布过《修志事例概要》《地方志书纂修办法》，对于地方志书的编纂起到很好的推动作用，虽然当时战乱频仍，但仍然有许多志书问世。福建除了省志、县志以外，也编修了大量的乡土志书。

我国悠久的修志传统，使地方志编修具有连续性、综合性、资料性的特性，尤其明清以来，各地方志编修系统完备，为各地保存了大量的权威地方史料。而学界对于地方志书的研究和利用，也越来越深入，不断有相关论著问世，当然还包括大量的博硕士毕业论文。① “一带一路”建设所涉及的省、市都和新疆、福建这两个核心区一样，有大量的方志存世，在这座巨大的文化资源宝库中，有弘富的地理、人文资料，可以为“一带一路”建设提供用之不竭、取之不尽的开发利用资源。

仅以此次调研的广东为例，2010年，广东省地方志办公室耗时4年多，搜集、整理了广东省历代编纂的省、府、县等各类方志433种，由省部、广州府部、韶州府部、南雄府部、惠州府部、潮州府部、肇庆府部、高州府部、雷州府部、琼州府部和廉州府部共11部、276册组成。这些方志几乎囊括了国内外现存且可查到的全部广东省的旧志，广东省地方志办公室的工作人员为此做了详细的介绍。旧志资源开发利用的成熟程度，是判定一个地方对方志资源挖掘整理工作成效的一个硬指标。广州市地方志办公室主任黄小晶则重点介绍了

① 从中国知网的数据看，仅以“方志”为主题检索词，近十年来的博硕士毕业论文就有一百多篇，如本文部分内容所参考的2014年南京师范大学高健的博士论文《新疆方志文献研究》，2011年福建师范大学马小琴的硕士论文《福建旧方志（通志）的编修及现存状况研究》。

由中共广州市委宣传部、广东省文化厅策划并组织编纂，以广东省立中山图书馆和中山大学图书馆藏书为基础、海内外公藏机构和个人藏书为补充，耗时10年编纂完成的520册大型历史文献丛书《广州大典》。该丛书依经、史、子、集、丛五部分类，共520册，收录4064种文献典籍，完整而系统地反映了广州这一海上丝绸之路重要发祥地的变迁和发展，其中大量篇幅翔实记载海上丝绸之路的历史原貌，为我国海上丝绸之路研究提供重要文献支撑。调研期间广州市地方志办公室副主任胡巧利还赠送了由她主编的《广东方志与十三行——十三行资料辑要》，书中所有内容均辑自广东历代方志，主要内容包括："一、市舶司海关十三行；二、朝贡对外贸易；三、进出口货物；四、税课；五、管制；六、水道海防；七、对外关系；八、捐建；九、人物；十、杂录。"可以说该书是开发利用地方志资源的一个典范，通过这样的模式辑录方志中与"一带一路"相关的内容，同样可以为"一带一路"建设提供智力服务。

二、"一带一路"相关区域方志资源开发利用模式调查

著名历史学家顾颉刚曾说："我国历史资料浩如渊海，但尚有两个金矿未曾开发，一为方志，一为族谱。"[①] 新编地方志以来，方志这座金矿已逐渐被开发。国务院《地方志工作条例》第五条明确地方志工作机构职责之一就是"组织开发利用地方志资源……为社会提供服务"。2014年4月19日，刘延东与第五次全国地方志工作会议部分代表座谈时指出："开发利用水平是衡量地方志工作成绩的重要标准。开发利用做得越好、推广得越广泛，地方志工作的现实意义就越重大。"这段话将开发利用方志资料上升到"衡量地方志工作成绩的重要标准"和"地方志工作的现实意义"的高度，做好方志开发利用工作是方志工作者一份不可推卸的责任和使命。

20世纪80年代以来30多年的发展，地方志已从单纯的地方志书编纂，"初步形成了由制度保障、工作成果体系、事业发展构架、共同价值理念等构成的中国特色社会主义方志文化。"全面发展的事业构架，使地方志从提供大部头的纸质文献到利用现代信息技术、现代传播技术实现快速、便捷、零距离的地

---

① 朱士嘉：《中国地方志综录・序》，上海商务印书馆1958年版。

情信息传播，从被动提供地情资料到主动开发利用地方志资源，主动为经济社会服务；较为成熟的工作体制与工作机制，为方志文化的发展，为方志文化发挥社会效用提供强有力的保障。

地方志在融入“一带一路”等国家发展倡议的工作有很多亮点，为加快国家发展倡议提供历史借鉴和智库支撑。“一带一路”相关区域以培植地情信息资源为核心，以地方史志资源开发利用为目的，以地情资料库和地情网站建设为龙头，全面推动方志资源的开发利用，为“一带一路”建设服务。综观相关区域方志资源开发利用情况，这项工作呈现出“三个中心”的模式，即以方志馆（室）为依托，建设地方文献中心；以地情数据库为龙头，建设地情资料中心；积极开展区域地情研究及研究论著的征集工作，形成区域研究及课题咨询中心。

（一）地方文献中心建设

1. 做好志鉴编修是地方文献中心建设的基石

地方文献是一个地区长期以来社会发展的信息载体，能够直接、真实地反映这一地区的社会发展过程。方志事业发展到今天，“志”的内涵扩展到各类志书、年鉴、地情资料书等所有志类产品，丰富了地方文献的内容。各地对于列入政府规划的省、市、县三级志书，精心编纂、按期完成，并积极组织各类部门志、行业志、专业志、企业志、基层志、人物志等志书的编纂工作，大力推动旧志整理工作，扎实推进地方综合年鉴、专业年鉴、部门年鉴、企业年鉴、行业年鉴工作，出版社会急需而又能够丰富地方文献中心内涵的地情资料书，为“地方文献中心”建设打下坚实的基础。蔚然可观的地方志成果群，为人民群众提供了丰富的精神食粮，成为党委政府决策参考、社会科学研究、历史文化遗产发掘保护的重要资料来源。“一带一路”倡议的提出，是中华民族在文明发展进程中的机遇和挑战。地方志工作机构坚守职责，全面、忠实地记录时代变革，并通过大事件、大项目志集中展现时代风采。

2014 年 8 月，由新疆维吾尔自治区和昌吉州地方志办公室申报，中指办确定，昌吉州吉木萨尔县北庭镇作为历史文化名镇列入全国首批中国名镇志文化工程名单。《北庭镇志》的编纂，将更好地传承丝绸之路历史文化，保存乡土文化记忆，挖掘历史智慧，有效保护世界文化遗产——北庭故城遗址，为打造丝绸之路历史文化名镇奠定了坚实的历史文化基础。同时，为探索我国乡镇发展历史文化经验，增强国家软实力，实现民族伟大复兴和中国梦提供历史智慧和智力支持。《北庭镇志》的编纂，更具有维护祖国西部边疆领土完整、社会稳定、民族团结的重大现实意义和社会价值。

2. 利用方志的传播提升文化软实力

文化软实力，通常可以理解为是通过文化方式和文化载体等表现出来的影响和能力。提升文化软实力要有深厚的文化根基。作为中华文化重要组成部分的地方志书，它是一地传统文化的根谱，在提升文化软实力中有着非常重要的作用。地方志是中华民族优秀的文化遗产，也是人类共同的精神财富。地方志贯通中国历史与现实，受到国外的欢迎，成为外国人了解中国、认识中国的主要途径之一。历史上，世界上许多国家都通过各种方式主动收藏中国地方志。改革开放后，中外文化交流越来越频繁，方志文化资源通过宣传、推广、营销、赠予、交换等形式对外传播，国外收藏中国方志的范围与数量扩大。据一些学者统计，美、日两国藏有中国明代地方志孤本 40 多种 900 多卷，哈佛大学图书馆收藏康熙、雍正、乾隆时期中国地方志书 3500 多种、3.5 万卷[①]，美国国会图书馆收藏的中国地方志总数不下 5000 种，美国犹他州家谱学会也保存了我国 5000 多种地方志和数千种家谱。[②] 国外在收藏我国地方志的同时，利用各种地方志进行科学研究。如日本学者曾根据我国的《八闽通志》《霞浦县志》和福建其他地方志中有关渔业资源的资料撰写论文，以供本国渔业生产参考。

3. 方志馆是形成地方文献中心的主要载体

2011 年，中国社科院原副院长、中指组原常务副组长朱佳木阐述了什么是方志馆的见解，“对方志馆要重新认识、重新定位，要在方志馆的定义上创新”“首先要把它建成地情馆、国情馆”“方志馆把地情实物化、展品化，也是对文化服务设施的一种创新。”[③] 方志馆是开发利用方志资料的立体平台。方志馆一般具有四个功能：（1）收藏功能，以地方志为主，兼收方志理论、报刊资

---

① 陈曼平：《方志文化发展改革浅探》，《中国地方志》2012 年第 3 期。

② 王熹：《方志文献国际学术研讨会述评（上）》，《中国地方志》2012 年第 3 期。

③ 朱佳木：《什么是方志馆以及应当怎样建设方志馆——在杭州方志馆设计方案论证会上的讲话》，《中国地方志》2012 年第 2 期。

料、史志文稿等；（2）研究功能，以地方志系统内有研究能力的专业人才为主，吸收社会名流参与方志理论和地情研究；（3）编修功能，志馆承担各类志书、年鉴、刊物的编纂业务；（4）咨询服务功能，即为地方两个文明建设提供资料查阅咨询服务。科学的馆藏体系与馆藏结构，相对完善的馆藏收集、整理、服务机制，初步具备了支持研究决策的能力。

各地方志馆建设基本上向着立体化发展，既有较好的硬件设施，为方志纸质载体提供足够的收藏空间；又有越来越精彩的方志网站数字化软件建设，为开发利用方志资料提供零距离服务。截至 2016 年 9 月 30 日，全国已建设国家方志馆 1 个、省级方志馆 16 个、市级 101 个、县级馆 350 个。

课题组在广东调研期间重点调研了广东省方志馆、广州市方志馆和深圳市方志馆。广东省方志馆建成于 2014 年，总建筑面积 10800 平方米，是广东省重点建设的 9 项文化设施之一，也是广东省有史以来的首个省级方志馆。调研期间，还恰逢广东省家谱家训家风展在广东省方志馆举行，广东省地方志办公室调研员李海迪和广东省方志馆副馆长杜冬生介绍了展览中一些与海丝相关的内容，中国人尤其一些侨居海外的中国人对于家乡的感情都是很深的，这是我们实施“一带一路”建设国家发展倡议重要的情感纽带。在广州市方志馆调研时，广州方志馆的工作人员为课题组介绍了广州这些年的发展情况和地方志工作创新工作模式为地方经济社会发展服务的一些具体做法。广州市地方志办公室主任、广州市方志馆馆长黄小晶认为，随着新型城市化发展和建设世界级珠三角城市群的步伐日益加快，以国际大都市定位自身的广州与世界的联系更加紧密，“让广州走向世界、让世界了解广州”正在切实落地。身处全球化“桥头堡”的广州，再次迎来提升对外开放水平的历史机遇，要通过积极参与 21 世纪海上丝绸之路建设，与东南亚等国家加强产业合作，推动产业结构转型升级，实现外向型经济向开放型经济的转变。建设 21 世纪海上丝绸之路，最有代表性的港口城市广州应发挥独特优势，力争更大作为。深圳市方志馆由深圳市史志办公室与深圳市档案中心合建，占地 10000 平方米。该馆将包含六大功能区，分别为地方文献、地方史志收藏中心、地情展示中心、地方历史人物展示中心、地情研究咨询中心、中西史志文化交流基地等。深圳市史志办公室主任黄玲介绍了该馆的馆藏情况，尤其是一些特藏。她认为，深圳地处“21 世纪海上丝绸之路”的要冲，毗邻香港，面向东南亚，是中国东盟自贸区的桥头堡，有吞吐量全球排名第三的深圳港。深圳市提出“大力发展湾区经济，建设21世纪海上丝绸之路枢纽”，深圳市史志办及方志馆也将以此为目标，全力服务“一带一路”建设。

4. 地方文献中心对于开发利用方志资源的作用

地方文献不仅涵盖内容十分广泛，而且存在形式也呈现出多样化的特点。各地各级方志馆加大工作力度，搜集范围不断扩大，种类不断增加，包括地方报刊、地方政府颁发的法规文件，在修志过程中形成的文物、档案、图片、稿件资料，地方各部门刊印的各种普查、统计、汇编、图表、手册资料，事关地方的专题、专著、调研资料，与当地有关的磁带、软盘和正式出版的电子版图书、多媒体文字声像资料等，丰富了“地方文献中心”建设的内容。如山东省史志博物馆，展览面积1000余平方米，展出文物文献3000余件，图片1000余幅，真实再现了山东省历代修志的历程，充分展现了史志事业发展取得的成绩。史志博物馆建成后免费向公众开放，吸引包括韩国、法国、美国学者以及港澳台同胞在内的3000余人次进馆参观。还在山东省情网开设了网上虚拟展馆，运用3D视频与动画技术，使浏览者通过互联网足不出户就能身临其境感受展馆现场，进一步扩大服务功能，成为地方志收藏展示中心、地方文化对外交流中心、爱国主义宣传教育基地。

（二）地情资料中心建设

1. 建设地情资料库和地情网站是地情资料中心建设的基本途径

方志资源开发利用要达到方志工作信息化、方志信息资源化、方志资源产业化的目标。利用现代信息技术，更好地为社会服务。2015年12月1日，由中指组主办的中国地情网、中国方志网开通，实现了国家、省、市、县四级地情网站全覆盖。中国地情网是全国地情网站的集群，致力于各地地情网站资源的整合与开发，努力打造全国地情信息的展示、检索、服务和共享中心。中国方志网是全国地方志系统门户网站，将努力打造成全国地方志系统的信息发布平台、在线服务平台和互动交流平台。中国方志网具有一屏展示、标签化、智能化、集约化等特点，凸显方志文化特色。两网形成纵贯古今、横及百科、内容丰富、特色鲜明的大型地情资料网站，成为各界人士回顾中国历史、了解中国国情、把握中国发展脉搏的重要信息平台。新旧志书、年鉴、期刊以及地情书等成果的数字化工作正在稳步推进。

2. 实行地情资料年报制度是地情资料中心建设的重要手段

只有占有足够的方志资源，才能更好为地方志的开发利用奠定基础、提供保证。随着国家经济体制和政治体制改革的不断深化，客观上要求资料工作随着形势变化有所创新。2006 年 1 月，广州市政府办公厅印发《广州市地方志资料年报制度》，在全国首创地方志资料年报（简称年报）制度并开展年报工作。随后各地各级史志机构纷纷探索建立年报制度，形成常规性的资料收集网络，把征集地情资料作为各级史志机构的基础性工作，纳入工作议事日程，长抓不懈。年报资料不仅包括省、市、县三级行政区域内各行业事业发展的年度详细资料和全省三级综合年鉴编纂所需资料，还包括各种基础地情资料，实现方志事业可持续发展。在深圳市方志馆调研时，工作人员还专门展示了他们历年的年报资料档案。

3. 地情资料中心对于开发利用方志资源的作用

方志汇集一方自然、经济、政治、文化等各个方面的信息，这些信息蕴藏着长久的生命力，可指导人们探寻舆情概貌，一旦被人们所认识，就能转化为经济文化建设的动力。

2014 年 11 月 28 日，海上丝绸之路与世界文化遗产申报学术研讨会在广州举行，中国社科院副院长、中指组常务副组长李培林等专家出席会议，为“海上丝绸之路”建设支招。同日在泉州召开的研讨会上，北海、广州、漳州、泉州、福州、宁波、南京、扬州、蓬莱 9 个城市达成“泉州共识”，决定联合推动“海上丝绸之路”文化遗产列入《世界遗产名录》。在这个大规模的申遗活动中，方志资源发挥重要资料作用。福建为武夷山、土楼、“海上丝绸之路”申报世界遗产，福建方志委发挥方志资料的优势参与申报工作，获得贡献奖。

（三）区域研究和课题咨询中心建设

1. 区域研究和课题咨询的概念界定

“区域研究和课题咨询”指以一定地域范围内的自然与社会、历史与现状为研究对象，以志书、年鉴等地方文献为基础资料，运用历史学、地理学、经济学和社会学等多学科的理论和方法进行理论研究，目的在于从理论上构建区域的具体状态及特点，反映区域发展变化的多元性内在运行逻辑，探索这种状态在当地历史发展过程中的复杂性，深化对区域情况的认识，揭示区域经济、社会等各项事业发展的一般规律，阐释区域文化内涵，总结汲取区域内各项事业发展的历史经验和教训，为地方经济社会发展提供专题咨询等智力支持和服务。结合地方志编修的特点和规律，根据区域研究和课题咨询的过程和终端成果来分，“区域研究和课题咨询”有广义和狭义之分。广义的区域研究包括编修各级志书、年鉴，编撰地方史，编写地情宣传材料，专题资料汇编等，因为志书、年鉴等编修过程也包含区域研究成分。狭义的区域研究则专指这方面的研究论文和专著、调研报告，在研究的基础上针对有关问题提供相应的对策、建议和专题咨询服务等。

2. 区域研究和课题咨询的特点和基本方法

方志系统开展的区域研究和咨询工作有三个明显特点：第一，区域研究和课题咨询紧密联系修志编鉴工作的实际，结合志书、年鉴编修的特点和规律，将区域研究融入编修志书、年鉴的过程，成为日常史志工作的一部分。第二，紧密结合“地方文献中心”和“地情资料中心”的建设，科学规划，配套进行。第三，研究人员以修志人员为主，专兼职相结合。在区域研究的基本方法中，研究课题的选题至关重要。首先，要进行研究课题的来源分类，大体分为以下几种类型:（1）现实的需要，即围绕党委、政府的中心工作，把为政府决策和社会各项事业的发展服务作为课题来源。（2）上级和社会指定。（3）理论研究的需要，即在编修志书、年鉴及收集分析地方文献资料和地情资料过程中发现和积累的研究线索和课题。其次，题目初步确定后，要进行专门的课题论证。进行可行性论证和成果预计去向及使用范围的论证，整理与该课题相关的研究成果，对该领域有整体把握和深刻的了解，知晓这个课题目前的研究现状，在前人研究成果的基础上继续和延伸。

3. 区域研究和课题咨询中心建设对方志资源开发利用的推动作用

区域研究和课题咨询是方志资治功能适应社会发展变化，发展到今天的必然结果和有效形式。建立在开发利用方志资源基础上的区域研究和课题咨询则是现实的、主动的和超前的，它既可解决全局性问题，如总结本区域历史上的经验教训，为社会提供具有深邃理性的历史启示和具有反思性、哲理性的解答，揭示当地经济社会发展规律，使决策者获得深远的战略性的历史眼光，做出正确的宏观性决策，又可通过有针对性地咨询解决一些现实的具体问题。

2014年8月，新疆塔城地区地方志办公室历经两年完成《塔城草原丝绸之路贸易史研究（通俗版）》课题研究，填补了塔城贸易历史的研究空白，将为塔城发展开放型经济，参与建设“丝绸之路经济带”提供历史借鉴。课题约8万字，分为六部分：一是塔城先秦魏晋南北朝时期的丝绸之路；二是塔城隋唐辽宋金元明时期丝绸之路；三是塔城清朝时期丝绸之路；四是塔城民国时期对外贸易；五是新中国成立后塔城对外贸易；六是塔城向西开放发展对策。该课题通过对塔城由古至今贸易史研究，进一步印证习近平总书记的“共建‘丝绸之路经济带’”论述，为地委书记张博在地委扩大会议上关于“塔城地区作‘五通’的前沿，作‘二合’的载体”的论述提供历史和现实依据。

2014年6月13日，海南省地方志办公室与中国社科院中国边疆史地研究中心达成合作研究海上丝绸之路课题的初步意向，提出课题研究机构的初步框架，拟订12个子课题。双方议定，先期启动“海南在海上丝绸之路建设中的战略地位”等2个子课题，形成专题研究报告，报海南省领导和中国社科院领导，以此带动整个课题的深化和拓展，最终形成系列专著。

方志文化在发展中积极提高公共服务水平，为人民群众提供了大量优质、便捷、惠民的公共文化服务。方志文化与其他领域的交流合作将更加普遍，方志文化的特点与作用进一步发挥。与旅游部门合作，积极参与当地旅游项目建设，利用方志资源充分挖掘本地旅游资源的文化内涵，提高旅游资源的文化品位，提升区域旅游竞争力。与文博部门合作，积极参与地方历史文化资源保护，利用方志资料阐明地方文化资源历史渊源，历史价值与现实意义，发挥地方志在地方历史文化资源保护中的作用；与相关企业合作，积极参与地方特色产品开发，利用方志资源恢复或重建地方特色产品生产工艺，阐明地方特产历史内涵，提高产品的附加值。与宣传、教育部门合作，积极参与宣传教育活动，利用方志资源以及方志中展现的人文精神，进行爱国主义教育，社会主义教育。积极参与本地的港澳台工作、侨务、外事活动，发挥方志在联系海内外同胞，增进民族感情上的纽带作用。加强与其他各部门、各领域的交流合作，充分发挥方志文化的特点与优势，实现互助共赢，更好地为经济社会发展服务。

李克强总理在为第五次全国地方志工作会议批示中指出：“修志问道，以启未来。”志书是辅治之书。很多地方领导将志书当作资治通鉴，将方志机构当参谋部，将修志者当智囊团成员，这是地方领导开明之举，方志人应当引为自豪。方志文化为地方经济社会和文化建设提供前人的智慧和历史信息。方志资料是静态的，通过人们动态地研究和认识，必将成为科学决策的依据。方志系统将围绕中心工作，规划开展领导和社会关注，影响力大的项目。

三、开发地方志资源，服务“一带一路”建设的困难和障碍

（一）缺乏对文物和文化史迹的统一宣传推广

海上丝绸之路沿线各大海港城市，如泉州、广州，都有众多的海上丝绸之路文物精品和文化史迹，由于分属不同管理部门，在宣传推广上并没有统一。各个部门各自为战，相对而言，博物馆界比较注重文物和文化史迹的展示和推广活动，而图书馆界和方志界则对相关文献记载宣传不够，“养在深闺人未识”情况比较明显。方志界只有极少数城市，如《广州市文物志》《广州海洋文明遗迹与文物》等对有关海上丝绸之路文物和文化史迹的介绍。福建省虽举办海丝历史文献资料收集整理专家学术研讨会，但目前成果仍未见。即便如此，目前已经出版的一些有关海上丝绸之路的书籍仅是专业人员的研究成果，仍然没有一种面向大众的、系统介绍海上丝绸之路文物与文化史迹的读物，或者电子出版物。

（二）“水和船”元素的开发不够

“水和船”是海上丝绸之路最重要的元素，但是在各类志书和地情书中开发力度欠缺。以广州为例，在历史文献记载、外国人游记和清代的外销画、晚清民国的老照片中，广州海上丝绸之路与珠江的运输条件及两岸的港口关系十分紧密。在清代中期，珠江上各式各样的船舶密密麻麻，船舶的数量、规模和种类均超过意大利水城威尼斯等，是世界上最繁忙的港口。广州对涉及海上丝绸之路的考古遗址、重要出土文物、遗留的古建筑、墓地等固定的历史遗存都很重视，然而对流动和“水和船”元素关注不够。此次课题组调研的南沙港的建设成就十分突出，发展很快。港口工作人员提出，南沙在对接“一带一路”倡议方面，要将国际航运中心的建设作为重要抓手，不断加快国际航运中心建

设，积极推动南沙融入“一带一路”建设。

（三）对海上丝绸之路缺乏系统全面的研究

海上丝绸之路学是一门汇聚众多学科、多元化综合研究的学问，涵盖了大多数人文学科和部分自然学科。海上丝绸之路文献的特点是“散”，体现在同一类材料可以分散在同一个国家的不同典籍，也可以分散在不同语言、不同信仰、不同国家的不同典籍里面。由于缺乏系统的分类整理，造成了研究对象极广但是文献资料极其分散的情况，从中寻找参考资料有如海底捞针，对研究者的利用十分不利。与陆上丝绸之路文献整理研究相比，海上丝绸之路文献的搜集整理工作已经远远落后，相关成果极为鲜见，仅有《广州文化遗产·海上丝绸之路——文献辑要卷》等少数几种，且整理的文献以广州地方史料为主，尚未见有对古代海上丝绸之路文献进行整体系统整理的工具书问世。

（四）方志界缺乏对丝绸之路有研究的人才

完备的资料是进行学术研究的基本条件，海上丝绸之路的持续深入研究更有赖于对文献的系统整理，这项对技术要求很高的基础工作仍然需要有人来做。根据《规划纲要》的要求，目前正是第二轮修志工作攻坚阶段，时间紧，任务重，根本没有足够的时间和人力来对志书中散见的有关“一带一路”的资料进行系统整理和归类。而且囿于专业和知识结构的限制，方志界具备这一能力的人还比较少。同时，丝绸之路相关资料更多的是在旧志中记载，要想从浩瀚的旧志中将相关资料提炼出来，不仅需要编者具有丰厚的古文字功底，还要具备民族语言和文字的阅读能力，同时具备这两项能力的专业人才更是凤毛麟角。

（五）“一带一路”相关省份志书“家底”不够厚实

“一带一路”中心城市，除福建、广东相关城市修志历史相对久远、志书成果相对丰富外，其他省份相关城市志书家底都比较薄弱，尤其是海南、广西等省（自治区）。如何从当地其他文献或全国性史书、志书中查找相关资料，以丰富薄弱省份的文献资源，是目前需要认真考虑的一个问题。

（六）经费保障困难

海上丝绸之路文献点多面广的特点，造成文献极为分散、覆盖面非常广，而古代文献、地方文献与海外文献占有相当大的比例，这些文献价格较之普通文献偏高，因此容易导致经费短缺的问题。而各级地方志工作机构的经费是有限的，大多数经费都用于编纂志书和年鉴，对海上丝绸之路的文献购买和整理并未提上议事日程，因此需要另立项目，争取更大的资金支持。

（七）缺乏联动机制

目前各地方志馆、图书馆、博物馆等公共社会服务机构都在想办法谋划海上丝绸之路文献资源建设，而且采取了多种办法。但根据目前的情况，要想建立完善的海上丝绸之路文献资源库，仅仅依靠个别或少数方志馆、图书馆、博物馆来实现很不现实。海上丝绸之路 9 个申遗城市本身就蕴藏着极为丰富的海上丝绸之路文献史料和史迹遗存，而为了联合申遗，都还有加强对各自相关文献资源采购的需要。9 个申遗城市之间并没有建立联合采购机制，使有限的资源发挥最大效益。

（八）各地区文献资料搜集整理进度不平衡

目前福建和广东已经开始重视海上丝绸之路相关文献资料的搜集工作，召集各界专家学者进行学术研讨，已经取得部分成果，有的成果通过各种形式固定下来，并在“一带一路”经济建设中发挥重要作用。但更多的“一带一路”相关省份和城市对此项工作重视程度不够，还处于有想法没有实际行动的状态。

（九）研究方向单一

志书中虽然对“一带一路”的内容记载不多，但仍零星可见，目前研究更多关注丝绸之路经济带提出的背景内涵、空间范围、战略意义、发展现状、面临挑战等方面，停留在宏观的战略构想层面，但对具体合作的原则、主体、内容、平台、机制、模式、发展目标、阶段性战略重点及其政策措施等可操作性层面的研究亟待深化。

四、开发利用地方志文化资源服务“一带一路”建设的对策建议

地方志资源开发利用的主要内容有三个：一是提供地情信息服务，二是开展地情宣传，三是进行地情研究。刘延东副总理指出：“地方志应该是严谨的资料性文献，但是传播地方志的形式和方式应该是生动活泼的。”因此，搜集、开发、利用地方志资源，通过征集“一带一路”所涉及的相关省市的历史及现实资料，构建“一带一路”大数据中心，供政府相关决策部门参考，是地方志工作者义不容辞的责任。

（一）开发利用地方志资源服务“一带一路”建设的思想基础

第一，牢固树立质量意识，为地方志资源开发利用工作打下坚实基础。质量是志书的生命。编纂不出高质量的志书，地方志开发利用工作就是无源之水、无本之木。因此，要毫不动摇地坚守质量第一的原则，真正使志书成为翔实可靠的地情资料文献。志书内容要贴近党委政府中心工作，围绕发展大局，全面反映各行业各部门的情况；要贴近社会大众，系统记载民众生活，全面反映人民群众的喜怒哀乐。当前，尤其要紧紧围绕“四个全面”战略部署，围绕国民经济和社会发展的总需要，突出记述各地在实现“两个一百年”奋斗目标和中华民族伟大复兴中国梦的伟大进程中，取得的新成绩、新经验，以及存在的新困难、新问题，及时收录新事物、新学科、新观点、新知识。志书资料要拓宽搜集渠道，保证全面性；要坚持客观真实的原则，保证权威性；要提高存史、资政、育人的价值，保证有效性。

第二，牢固树立服务意识，充分展示地方志资源蕴含的巨大价值。国务院《地方志工作条例》明确规定：“地方志工作应当为地方经济社会的全面发展服务。县级以上地方人民政府负责地方志工作的机构应当积极开拓社会用志途径，可以通过建设资料库、网站等方式，加强地方志工作的信息化建设。”因此，做好地方志资源开发利用工作是各级地方志工作机构的法定职责。各地在继续沿用以往各种开发利用方式的同时，要大力提升工作水平。可以考虑整合“一带一路”沿线城市的地方志信息资料，编纂出有深度的专题发展报告，为

党委政府决策服务；也可以利用地方志辑录的文献资料建立“一带一路”专题资料库，利用记录的数据资料建立“一带一路”专题数据库，利用积累的图片资料建立“一带一路”专题图片资料库，为社会各界服务。

第三，牢固树立研究意识，为地方志资源开发利用工作提供理论支撑。做好地方志资源开发利用，既要有实践中的真抓实干，更要有理论上的探索研究，理论和实践两者相辅相成，不可或缺。要紧密结合“一带一路”倡议实际和开发利用工作实践，通过有计划、有目的地召开学术研讨会，设立专项课题，组织编写著作，动员广大专家学者和地方志工作者，对开发利用的意义、方式以及在服务“一带一路”建设等问题进行深入讨论。

（二）开发利用地方志资源服务“一带一路”建设的制度保障

第一，强化组织领导。地方志是官书，需要官修。要进一步完善领导机制，坚持党委领导、政府主持，地方志机构组织实施的开发利用地方志资源机制，做到“一纳入，八到位”，形成部门密切配合、齐心协力做好开发利用地方志资源，推进地方志事业的健康发展。要按照国务院《地方志工作条例》赋予的职责，依法依规、健康有序地开展地方志资源的开发利用工作，使地方志工作步入法治化轨道，增强地方志工作的权威性、规范性和可操作性。

第二，加强宣传工作。要利用各种场合、渠道对地方志资源进行宣传，尤其是在对“一带一路”建设方面，扩大地方志资源的影响。一是利用报刊、电视台、网络和社会公益广告等媒体对地方志资源成果进行宣传报道，扩大舆论范围；二是利用节假日举办“一带一路”专题书展，提高地方志资源成果的知名度。

第三，健全工作机制。开发利用地方志资源涵盖经济发展和社会事业的各个方面，要建立健全相应的工作机制。建立完善的开发利用工作管理规程，建立财政保障机制、激励机制、奖惩机制和表彰机制，实行目标管理，形成整体合力。建立起完整的开发利用评价体系，将开发利用工作情况纳入党委政府工作督查和检查范围，将完成情况纳入各级领导行政执行能力和公信度考核，保证开发利用工作顺利开展。

第四，加强队伍建设。要按照《地方志工作条例》和《规划纲要》的要求，加强队伍建设，建立稳定、专业的编纂队伍，切实提高编纂人员的业务素质和技能水平。建立健全工作机构，增强编纂力量，加强业务培训和方志理论研究，以培养高层次人才和中坚骨干力量为重点，造就一支高素质的编纂队伍。

第五，增加经费投入。开发利用地方志资源必须有相应的资金支持，除积极争取财政拨付经费外，应采取多种渠道筹集经费，投入到开发利用地方志资源中去。

（三）开发利用地方志资源服务"一带一路"建设的具体措施

开发利用地方志资源服务"一带一路"建设应以多种生动活泼的方式开展。主要方式有以下几个方面。

1. 地方志信息化建设

在当今信息化、网络化时代，地方志工作机构要加强信息化建设，充分利用现代信息传播技术具有的容量大、传播快、使用便捷等优势，为社会与广大群众提供全面系统的地情信息服务。地方志信息化建设包括数据库、网站与系统建设和地情资料的收集与数字化等。一是利用政府门户网站或地情网站，设置"一带一路"专题栏目或网页，立足网络，将已出版的地方志资源上网发布，构筑地方志资源数字信息平台，实现地方志资源共享，积极推进"一带一路"建设。二是与书店、图书馆等部门协作，在书店开设"一带一路"建设成果专柜，体现地方志资源服务利用价值，在图书馆建立地方志资源成果展示库，搭建地方志资源利用多平台，合理使用地方志资源，为开发利用地方志资源节省人力、物力和财力，方便公众的查阅和利用。三是开发地方志资源信息产品，结合"一带一路"建设，利用地方志资源成果，根据不同层次、不同领域、不同目标和项目的需求，开发一些具有一定内涵、可信度高和参考价值的"一带一路"相关信息产品，如教材简读本、情况简介、资料汇编、前景预测、专题信息、论点汇编等，为"一带一路"倡议献计献策。四是建立地方志资源的现代网络管理和检索系统，编制本地区地方志的全文数据库，满足读者快速获取资料信息需求。

2. 方志馆建设

突破"方志馆=资料室+办公室"的传统模式，把方志馆定位为地情馆和公共文化服务设施，立足地情，面向社会，完善服务功能，提高服务水平，使之成为地方志服务社会的重要平台。从开发利用的角度，方志馆应具备地情展示与教育、地方文献收藏与服务、地情信息收集与发布三大功能。在方志馆设“一带一路”专题展室，并作为常设展览。地情展示与教育，即展示“一带一路”沿线城市区域发展历史与现状，向群众进行地情教育。展示内容要着眼于基本地情，突出地方特色，宣传发展成就，区别于博物馆和其他专项展馆。地方文献收藏与服务，即收藏“一带一路”沿线城市区域历代方志与新编志书、民国时期年鉴与新编年鉴、谱牒、地情文献与文物等，向群众提供借阅服务。地情信息收集与发布，即加强“一带一路”沿线城市地情网站建设和“一带一路”专题栏目、网页建设，收集与发布“一带一路”沿线城市区域历史、现实地情信息，提高地情信息服务。

3. 编写“一带一路”相关地情书、编辑地情资料

与组织部门合作，面向各级领导与机关干部，编写“一带一路”干部读本，提供资政参考；与教育部门合作，面向中小学生编写“一带一路”学生教材；与出版社合作，面向社会读者，编写“一带一路”社会普及读物。

4. 拍摄“一带一路”专题片、纪录片

与电视台、电台合作，拍摄“一带一路”专题地情片，制作专题地情节目；与报社合作，开辟“一带一路”地情知识专栏。

5. 举办“一带一路”知识讲座与地情展览

面向领导干部和广大群众，举办地方志讲坛、“一带一路”地情知识讲座；结合重大节日、纪念日，举办“一带一路”地情展览，宣传与普及地情知识。在举办地情讲座方面，重视干部培训的重要阵地——党校的作用，积极推动地方志进党校，为领导干部举办地情知识讲座，争取地情教育纳入党校课程。

6. 开展“一带一路”地情研究

结合中心工作与经济社会发展，开展“一带一路”专题研究，挖掘“一带一路”沿线城市区域的历史与文化资源，向党委政府提出工作建议。

7. 向领导干部赠送地方志书

推动领导干部读地方志，有利于领导干部熟悉地情、以史为鉴，是开发利用的一项重要工作。习近平指出：“马上了解一个地方的重要情况，就要了解它的历史。了解历史的可靠的方法就是看志……我无论走到哪里，第一件事就是要看地方志，这样做，可以较快地了解到一个地方的山川地貌、乡情民俗、名流商贾、桑麻农事，可以从中把握很多带有规律性的东西。可谓‘开卷有益’。”说明了志书对领导工作的重要性。地方志工作机构要主动向领导干部赠送地方志书及“一带一路”地情书籍等。书籍出版后，及时赠送本级党委、政府、人大、政协领导班子成员及其部门主要领导、下一级党政主要领导。凡遇领导成员调整，应及时向新任领导赠送。

8. 利用地方志推动“一带一路”沿线城市的旅游业可持续发展

“一带一路”沿线城市旅游业的发展可以加速带动当地经济社会发展。一是利用旧志线索。旧志记载旅游信息主要有四大类：自然景观中记载名山胜景、幽洞岩谷、秀水碧湖、潭泉瀑潮及动植物；人文景观中记载古城镇、园林、寺庙双庵、塔桥牌坊、陵墓遗址、石刻题咏、神话传说及民俗风情；土特名产记载各地风味特产；旅游设施中记载古代驿站、会馆、酒楼及娱乐场所。这体现了地方志为经济建设服务的价值。二是为开发“一带一路”沿线城市区域旅游资源提供真实、系统的信息资料。随着社会生产力的提高、科学技术的发展、交通工具的改进、生活水平的改善，旅游成为现今人们生活的一项精神文化需求。地方志提供了当地自然条件和地理环境的系统科学资料，地形、地貌、山川、河流、土壤、植被情况以及旧有的古迹名胜资料。需要政府部门规划、修复、整理、维护、开发和利用，通过地方志书提供的信息资料进行探索、研究，并与当地城市规划、旅游管理、市政建设、交通运输、经济开发等多部门的配合，充分合理运用一切有利因素和手段，大力开发和宣传，提高地方旅游资源，使当地的经济、文化得到进一步提高。挖掘志书资源，积极出版地情资料，利用地方志大量地情资源优势，编辑出版一些地情丛书、专题丛书，如旅游指南、画册、风景挂历、本地概况、旅游大观等；或出版一些富有特色的刊物介绍“一带一路”沿线城市区域历史源流、风土人情、经济资源以及区域生态经济、旅游经济、假日经济、文化市场等内容，以吸引更多读者。三是为招商引资，发展“一带一路”沿线城市区域经济牵线搭桥。地方志突出记述了当地独具特色的资源历史、现状和开发利用过程，是发展经济、开发潜在资源的最实用的参考书。随着旅游业的发展，“一带一路”沿线城市区域要根据自身历史文化名城的特色开展宣传和活动，把丰富的旅游资源变为发展社会主义国民经济的支柱产业，地方志部门应积极参与保护与开发，大力宣传地方特色，积极发展文化旅游项目，为当地经济繁荣作出贡献。四是为申报世界文化遗产项目作贡献。我国加入联合国《保护世界文化和自然遗产公约》至今，已成为世界文化遗产最多的国家之一。入选世界文化遗产不但向世界弘扬了我国五千年的文明史，而且展现了神州大地锦绣河山和丰富的文化遗产的巨大价值。“一带一路”沿线城市区域中，不乏诸多文化遗产，已经成为世界文化遗产或可以申报世界文化遗产。而在已被批准的文化遗产地和正在申报的文化遗产地的申报文本中，参考文献很多都是充分利用祖先留下来的地方志遗产资料为主体，进行历史、科学和艺术的全面论述，为申报世界遗产，延续中华民族文明史，提高我国威望，作出了不可估量的贡献。五是为祖籍是“一带一路”沿线城市区域的海内外华侨寻根谒祖服务。地方志记载姓氏、宗谱，为海内外华人、华侨提供寻根问祖、联络亲友的珍贵信息依据，使其“不忘祖德、不舍亲谊”。这对于“一带一路”沿线城市区域的经济、文化、旅游有着不可估量的作用，同时也有利于志书走出国门，走向世界，发挥更大的社会效益和经济效益。地方志工作机构可以通过开展地方志学术交流活动，对外宣传本地社会、经济、文化及开发旅游资源价值，沟通与境外有关方面的关系，通过以志交友，以志会友，增进友谊，宣传中国的修志事业，向在海外的华侨传递中国的新貌和修志信息，通过地方志，了解自己的家乡，激发海外同胞、港澳台同胞致力为家乡投资、建设作贡献。

此外，开发利用地方志文化资源服务“一带一路”建设还可利用网络的优势，建立如“一带一路”特色数据库，开设“一带一路”旅游资源数据库（包括资源开发、投资、市场、趋势），“一带一路”文史类数据库（包括历史现状、人文、风俗、社会、经济、商情等），还有新方志目录检索、地理资源检索、专题检索等读者、网民感兴趣的信息，以及编纂出版“一带一路”相关专著、论文、资料、地方志音像制品（电子版、光盘）等，利用现代化手段，不断扩大地方志的影响，实现地方志的资源利用价值。

总之，通过此次调研以及对相关问题的梳理，地方志工作者对于国家“一带一路”建设的关注度尚有待提高，虽然像广东、福建、新疆等地都做了一些前期工作，出版了一些相关专著，开展了一些专题研究，但视野还是欠开阔，开发地方志资源为“一带一路”建设服务，要放眼更高的目标，正如广州市地方志办公室副主任胡巧利在调研座谈中所说，我们在参与国家“一带一路”建设中，看似是通过开发地方志资源扩大地方志的利用和影响，其实是通过地方志来推广我们的中华文化，让优秀的中华文化走向世界，服务世界。

全国地方志专业出版基地建设报告

张　昊

提　要： 第五届中指组组成后，提出将方志出版社全面打造成为全国地方志专业出版基地的目标。2015—2016年，全国地方志专业出版基地在成都、长沙、太原等地建立多个分支机构；高度重视人才队伍建设，提高编辑队伍专业化水平；全面实施全国地方志“十大工程”，打造方志品牌；强调地方志书质量的建设。同时，推动地方志数字化和新媒体融合发展，加快数字化出版进程。未来，全国地方志专业出版基地将通过实施“十大工程”项目、构建全国志鉴出版网络、拓宽宣传途径、加强与学界联系、专业化分工等多种途径，完成全国地方志专业出版基地的建设目标。

关键词： 志书出版　质量　分支机构　出版基地

一、“全国地方志专业出版基地”目标的提出

创建于1995年的方志出版社是由中国社科院主管、中指办主办的全国唯一一家以出版地方志类图书为特色的国家级专业出版单位。20年前，创办一家专门出版地方志类图书的出版社，目的就是为全国新方志编修服务，提高新方志的质量和品位。成立20多年来，方志出版社出版的志鉴图书专业性强、质量好，差错少、装帧精美已成为地方志领域内的广泛共识，在一定程度上代表了我国新编地方志的出版水平。在全国首轮、第二轮地方志编修过程中，方志出版社承担了大量的省、市、县三级志书出版工作。广东、安徽、四川等多地

的省级志书以及大部分市、县（区）首轮、第二轮志书都由方志出版社负责出版发行。在全国地方志年鉴优秀成果权威评选中，方志出版社参评作品通报表扬率高达95%，在方志出版行业处于遥遥领先的地位。这些志书、年鉴质量好、品质高，为全面提高全国地方志书质量发挥了重要作用。

截至2016年12月底，全国第二轮修志时间过半，任务完成近半，有很大一批志书即将进入出版阶段，因此把好修志最后一关，做好提升志书质量的最后一个环节的工作迫在眉睫。

2013年12月第五届中指组组成后，中指组领导高度重视地方志质量建设，要求将精品意识贯穿于地方志编纂出版工作全过程。2014年4月召开的第五次全国地方志工作会议上，中指组组长王伟光首次提出“全国地方志专业出版基地”的目标。在会议报告中王伟光指出，要“推进方志出版社志书精品工程，建设全国地方志专业出版基地，努力打造一批优秀志书。”[①] 这是“全国地方志专业出版基地”目标的最初提出，也标志着全国地方志专业出版基地建设拉开序幕。

2015—2016年，中指组主要领导高度重视全国地方志专业出版基地建设，多次作出重要指示。在2015年4月召开的全国地方志机构主任工作会议上，王伟光组长在会议报告中两次提及全国地方志专业出版基地建设。他指出要“全力打造全国地方志专业出版基地，确保二轮修志任务高质量完成”，并再次强调要“推进中国志书精品工程，建设全国地方志专业出版基地，努力推出一批优秀志书。”中指组常务副组长李培林在方志出版社成立20周年座谈会上对于全国地方志专业出版基地建设作出具体部署以及发展规划，他指出“要适应地方志发展的新形势，制定中长期出版发展规划，保持出版社的可持续发展，努力将方志出版社打造成为全国一流的方志出版基地，成为方志文化产业的主力军。”[②]

2015年8月国务院办公厅发布《规划纲要》后，中指办主任冀祥德撰文指出，要将全国地方志专业出版基地建设工程作为贯彻落实《规划纲要》的重要抓手，列入中指办未来的“十大工程”之一。[③]

建设全国地方志专业出版基地绝不仅仅是方志出版社一家之事，也是全国

① 王伟光：《发扬成绩　谋划长远　奋力书写地方志事业发展新篇章——在第五次全国地方志工作会议上的工作报告》，《中国地方志》2014年第5期。

② 李培林：《凝心聚力　共谋发展　再创辉煌——在方志出版社成立20周年座谈会上的讲话》，2015年12月30日。

③ 冀祥德：《落实〈规划纲要〉实施“十大工程”》，《中国社会科学报》2015年9月11日。

地方志工作机构和地方志工作者的共同责任，更是方志事业不可或缺的重要组成部分。

二、全国地方志专业出版基地建设情况

2015—2016年，全国地方志专业出版基地在中指组及其办公室的正确领导下，认真学习贯彻习近平总书记、李克强总理、刘延东副总理关于地方志工作的重要讲话和批示精神，以《规划纲要》为指南，以全国地方志“十大工程”为抓手，坚持“方圆天下，志书古今”的宗旨，从分支机构建设、人才队伍建设、方志品牌建设、图书质量建设以及数字化出版建设等方面着手，科学发展，大胆探索，开拓创新，锐意进取，苦干实干，为地方志事业繁荣发展作出应有贡献。

（一）分支机构建设

按照中指组组长王伟光关于“要把方志出版社建设成全国地方志专业出版基地”的指示精神，从2015年起，通过大量深入调研、专题研究以及实地考察，经过多次与全国省级地方志机构的沟通，决定逐步在全国部分省、市设立分支机构。通过设立各地分支机构的方式，出版基地能够与各级地方志机构加强联系与合作，拓展业务领域，不断扩大社会影响力，为志书出版提供更加专业化的指导和把关，全面提高志书的出版质量。

自2016年4月起，成都、长沙、太原、黑龙江等多个分支机构相继成立。2016年4月19日，在全国地方志基层基础工作会议上，举行了出版基地第一个分支机构——成都工作站的揭牌仪式，标志着方志出版社向全国地方志专业出版基地目标迈出了关键一步。工作站的建立对于提高四川省志书、年鉴的出版质量，为四川省各级地方志机构提供更好的服务，提供了一个稳定、长期的对接平台。5月6日，长沙工作站正式成立。7月15日，太原工作站成立，该站的成立为山西省及其周边地区顺利完成第二轮修志任务，确保志书质量提供了重要的出版保障。9月20日，第四家分支机构——哈尔滨工作站成立。随后，浙江编辑部在绍兴市柯桥区成立。同时，其他各分支机构均在紧锣密鼓地筹建中。为加强对于各地工作站的管理，出版基地还专门成立了专项管理办公

室，并制定分支机构管理办法以及管理细则，对于各地分支机构按照“统一管理”“互利共赢”“共同协商”三项基本原则开展业务工作。

从现有的成果来看，分支机构的设立确实起到了更好服务各级地方志工作机构的作用，以专业化的出版服务，提高了志鉴编纂和出版质量，加快了地方志出版的总体进度，打造了一大批志鉴精品，为繁荣方志事业、实现地方志事业新跨越发展作出应有贡献。

（二）人才队伍建设

人才队伍是全国地方志专业出版基地建设的重要基石。2015—2016 年，为适应地方志事业发展的新形势和新要求，出版基地高度重视人才队伍建设，全面提高编辑队伍专业化水平，不断加大人才选拔和培养力度。

为贯彻落实《规划纲要》的要求，全面实现编辑队伍高度专业化分工，出版基地打破原有组织框架，重新整合编辑部门，成立省志编辑部、市县区志编辑部、名镇志编辑部、名村志专编辑部、志旧志编辑部、地方史编辑部、综合年鉴编辑部、地情与专业年鉴编辑部和社科（法治）编辑部 9 个专业化编辑部门。编辑部门的重构极大地提高了编辑队伍的专业化水平，全面实现编辑队伍高度专业化分工，为 2020 年建成全国志鉴类图书出版的高精尖机构与培训基地的目标迈出了重要一步。

2015—2016 年，出版基地不断加大人才选拔力度，充实编辑队伍，优化队伍结构，构建了一支高水平编辑团队。在 2015 年成功引进 1 名博士后、2 名硕士研究生和 2 名经验丰富的优秀编辑的基础上，根据地方志发展需求，2016 年出版基地再次引进 9 名高素质、高学历人才，其中博士 1 人、硕士 4 人。从现有情况看，出版基地已经初步打造了一个老中青相结合，具有高学历、高职称、高水平的编辑团队。其中博士学历 4 人，硕士 20 人，本科 21 人；具有高级职称 5 人，中级职称 21 人。出版基地还推出“首席编辑”机制，加强对编辑人员在出版物社会效应、社会价值、文化价值以及出版质量方面的考核和评价，引导编辑多出精品佳志。

（三）方志品牌建设

2015—2016 年，出版基地整合优质资源，全面实施全国地方志“十大工程”，着力推动民族地区与贫困地区志书出版资助工程、中国志书精品工程、中国名镇志文化工程、中国名村志文化工程、全国地方志“一体两翼”用志工程、中华家训文化工程等重大工程项目的出版工作，策划并出版了“名镇”“名村”“名志”“名鉴”“名训”系列丛书。2016 年,“民族地区与贫困地区志书出版资助丛书”“中国名镇志丛书”成功入选“十三五”国家重点图书出版规划。

中国志书精品工程部分图书顺利出版。《汶川特大地震抗震救灾志》《北辰区志》《威海市志》3 部志书于 2016 年被列入中国志书精品工程。其中《汶川特大地震抗震救灾志》已正式出版，该书是我国第一部由国家层面组织、针对特大自然灾害而编纂的志书，被列入“十二五”国家重点出版物出版规划，同时也是第一个中国志书精品工程项目。2016 年 5 月 12 日，在北京人民大会堂举办了《汶川特大地震抗震救灾志》出版座谈会。该书的出版，极大地扩大了出版基地的社会影响。该工程其他 2 部志书出版稳步推进。

中国年鉴精品工程按时启动。2016 年 11 月 13—14 日，中国年鉴精品工程专家指导会议在福建省福州市召开，会上对《山西年鉴（2016）》《广东年鉴（2016）》《南京年鉴（2016）》《拉萨年鉴（2016）》等 9 部年鉴进行评析，其中 7 部即将在方志出版社出版。

中国名镇志文化工程反响热烈。2016 年 5 月，首届全国名镇论坛暨《中国名镇志丛书》出版座谈会举行，会上发布了首批 11 部丛书，并播放《品读名镇 记住乡愁》宣传片，得到了与会领导的高度肯定和全国地方志系统乃至全社会的广泛关注,《人民日报》《光明日报》、中国社会科学网等多家媒体相继报道，宣传中国名镇志文化工程和《中国名镇志丛书》。

中国名村志文化工程如期启动。2016 年 10 月 31 日，在安徽省绩溪县举行中国名村志文化工程启动仪式。该工程是全面、翔实记录新型城镇化进程，调查基本村情，总结农村改革发展建设经验，促进农村经济社会发展的重大举措，旨在保护抢救、传承保存、开发利用宝贵的村落文化。出版基地将严格按照中指办的部署，加快名村志出版进度，提高出版质量，早日推出一批高质量的名村志。

全国地方志“一体两翼”用志工程取得阶段性成果。2016 年 8 月,《中国方志发展报告（2015）》出版座谈会暨《中国方志发展报告（2016）》编纂启动会在国家方志馆召开。该书的出版标志着“一体两翼”用志工程取得阶段性胜利，对于坚持修志为用，全面提升志书开发利用水平，搭建宣传、推广地方志平台作用，全面提升地方志工作的社会影响力有着重大意义。

民族地区与贫困地区志书出版资助工程首批图书即将出版。截至 2016 年 11 月，已经确定有两批共 13 部图书将在方志出版社出版，其中 3 部已在 2016 年底完成印刷出版，其余志书将在 2017 年完成出版。

除了上述各工程获得广泛关注外，出版基地还积极选派编辑到各个省、市、县参加志鉴评稿工作，派出资深编辑到有关地方志工作机构举办培训班授课。同时开通中国方志出版网，充分利用网络资源进行数字化宣传。

（四）图书质量建设

出版基地始终高度重视图书质量，将出版书籍的质量视作基地的生命线。通过对图书内容质量、编校质量、装帧质量以及印装质量等各个生产环节的层层把关，从而形成对出版物生产全过程的严密监控和科学管理，进而完成《规划纲要》所提出的“严把政治关、史实关、体例关、文字关、出版关”的具体要求，这样才能“出版经得起历史检验、具有鲜明时代特征和地域特色的地方志成果”。

2015—2016 年，出版基地各部门、各岗位依法、依据、依规开展工作，建立健全各项规章制度，构建了“以制度规范出版，建流程提高质量”的良性工作机制，形成了依法治社、制度治社的局面，以制度建设推动志书质量的提高。

一是牢牢把握正确政治方向和出版导向。不断强化导向意识、阵地意识以及把关意识，将社会效益放在首位，始终以坚守社会责任为己任，严守政治纪律和出版纪律。

二是加大业务培训力度。一方面通过定期组织“方志大讲堂”学术讲座，邀请行业权威人士进行讲座指导，加强编辑对地方志理论和图书出版规定、知识的学习和掌握。各编辑部门以内部业务学习会、碰头会等多种形式，针对性开展开展业务培训。另一方面，千方百计创造机会，鼓励编辑“走出去”，参加各类地方志行业的会议、培训、业务交流活动，不断拓宽视野，提高编辑能力。

三是高度重视图书审读队伍建设。聘请国家新闻出版总署质检中心、中国社科院、国家语委、科研院校、方志界以及出版行业内长期从事图书质量检查的审读专家参与图书质检工作。

（五）数字化出版建设

中央全面深化改革领导小组《关于推动传统媒体和新兴媒体融合发展的指导意见》指出，要“运用大数据、云计算、移动互联网、物联网等技术，加强出版内容、产品、用户数据库建设，提高数据采集、存储、管理、分析和运用能力。”地方志所记载的内容纵贯古今、横陈百科，记载翔实、数据准确，是治国理政不可或缺的思想宝库之一，对于提升国家文化软实力具有不可替代的重要作用。在网络时代，推动传统地方志与数字出版、大数据、云计算等融合，拓展地方志书使用途径，扩大方志社会影响，提高地方志利用水平是新时期方志人的必然选择。

出版基地牢牢抓住国家实施“互联网 +”的战略机遇，充分利用地方志的丰富资源，推动地方志数字化和新媒体融合发展。2016 年初，出版基地邀请数字化出版专家讲解国家相关政策法规，指导数字出版技术。根据地方志特点以及国内外先进数字出版业务情况，明确数字出版与纸质出版融合发展的工作思路，制定数字化转型升级项目方案。同时，设立信息部门，专门负责筹划项目运作，为数字出版以及信息化建设迈出开拓性一步。

三、全国地方志专业出版基地前景展望

全国地方志专业出版基地建设方兴未艾，前途似锦，可大有作为。下一步将从如下五方面着手，全面加强出版基地建设。

一是全力推进“十大工程”图书出版项目，打造方志品牌。出版基地牢固树立使命意识，将民族地区与贫困地区志书出版工程、中国名镇志文化工程、中国名村志文化工程、全国地方志“一体两翼”用志工程、中国志书精品工程以及中国年鉴精品工程等置于出版中心位置，确保各项工作有序开展。以实施“十大工程”的出版为抓手，在地方志领域铸就优秀品牌。

二是扩大分支机构范围，构建全国性志鉴出版网络。要加强与省市县地方志工作机构的联系与合作，拓展业务范围，系统总结已有的各个分支机构建设、管理经验。进一步扩大工作站设立范围，力争在未来五年将工作触角延伸至其余各个省份，形成上下联动、分工明确、运营便利和统一协调的分支机构管理

网络，加强与各级地方志工作机构，特别是省级地方志工作机构的沟通联系，及时发现和挖掘、参与各地的重大项目，形成出版基地与各地互联互通的沟通机制和良好合作机制，为打造全国最大的地方志专业出版基地奠定坚实基础。

三是加大宣传力度，提高基地的影响力和感召力。建立健全宣传途径和平台，特别是成果发布平台，充分利用网络资源，进一步展示出版基地的形象和实力，在全国地方志系统树立专业标杆，全面提高出版基地在地方志系统的影响力和感召力。

四是加强与学界联系，成立编辑出版研究会，设立博士后科研工作站。下一步计划成立中国地方志学会编辑出版研究会，结合地方志出版工作实际，邀请地方志专家、出版专家在全国范围内开展业务培训，促进编辑出版理论研究和方志编纂经验交流。方志学博士后科研工作站的设立在中国地方志发展历史上具有里程碑价值，具有三个特点：第一，意义大。博士后科研工作站的设立对于方志学学科建设和方志实践开拓创新具有重大意义。当前，全国地方志事业正在转型升级的关键时期，迫切需要理论指导，方志出版社博士后科研工作站的设立就是旨在解决实践先行、理论研究滞后这一问题。第二，目标高。方志学博士后科研工作站自建立起就有较高的起点和目标，那就是把博士后研究人员培养成全国一流的方志科研高级人才。第三，后盾强。方志出版社博士后科研工作站依托中国社会科学院、北京大学和全国地方志机构设立。中国社会科学院是马克思主义的坚强阵地，是我国哲学社会科学研究的最高殿堂，是党中央国务院重要的思想库和智囊团，与北京大学历史系、中指办以及全国地方志机构，都是方志出版社博士后科研工作站的坚强后盾。

五是坚持专业化分工，继续扩大出版队伍。出版基地计划通过各类培训活动不断提升编辑队伍专业化水平，积极组织编辑参加新闻出版总署、中国社科院、中指办组织的业务培训，邀请方志界、出版界专家学者举办讲座；内部深挖潜力设立“方志大讲坛”，以编辑部为单位开展学习，不断提高业务水。同时根据业务发展需要继续加强队伍建设，招聘高素质、高学历人才，不断充实编辑队伍，优化队伍结构，打造一支全国志鉴类专业最高水平的编辑队伍。

贯彻落实《规划纲要》的排头兵
——广东省经验做法谈

广东省人民政府地方志办公室

提　要： 从编修规划制定、编修机构与队伍、业务培训与研讨、审查验收、出版印刷、社会评价等方面全面回顾了广东省率先又好又快完成第二轮修志的实践，认为广东省之所以能率先完成第二轮修志在于将修志工作纳入政府工作范畴，保障有力；上下联动，加强督查指导，力促平衡修志工作开展；严格修志规范要求，狠抓质量；实行分卷综合体，注重创新；夯实资料基础，力保权威。

关键词： 广东省　第二轮修志　经验

广东省第二轮志书编修任务于2014年底率先完成，较《规划纲要》的要求提前了6年。广东省第二轮志书共编纂出版省志1部（43卷）和市、县（市、区）志118部，总字数约2.38亿字。第二轮修志质量总体良好，2014年《广东省志（1979—2000）》入选“十二五”国家重点图书出版规划项目，是迄今全国唯一入选该项目的地方志书。中国社科院副院长、中指组常务副组长李培林对此给予高度评价，指出广东省在全国率先完成第二轮志书编修任务，《广东省志》列入“十二五”国家重点图书出版规划，取得编纂进度和质量双丰收，意义十分重大，在全国产生了广泛影响。广东省的经验做法如下。

一、广东省第二轮志书编修实践

根据国务院关于地方志"每20年左右续修一次"的要求，在首轮修志即将完成之际，2002年2月，广东省政府办公厅发出《关于开展第二届新方志编修工作的通知》，决定开展第二轮新方志编修工作，省志与市、县（市、区）志一并启动。根据该通知，广东省地方志办印发《广东省第二届新方志编修工作实施意见》，对第二轮新方志的指导思想、编修任务、内容体例、组织形式、志稿审查、志书出版作出具体规定。第二轮省志的上下限为1979年至2000年，各市、县（市、区）新修及重修志书上限不限，下限统一定为2000年底，以完整反映改革开放22年社会变革之脉络。2002年4月，广东省政府召开广东省第四次地方志工作会议，对第二轮修志工作进行动员部署。全省第二轮修志规划原定于2008年12月底完成；2006年1月，经省政府同意，调整为2008年基本完成，2010年全面完成。实际上，第二轮修志从2002年2月启动到2014年12月完成，历时12年。

（一）《广东省志（1979—2000）》编修

1. 编修规划

根据广东省地方志办制定的《〈广东省志（1979—2000）〉基本篇目设置及编写分工》,《广东省志（1979—2000）》（以下简称第二轮省志）设42卷，规划字数约2000万字。各卷具体篇目由牵头单位、承修单位拟定，报省地方志办批准。在编修工作铺开之后，根据实际，撤销《经济综述卷》《专记卷·乡镇企业》，将《水利卷》《侨务卷》分别从《农业卷》《侨务·外事卷》分离出来，单独成卷；13卷更改了卷名，最终形成43卷。

广东省志的编修与出版经费，由广东省地方志办统一预算，广东省财政厅审核划拨。

广东省志编修一般按照以下顺序进行：成立编辑机构—培训人员—拟定篇目—搜集资料—撰写初稿—分纂—初稿评议—总纂—组织初审—报广东省地方志办复审—报广东省地方志书审查委员会终审。其中，对文稿的修改工作贯穿省志编修全过程。

2. 编修单位与人员

2002 年 11 月，召开第二轮广东省志编修工作会议，通报省志编修情况，督促各单位落实编辑人员、编委会主任、主编等人员。第二轮省志共有 572 家参与编修，其中牵头单位 36 家,《交通卷》参编单位达 164 家,《银行·保险·证券卷》参编单位达 136 家。各单位按照要求设立志书编辑室，3463 人参与省志编修工作。编修人员由专、兼职人员组成，少数单位以专职为主，多数单位以离退休返聘人员为主。人员聘请费用由各单位自行解决。

3. 业务培训与研讨

为提高编修人员业务能力和素质，从 2003 年起，广东省地方志办多次举办修志业务培训。2003 年 4 月，广东省地方志办举办首期修志业务培训班，开卷考试，并向通过培训的人员颁发结业证书。至 2008 年，广东省地方志办先后举办第二轮省志业务培训班、总纂培训班、审稿业务培训班等 6 期培训班，参加培训总人数达 700 多人。部分省直及中直驻粤有关单位还单独举办业务培训班，如《人口卷》《经济管理卷》等 25 卷等承修单位，总计有 80 家单位举办业务培训班（个别单位举办多次），累计培训修志人员约 2000 人次。

除培训外，根据修志各阶段进展情况，有针对性地组织研讨活动，先后举行省志篇目设计点评会、资料搜集研讨会、突出特色专题研讨会、选材专题研讨会、省志志稿点评会、省志初审经验交流会等大型研讨会，各卷主要编修人员参加业务培训和研讨活动。

4. 审查验收

2008 年 7 月，广东省地方志办召开编修工作会议，对省志审查验收工作进行动员部署。2010 年 3 月，根据《地方志书质量规定》和《广东省地方志书审查验收办法（试行）》，省地方志办制定并印发《关于第二轮〈广东省志〉审查验收办法的说明》，要求省志以卷为单位进行审查验收，明确承修单位、省地方志办和广东省地方志书审查委员会分别为省志初审、复审、终审的主体，明确审查验收程序及内容与重点等。初审，由各卷牵头编修或独家编修单位物色人员组成初审小组具体实施，初审人员一般不少于 7 人。复审，由省地方志办组织实施，一般由 3 至 5 位本办人员和 1 至 2 位外聘人员组成复审小组具体实施。从 2009 年 4 月至 2013 年 10 月，省地方志书审查委员会完成对 43 卷志稿的审查验收工作。在实际操作中，各编修单位在初稿撰写完成后，一般先举行内部志稿评议，根据评议意见或建议修改后，再分纂或总纂，总纂完成后，再依次报初审、复审、终审。报初审，编辑室要出具报审意见，报上一级审查时，下一级审查机构要出具意见。其中省地方志办组织的复审，复审修改后的复核，视志稿情况可开展多次。终审以会议纪要的形式督促编修单位组织修改。省地方志办省志工作处完成各卷终审复核后，报省地方志书审查委员会申请出版。

5. 出版印刷

第二轮省志（43 卷、33 册）由省地方志书审查委员会批准出版，广东省地方志办统一组织出版印刷。根据政府采购有关规定，通过单一来源谈判的形式，确定方志出版社为第二轮省志的出版单位；通过公开招标，确定中华商务安全印务股份有限公司为二轮省志的印刷单位。

为统一出版规范，广东省地方志办制定第二轮省志版式基本要求，明确省志编排有关问题，并规范全称、简称。同时，明确省志出版印刷 14 个流程及各自职责：出版社一校→编修单位修改（省志工作处审核、排版修改）→出版社二校→省志工作处核改、排版修改→出版社三校→省志工作处核改、排版修改→清样、责编签字、发印装顺序→省志工作处核改（原为出版社核改）、排版修改→印刷厂蓝样→省志工作处核改、排版修改→印刷厂印制→送省志办样书签发→大规模印制→验货、送货。为提高省志出版质量，广东省地方志办将省志资料核查贯穿到省志编纂出版的各个环节。特别针对省志资料常见问题，由广东省地方志办组织本办力量，聘请其他有丰富修志经验的人员和华南师范大学的在读研究生，对省志资料进行全面核查，并将核查结果落实到志稿修改中，大大提高了志稿质量。2012 年 6 月，省志各卷陆续进入出版程序，至 2013 年 12 月全部送方志出版社，至 2014 年 12 月全部完成出版。出版后，第二轮省志向省志编修单位、省内各级地方志工作机构和中指组以及有关图书馆免费赠阅。

6. 社会评价

第二轮省志编纂质量得到有关专家和机构的好评。在 2009 年 11 月中指办在安徽省召开的全国第二轮省级志书编纂工作经验交流会上，对《广东省志（1979—2000）· 资源 · 环境卷》进行评议，充分肯定了广东省第二轮修志采取的多卷综合体的编修形式。中指办实施地方志书精品工程，并委托方志出版社组织专家进行评审。2012 年 11 月，在首批地方志书精品工程评审中，《广东省志（1979—2000）·总述卷》成为全国唯一全票当选的志书。2014 年 7 月，国家新闻出版广电总局将第二轮省志列为《“十二五”国家重点图书、音像、电子出版物出版规划》增补项目。

（二）第二轮市、县（市、区）志的编修

1. 编修规划

第二轮市、县（市、区）志编修共规划 121 个单位，编修 120 部市、县（市、区）志（斗门区、金湾区合编《斗门县志》）。其中市 37 个（副省级市 1 个、地级市 17 个、县级市 19 个）、区 45 个、县 39 个。因新会市已编纂出版《新会县续志》，经批准不再参加全省第二轮修志；而增城市在完成首轮《增城县志》出版后启动《增城市志》编修工作，经批准列入全省第二轮修志规划。全省第二轮修志规划实际上仍为 121 个单位，编修 120 部市、县（市、区）志。此后，经批准，正在编修的《深圳市志》《盐田区志》两部志书列入全省第二轮修志规划；根据行政区划的调整，将原规划编纂的《北江区志》《浈江区志》合并为《浈江区志》,《金园区志》《升平区志》合并为《金平区志》,《达濠区志》《河浦区志》合并为《濠江区志》;《茂名市茂南区志》不再编修。至 2012 年 1 月，实际上各地参加全省第二轮修志共 117 个单位，编修 118 部市、县（市、区）志。其中越秀区编修《越秀区志》《东山区志》，荔湾区编修《荔湾区志》《芳村区志》，禅城区编修《城区志》《石湾区志》，潮阳区、潮南区合编《潮阳市志》，斗门区、金湾区合编《斗门县志》。

市、县（市、区）志的编修程序，一般按照拟定篇目—任务分工—搜集资料—撰写初稿—总纂统稿—志稿评议—审查验收进行。广州、中山、云浮、东莞、江门、佛山南海区等地明确要求开展资料长编工作，并且制定资料长编验收制度，为修志打下了良好的基础。

2. 编修机构与人员

2002 年下半年至 2003 年上半年，广东省大部分市、县（市、区）政府先后下发关于启动第二轮修志工作的文件，成立编委会，制定工作规划，召开动员部署大会。同时成立修志机构，配备修志人员，落实修志条件。至 2003 年

底，全省各市、县（市、区）中有110个以政府名义发文、103个召开部署第二轮修志工作的会议，113个成立地方志编委会和地方志工作机构，其中28个是第一次参加修志工作新成立的工作机构。2009年，全省县级以上地方志工作机构专职干部约800人。2013年，全省各级地方志工作机构共143个，人员定编858人、在编770人、聘用211人。

3. 业务培训与研讨

第二轮修志启动后，广东省各级地方志工作机构加紧修志业务培训。至2002年底，阳江、中山、梅州3市分别举办修志业务培训班，培训市属各县（市、区）地方志工作机构和市直单位修志人员近1000人。此前，率先开展续志的广州市地方志办于2001年4月举办两期续志编纂业务培训班，培训人员300多名；市志各承修单位、市属各区地方志办举办各类业务知识学习班16期，培训人员1000多人。2003年上半年，省地方志办举办3期市、县（市、区）志主编培训班，除全面讲授修志基础知识外，特别开设“广东农村体制改革”和“广东城市经济体制改革”两个讲座，加强和统一对广东改革开放重要问题的认识。培训各级主编、副主编300多人。2003年，全省有12个地级以上市、78个县（市、区）举办培训班147期，培训13759人次。2004年，举办全省性修志业务培训班2期，培训250多人。各市、县（市、区）举办培训班107期，培训11816人次。2006年，省地方志办先后举办4期修志业务培训班、1期地方志基础业务培训班和2期综合志书审查验收业务培训班，共培训市、县、区修志人员及地级以上市参与志书审查验收业务的人员621人。2007年，省地方志办先后举办6期修志业务培训班，培训修志人员近450人次。2008年，在全省开展以志稿评议为主要内容的地方志书编纂“质量年”活动，培训主要以研讨交流和评稿会议相结合，以会代训，使修志人员的理论水平和实际操作能力得到较大提升。同时，各地结合实际和修志进展情况，开展各类培训、研讨、点评和交流活动。

2005年10月、2006年5月、2007年4月，广东省地方志办委托宁波大学举办3期地方志业务培训班，133人参加培训。2009年8月起，经广东省政府同意，在华南师范大学历史文化学院建立广东省地方志干部培训中心，启动地方志人才培训工程。至2013年8月，举办5期培训班，培训271名各级地方志部门负责人和业务骨干。

除培训外，根据修志进度，召开各种业务研讨会、评议会，指导修志工作。如志书篇目研讨交流会、新建市修志研讨会和城区志编修研讨会、市县志稿评审会、地方志稿评议会及评议现场会，先后组织对《佛山市志》《南山区志（稿）》进行示范性点评。2011 年，广东省地方志办编印《志书评审意见汇编》3 期，对第二轮志书编审中需要注意的问题提出指导性意见和建议。广东省地方志办还直接派出业务人员参加各种工作会议及各种业务研讨会议和志稿点评会议。中指组及其办公室对广东省全面开展志稿评议活动，提高志书质量的做法给予充分肯定。

4. 审查验收

2005 年 4 月，在第二轮志书审查验收办法尚未明确的情况下，由广东省地方志办、揭阳市地方志办组织 10 多位专家，对第二轮修志中进展最快的《揭西县志（1979—2003）》进行审查验收。2008 年 5 月后，根据《广东省地方志书审查验收办法（试行）》要求，地级市编纂的地方志书由本级政府地方志工作机构组织初审、省地方志办组织复审、省地方志书审查委员会终审；县（市、区）编纂的地方志书，由本级政府地方志工作机构组织初审、上一级政府地方志工作机构组织复审、上一级政府组织的地方志书审查委员会终审。《广州市志》由各分志承编单位初审、市地方志办复审、市政府组织的终审班子终审。《深圳市志》初审、复审、终审由省政府地方志办组织的验收小组完成。此后，117 部市、县（市、区）志书照此执行。

5. 出版发行

2005 年 11 月，广东省地方志办总结首轮修志经验，并根据省政府、中指组的要求，制定《广东省第二轮新编市、县、区志版式规定》，对各级志书版式作明确规定，指导和规范市、县、区志书出版工作。

2005 年 8 月，《揭西县志（1979—2003）》出版，是广东省第二轮修志中首部出版的志书。此后，各地志书陆续出版，高峰期集中在 2012—2013 年，其中 2012 年出版 42 部。至 2014 年 3 月，全省第二轮市、县（市、区）118 部志书全部出版。市、县（市、区）志的出版经费由负责编修的政府解决，部分由省财政给予适当补贴。发行工作主要由各地政府及其地方志工作机构负责，以赠送为主，包括各地公共图书馆、部分社区、企业文化设施及到当地考察的国内外人士；部分用于图书、资料互相交换。

二、广东省第二轮修志的主要经验

广东省之所以能够在全国率先完成第二轮修志，是因为做到了以下几点。

（一）纳入政府工作范畴，保障有力

一是修志工作体制机制基本建立。形成了党委领导、政府主持、地方志办组织实施，直属机构、驻地单位及各方面专家参与的工作体制。中共广东省委、省政府部署第二轮修志工作，保障机构、人员、经费和必要的工作条件，及时解决全省在修志中的重大问题。省政府坚持召开年度全省地方志工作会议，多次召开电视电话会议，把有关要求直接部署落实到基层。2006 年 5 月国务院发布的《地方志工作条例》和 2007 年 11 月省政府发布的《广东省地方志工作规定》，对各级政府、地方志工作机构、各级机关、社会团体、企事业单位和其他组织以及中直驻粤、省驻各地单位在修志中的职责作了具体规定。此后，修志逐步走向依法修志的轨道。2006 年、2011 年分别将第二轮修志任务列入地方志发展规划。

二是分管党政领导担任志书编委会主任、主编。2002 年后，分管副省长钟启权、谢强华、肖志恒、徐少华先后任广东省地方史志编纂委员会［2010 年 5 月更名为《广东省志（1979—2000）》编纂委员会］主任并兼任第二轮省志主编，省地方志办主任陈强担任编纂委员会副主任兼第二轮省志执行主编。各编修单位成立志书编辑室，并以卷为单位成立编纂委员会，各卷成立编纂委员会由牵头或独家编修单位分管领导担任主任，负责全卷的统筹、协调。每卷原则上设 1 名主编，副主编若干名。除省政府办公厅、省科技厅、省财政厅、省卫生厅、广州铁路（集团）公司、省军区有修志职能、机构、人员外，其他省直及中直驻粤单位编辑室一般挂靠在办公室或具体承办修志业务的处室，并由挂靠单位的主要负责人担任编辑室主任。在第二轮省志编修中，由于机构改革（特别工商贸厅局撤并），一批工商贸行业协会参与了省志编修工作。

参与第二轮修志的市、县（市、区）均成立地方志编纂委员会或志书编纂委员会，一般由分管地方志工作的副市（县、区）长任编委会主任，少数地区由市（县、区）长任编委会主任；市（县、区）委办、市（县、区）府办副

主任、市（县、区）地方志工作机构负责人任编委会副主任。编委会下设市（县、区）志编辑部，一般由市（县、区）地方志工作机构负责人任主编，少数由分管地方志工作的副市（县、区）长任主编。

三是各级政府及时通报进度，组织督办。2002年4月后，广东省直及中直有关单位、各地积极参与修志工作。但至2005年初，仍有5卷分志因人员、机构、资料、经费不到位等原因，未能启动；部分地区由于人员少、机构没理顺、经费不到位、资料搜集难度大等原因，修志工作进展缓慢。2005年1月，省政府办公厅发出《关于全省地方志编修工作进展情况的通报》，对修志工作进展缓慢的地区和单位提出工作要求，并提出全省第二轮修志工作总体计划。当年,《城乡建设卷》《工业卷》《劳动·社会保障卷》《人口卷》编修工作启动。在省政府督促通报的同时，省地方志办还分类召开省志编修工作会议。此后，清远市、梅州市、肇庆政府先后组织对修志工作进行督查督办。为确保全面完成第二轮新方志编修任务，省政府于2009年2月发出《关于加强第二轮新方志编修工作的通知》，对第二轮修志任务提出明确进度、要求和保障措施，要求省地方志办每年两次向省政府汇报修志工作进展情况。2010年3月，省政府办公厅印发《关于对第二轮新方志编修工作进行督办的通知》，将第二轮新方志编修工作纳入省政府督办范围，要求各单位要进一步提高认识，加强领导，狠抓进度和质量，并确定省志和市、县（市、区）志出版时间计划表。

四是各级政府组织志书审查验收。《地方志工作条例》颁布后，2008年5月广东省政府办公厅印发《广东省地方志书审查验收办法（试行）》，确定志书三审定稿制，将审查验收由首轮的省地方志办三次审查改为第二轮志书三级审查，贯彻全面审查与重点审查相结合、分级负责的原则。每次审查后，各编修单位均根据审查意见组织修改，复审、终审后的修改，由省地方志办业务人员进行复核，检查审查意见的落实情况。2008年12月，广东省政府办公厅发文，成立以省政府副秘书长杨绍森为主任，省委办公厅副主任黄卓、省地方志办主任陈强为副主任，保密、档案、历史、法律、经济、军事等方面专家为委员的广东省地方志书审查委员会，对省志和地级以上市志书进行终审。同年8月，省地方志办下发《关于地级以上市地方志书审查委员会组成人员的意见》，各地级市陆续成立由市委、市政府有关领导和保密、档案、历史、法律、军事等部门人员组成的志书审查委员会，负责县（市、区）志书的终审工作。2009年

8月，召开全省地方志书审查验收工作会议，韶关市等地方志工作机构介绍了开展审查验收工作的做法与经验，各地明确志书审查验收工作的内容、做法与要求。

（二）加强督查指导，力促平衡

为促进各地修志工作的平衡开展，广东省地方志办以经常性的调研、指导和检查，加大对市、县（市、区）志编修的检查督促。为督促各地落实通报要求，2003—2010年，每年都安排至少一次省志编修工作会议、多家合编修志工作会议、独家编修单位会议。2005年6—7月，省地方志办组织对全省修志工作进行督促检查，先后到8个地级市及其所属的34个县、市县（市、区）进行督查，与当地政府共同分析原因，明确工作目标和要求，制定工作措施。2008年7月，省地方志办再次组织到全省修志工作进展较为缓慢的地区和单位进行督促检查。至2008年8月，省志全面启动编修工作。2011年4月，召开地级以上市地方志工作机构主任会议，强调各地尤其是目前进度较落后的地方，应该进一步制定明确的工作计划，落实有力的工作措施，明确分工，抓住重点，确保志书质量，做好出版工作。2011年6月，省地方志办印发《关于加强省志和地级以上市志复审工作的意见》。从2011年6月至2013年9月，省地方志办每月对第二轮修志进度进行通报，印发各地、省直及中直驻粤有关单位。有个别编修单位无暇修志，省地方志办采取直接介入或聘请有关专家直接参与修志工作。

省地方志办领导分工负责做好督查工作，对修志编鉴好的做法进行总结，对落后地区和单位由办领导包干负责，成立调研工作组进行重点督查。省地方志办每年召开若干次地级以上市主任会议，及时研究解决修志中的困难和问题。选派业务骨干，聘请修志专家，直接参与部分地区和单位修志编鉴工作，并争取省财政支持，投入850万元用于经济欠发达地区补贴志书出版经费。

第二轮修志启动后，省地方志办加强对各地各级修志机构的业务指导，包括日常联络与指导、调研指导、培训指导、业务会议指导等多种形式，涉及修志全方位各方面。省地方志办对省志工作处的业务人员做好分工，落实人员对各卷进行业务指导和日常联络，自始至终跟进省志各个环节。省志工作处对省志编修中出现的并带有普遍性问题适时组织专题讨论，如人物入志问题、交叉处理问题、地图规范问题、数据及年月表述规范、表格制作等。各业务人员根据实际将处内达成共识的意见贯彻到各卷编修中。根据省志编修各阶段中出现的突出问题，省地方志办适时召开专题会议解决。

（三）严格规范要求，狠抓质量

在第二轮修志中，不断强化质量意识、精品意识和创新意识，完善业务规范。省地方志办制定《省、市、县综合志书主编、副主编任职管理办法》《广东省地方志书行文规范》《广东省地方志书审查验收工作规则》等文件，规范全省修志工作。同时，针对省志和市、县、区志不同情况有分别地制定业务规范。如省志方面，制定人物入志规定、省志审查验收办法说明、加强省志综合立卷整体性的意见、省志审核工作责任制、版式规定、省志审核和出版印刷工作规定等。市县志方面，则编印经济体制改革的写法，制定版式、本籍在外工作人物入志、志书主编等方面规定，用于指导修志。以上规范，如前所述实行修志人员岗前培训，推行志稿评议，将业务规范贯穿志书编纂、审查验收、出版全过程。2008 年，省地方志办在全省开展以志稿评议为主要形式的地方志编纂“质量年”活动。第二轮省志出版中，在省地方志办明确出版印刷质量要求及省地方志办业务人员的审核职责。在方志出版社审校稿、编修单位修改稿的基础上，省地方志办组织人员利用电子手段对各卷资料、体例规范等进行一次全面核改，各卷业务指导人核改每卷最少在 6 次以上。核改工作量十分巨大，其主要目的是针对资料的准确性、全面性以及规范性，纠错补遗。通过统一核改，全面提升了省志质量。

（四）实行分卷综合体，注重创新

第二轮省志编修启动之初，省地方志办就强调必须在全面记述的基础上注重创新，努力体现地方特点和时代特色，体现改革开放，更好地发挥地方志书存史、资政、教化的功能。第二轮省志体例采用分卷综合体，就是在继承首轮《广东省志》篇目基础上有所创新。第一，增强整体性。在保留首轮省志各分志基本篇目基础上，第二轮省志对性质相近的分志作了归并，如《交通卷》包括首轮省志中的铁路、公路、水运、民航志的内容，《农业卷》包括首轮省志中农牧业、林业、渔业、农垦志等内容，对首轮已有的《方言志》《风俗志》不再设分卷。第二，突出特点与重点。第二轮省志 43 卷中，属于经济类的有 19 卷和 3 个专记。新增设符合改革开放时代特色的分卷，如《经济体制改革卷》《经济功能区卷》《人民生活卷》《信息产业卷》《纪检 · 监察卷》等；根据改革开放时期某些事物的发展特点，在保留首轮省志部分内容的基础上增加新的内容，如《劳动 · 社会保障》卷扩充了“社会保障”的内容；重视专记体裁的运用，第二轮省志中专设《专记卷》，由 4 个富有广东特色的专记组成，用于记载全省有特色、有重大影响的事物。此外，增加首轮省志没有记述的内容，如政法委工作、残疾人事业、工商联、管道运输、连锁商业以及粤台关系等。第三，采用中、小篇相结合的分卷综合体结构。第二轮省志有少数分卷采用小篇结构，多数采用综合立卷，将性质相同或相近的事物作合理的归并。由多家单位合编的卷，分为篇、章、节、目四级；由一家单位编修的卷按章、节、目三级排列。第四，明确断限和记述区域范围。第二轮省志记述时限为 1979 年至 2000 年，记述区域范围以 2000 年行政区划为准。

第二轮市、县（市、区）志一般由概述、大事记、各分志、人物传、图、表、录组成，以志为主体。志首立概述、大事记，中设分志，后设附录和编后记（少部分还设立续记）。第二轮市、县（市、区）志除《惠州市惠城区志》《肇庆市端州区志》采用章下条目体外，其余市、县（市、区）志基本采用章节体，一般设编、章、节、目。在篇目结构上，将述、记、志、图、表、录诸体综合运用于编、章、节、目不同层次。内容上记载地方的自然环境、社会人文状况和经济活动。照片大部分集中在志书卷首，部分志书增加航拍地形图和随文照片，志书最后设人名和表格索引等。第二轮各地级以上市志书篇幅较大，一般是上、下册或上、中、下册或多册，各县（市、区）志一般为一册。

（五）夯实资料基础，力保权威

资料是修志的重要基础。第二轮志书的主要资料来源于各单位、各部门保存的档案材料、年鉴资料及各级档案馆、统计局等权威部门的官方资料及数据，部分资料采编自互联网。第二轮修志一个重要体会是，要提高编修质量，必须要有全面、系统、准确的资料。在修志中，自觉将资料的权威性、准确性作为志书质量的第一要求，并将志书资料审核贯穿修志全过程。但是，由于第二轮修志是在启动后才开始搜集资料，资料搜集与保存不及时，造成资料缺乏或难以考证，个别内容比较单薄，记述深度不够。总结此教训，地方志资料搜集应在修志工作启动之前主动、及时搜集而不是启动之后被动搜集。地方志资料搜集不仅要搜集党委政府部门的资料，也要搜集社会生活等方面的资料。同时，要增加社会调查、口述史资料的分量。为积累第三轮修志资料，2006 年广州市在全国首创地方志资料年报制度并开展年报工作。2007 年，省政府发布《广东省地方志工作规定》，明确地方志资料年报工作是地方志工作机构的一项法定职责。2013 年，广东省在县级以上行政区域全面开展年报工作。至 2015 年，省级和全省 140 个建制市、县、区，共收集各类资料约 18 亿字、图片 20 万幅，为第三轮修志积累资料。王伟光组长指出："地方志资料年报制度，广东是倡导者和先行者。在第五次全国地方志工作会议上，已经把这项制度向全国推广。"

围绕精准扶贫　地方志大有可为

——以陕西省国定重点贫困县为例①

张世民

提　要：贫困问题是人类社会发展与进步的头号天敌，需要巨大勇气、巨大能量才能加以解决。贫困面大、贫困人口多、贫困程度深、脱贫难度大，是陕西省的基本地理省情。就陕西省扶贫开发国家重点县和片区县地理省情来看，地方志工作机构在梳理贫困现状，强化重大记事功能，推进脱贫攻坚事业方面，发挥着不可替代的社会功能。地方志事业要规避边缘化倾向，就必须主动出击，积极有为，在当地经济社会事业发展的大格局中占有一席之地。地方志著述要体现经世致用、治国理政的职能，就必须转变其传统智库的知识自闭态势，充分发挥其现代智库的主动发声功能。地方志工作者要避免成为社会边缘人，就要积极参与当代经济社会的中心工作，通过专业活动参与其中，而不能完全依凭行政职权。重视经世致用，投身具有主战场地位的脱贫攻坚事业，既是地方志事业不可规避的重要方面，同时也是我们建设全面小康社会建设伟大事业的智库保障。

关键词：脱贫攻坚　陕西　地方志　智库建设

①　特别感谢陕西省地方志办公室赵旭、李峰、钟晶莹、随成伟、张晓娟和陕西省扶贫办来国超提供的帮助。

一、陕西省贫困现状与基本地理省情对照分析

贫困问题是人类社会发展与进步的头号天敌，也是需要巨大勇气、巨大能量加以解决的现实问题。陕西省地处内陆欠发达地区，贫困面大、贫困人口多、贫困程度深、脱贫难度大，堪称陕西省的基本地情省情。2011年，国家要求进一步解决国家扶贫开发工作重点县和国家集中连片特困地区问题。据陕西省扶贫办统计，至2015年底，在全国592个国家扶贫开发工作重点县中，陕西占50个，其中贫困村5430个、贫困户75.00万、贫困人口223.50万。另有处在秦巴山区、六盘山区、吕梁山区等三个国家集中连片特困地区的贫困县43个、贫困村4809个、贫困户69.75万、贫困人口204.96万，贫困发生率19.14%。去掉重复，共有国家重点贫困县56个，占全省107个县级行政区划数的52.34%。同时，陕西又是中国革命圣地，有陕北、川陕、鄂豫陕革命根据地，共有61个革命老区县，其中贫困村6174个、贫困户76.01万、贫困人口219.97万，贫困发生率14.65%，贫困人口比重亦相当大。

客观地分析，全省贫困人口主要集中在陕南秦巴中高山区、陕北白于山区、黄河沿岸土石山区、秦岭北麓和渭北旱腰带地区，这些地方自然条件较差，社会发育滞后，群众增收难度较大。境内贫困地区经济的基本特征：一是自然条件差，农民收入水平低而不稳；二是基础设施滞后，经济发展缓慢；三是产业结构调整步伐缓慢，主导优势产业未成为农民增收的主要来源。与此同时，陕北、川陕、鄂豫皖等老区、山区扶贫也要放在区域协调发展的特殊地位予以推进。这些地区贫困人口的基本特征：一是交通闭塞，教育落后，劳动力素质低，其中文盲、半文盲比重较大；二是有相当数量的贫困户无力治病，健康条件差，因病致贫返贫现象普遍；三是残疾人口多，社会负担重；四是资金投入不足，制约着老区群众脱贫致富。

依据陕西省扶贫开发国家重点县和片区县基本地理省情来分析，其基本格局如下。

2015 年底国家扶贫开发工作重点县和片区县基本情况一览表（56 个）*

表 1

序号	县名	区域位置	地貌特征	特色资源	面积（平方千米）	贫困人口（万）	贫困发生率（%）
	陕西全省	位于中国西北部	有陕北黄土高原、关中盆地和陕南秦巴山地等相差悬殊的地貌环境	北部为国家地矿能源基地，中部为国家粮油基地，南部为国家水源涵养地	120965.9	248.42	17.78
1	周至县*	位于关中西部的秦岭、渭水之间	境内西南高，东北低，山区占76.4%	境内原始森林为全省第一。黑河引水工程为西安市主要水源地	2945.6	0.00	0.00
2	铜川市耀州区	位于陕西省关中北部	地处渭北黄土高原，沟壑纵横	境内文物古迹遍布。农矿并存，而煤源渐枯	1608.4	2.49	10.51
3	铜川市印台区	位于陕西省中部，为关中与陕北交通要冲	从西北到东南分别为子午岭山区、黄土原梁丘陵区、黄土残原沟壑区、渭北北山山区和川原区	煤炭、水泥、石灰岩、陶瓷黏土矿产丰富，矿泉水流量 1200 立方米 / 天	608.7	1.29	17.72
4	宜君县	位于陕北黄土高原南缘，子午岭山系东南隅	自东而西，原丘山峁相连，呈阶梯状	境内古迹文物众多，过境西（安）包（头）公路为沟通关中和陕北交通的天桥	1507.9	1.11	14.63
5	扶风县*	位于陕西省中部偏西。地域南北长于东西	境内自北而南自然形成低山丘陵、山前洪积扇、黄土台塬和渭河阶地等四个明显的地貌地形单元，南北呈阶梯跌落	境内山区能林能牧，山前能建苹果、花椒林带，川、塬适合农作物生长，渭河滩能综合开发	745	5.20	13.46
6	陇县	位于渭北黄土高原南部，陕西省西陲	地势西高东低，境内山峦起伏，沟壑纵横，台原广布，川道狭长	被誉为中国药材之乡，为国家奶畜生产基地县	2278.6	4.87	20.32
7	千阳县*	地处渭北高原丘陵沟壑区	境内山峦起伏，沟壑纵横，气候温和，四季分明	农牧、煤和石灰石、大理石等矿藏丰富	998.6	2.51	22.32

续表

序号	县名	区域位置	地貌特征	特色资源	面积（平方千米）	贫困人口（万）	贫困发生率（%）
8	麟游县	属渭北高原丘陵沟壑区	境内有山有水、有川有沟有原，宜林宜牧宜农	属渭北煤田（黑腰带）地区，丰富藏量北	1707.9	1.77	24.08
9	太白县	地处秦岭山区	北仰南缓中高，背倚玉皇山、冻山、秦岭梁、青峰山。秦岭主峰太白山横亘中部	天然资源得天独厚。森林植物达1000余种，中草药400种以上	2716.3	0.95	22.62
10	永寿县	位于陕西省中部，渭北高原南缘	地势以永寿梁为分水岭向南、东北倾斜，沟壑纵横，此起彼伏	西兰公路穿县城纵通南北，素为战略要地。有“秦陇咽喉，陕甘通衢”之称	887.9	3.19	17.13
11	长武县	处于西北黄土高原丘陵沟壑区	地势西南稍高，东北略低，由西南向东北呈倾斜状。沟壑纵横，梁峁起伏，水土流失严重	昭仁寺内的大雄殿和唐碑，成为古老县城的标志	570.3	2.59	13.85
12	旬邑县	属渭北黄土高原地带	地势由东北向西南倾斜	林果资源丰富。为中国现代民间绘画画乡	1774.4	3.79	21.83
13	淳化县	位于泾水之阳，南接北仲、嵯峨山	地势由西北向东南单向倾斜。境内梁峁起伏，沟壑纵横，水土流失严重	西周兽面纹五耳大铜鼎出土于此。林果资源丰富	982.5	2.86	15.98
14	合阳县	位于渭北黄土台原东部	境内沟壑纵横，台原错落，故有“一滩二沟七分原”之说	以农为本，林果资源较丰富	1308.3	7.29	18.93
15	澄城县	地处陕西渭北高原东北部	境内沟壑纵横，地势北高南低	属渭北黑腰带，是全国铁路稠密县份之一	1122.9	4.23	16.48
16	蒲城县	地处关中东部渭北黄土台原地带	地势北高南低，呈坡状递降，自然形成川原、沟坡、山洼，以平原等多重地貌	农业大县，土厚水深，干旱少雨。有多座唐代帝陵	1582.0	7.37	11.91

续表

序号	县名	区域位置	地貌特征	特色资源	面积（平方千米）	贫困人口（万）	贫困发生率（%）
17	白水县	地处渭北黄土台原与陕北高原的过渡地带	为黄土高原沟壑区	建置历史悠久，自然资源丰富	987.9	3.99	26.64
18	富平县	位于关中平原北部	北部山区埋藏着储量大、品位高的石灰石矿产资源	盛产小麦、玉米、关中奶山羊。也有建材工业	1245.9	5.87	8.54
19	延长县	位于陕北，延安东部，延河下游	为陕北黄土高原丘陵沟壑区。地势由西北向东南倾斜	石油、天然气、煤炭、盐等资源丰富	2361.6	1.40	12.59
20	延川县	地处陕西省北部，延安市东北部	属陕北黄土高原丘陵沟壑区的白于山脉东端。地势西北高，东南低，由西北向东南倾斜	红枣、梨果、花椒等经济林区最佳适生区。黄土文化底蕴深厚	1986.5	1.78	13.09
21	宜川县	属渭北旱塬与陕北丘壑过渡地带	境内以流水浸蚀为主，沟壑纵横，川塬相间，梁峁起伏，峭壁矗立	境内有驰名中外的国家旅游风景区——黄河壶口瀑布	2937.2	0.93	11.71
22	横山县	位于陕西北部，为陕蒙交界地带	县域颇似斜置梯形，酷似“一张羊皮”	地处毛乌素沙漠南缘，明长城脚下，无定河中游，古称塞北边陲	4299.1	1.55	4.83
23	定边县	属黄土高原与鄂尔多斯荒漠草原的过渡地带	境内绵亘百余里的白于山脉，构成了一道天然屏障。北部滩地风沙区，南部山地丘陵沟壑区	长城贯通东西，寨堡林立；原盐如山；采油井架星罗棋布；物产资源丰富	6821.3	1.93	6.99
24	绥德县	属陕北黄土高原丘陵沟壑区	地势由西北向东南倾斜，古城缘岩依阜，无定河、大理河绕城南流	位置险要，有天下名州美誉	1852.8	5.57	18.91
25	米脂县	属黄土高原丘陵沟壑区	地表破碎，植被稀疏，峁梁交错，沟壑纵横。地势东西高中间低。富有高原景观特色	城北有盘龙山古建筑群，虎踞龙盘，气势不凡	1168.4	2.88	17.44

续表

序号	县名	区域位置	地貌特征	特色资源	面积（平方千米）	贫困人口（万）	贫困发生率（%）
26	佳县	位于陕北东部，黄河岸边	境内千峰嵯峨，沟壑纵横。地势西北高，东南低	被命名为“中国红枣之乡”	2028.7	3.54	13.84
27	吴堡县	位于黄河沿岸，榆林东南	东南部为土石丘陵沟壑地貌，中部为梁状残塬，西北部为黄土梁峁沟壑地貌	优质主焦煤、红枣、小杂粮等比较有名	421.1	1.04	15.17
28	清涧县	位榆林南缘、黄河中游	地貌为黄土高原丘陵沟壑区，梁峁起伏，河谷深切；地势由西北向东南倾斜	革命老根据地，全国红枣之乡、石板之乡、道情之乡	1849.5	3.20	16.83
29	子洲县	位于黄土高原，是丘陵沟壑地貌	地势西高东低。全县水土流失严重，是黄河中游138个水土流失重点县之一	是典型的农业县，煤炭远景储量大	2026.6	5.15	17.71
30	南郑县*	位于汉中盆地西南部	境内山川相间，地势跌宕起伏。有平原、丘陵、低山和中山区等地貌类型	是全省商品粮油基地县之一。	2807.5	6.82	14.31
31	城固县*	秦岭、巴山之间，中为汉中盆地东域	山区河溪沟涧纵横，水资源丰富，兼有南北植物群落。南北山、坝之间镶嵌着宽窄不等的丘陵坡地	全国元胡种植基地县、生猪生产基地县，柑橘之乡、大鲵之乡，有天然药库之称	2217.3	6.34	14.28
32	洋县	位于陕西省南部，汉中盆地东缘	地势北、东高陡，南部低缓，中部低平。山地和丘陵占九成以上	为全省黑谷生产基地县和全国优质农副产品基地县	3194.2	6.79	18.47
33	西乡县	位于陕南中部	地势西南高峻，东北平缓，中部相对低浅，地形呈锅底状	自然资源丰富，石膏矿储量为全国少有	3229.0	6.79	19.89

续表

序号	县名	区域位置	地貌特征	特色资源	面积（平方千米）	贫困人口（万）	贫困发生率（%）
34	勉县	位于陕西西南，汉中盆地西端	北依秦岭，南垣巴山，中属汉中盆地，南、西、北三面环山，中、东低平	境内名胜古迹多，是旅游的胜地	2389.5	6.73	19.80
35	宁强县	位于秦岭巴山之间。南连四川，西接甘肃	境内东南高，西北低，中部有五丁山。是南北交汇、襟陇带蜀、“八山一水一分田”的低中山区县	境内矿产资源丰富，生物资源品种多样，有多种国家保护野生动、植物	3256.0	6.73	23.00
36	略阳县	属秦岭西段南坡山区	东北高，南部低，由西北向东南倾斜。境内嘉陵江由北向南，经县城纵贯全境	全省核桃、黑木耳、香菇、杜仲集中产区，居全国之首	2826.1	4.49	31.91
37	镇巴县	位于陕西南部，地属大巴山西段	境内万山重叠、沟河纵横、竹木葱郁	林特中药材种类多，产量大，茶叶、木耳、香菇是传统产品	3406.7	5.44	24.10
38	留坝县	位于秦岭南坡紫柏山麓，素称秦汉咽喉之地	县境山峦密布，东南部地势较低，形似簸箕。境内群山耸立，重峦叠嶂，沟壑纵横	野生动植物繁殖的乐园，被称为资源宝库、天然药库	1951.3	0.45	12.41
39	佛坪县	秦岭中段南坡山峦腹地	全境皆山。群山雄峙，峰峦叠嶂，沟壑纵横；山清水秀，竹茂松苍；珍禽异兽，鸟语花香	是国宝大熊猫、金丝猴、羚牛等野生动物的故乡	1267.7	0.31	11.52
40	安康市汉滨区	地处秦岭之南、巴山以北，汉江流经全境	地处陕南东部腹地，北依秦岭山麓，南沿巴山余脉，中部是汉水、越河的河谷和冲积盆地，凤凰山伸延其间，形成“三山夹两川”的地貌大势	境内“八山半水分半田”，动植物资源丰富	3643.6	16.39	21.70

续表

序号	县名	区域位置	地貌特征	特色资源	面积（平方千米）	贫困人口（万）	贫困发生率（%）
41	汉阴县	位于安康市西部	地貌总特征为三山夹两川，南北剖面呈“W”形，似展翅的蝙蝠	以矿产、动植物资源最为突出	1365.0	5.65	22.06
42	石泉县	北依秦岭，南接巴山，汉江由西向东横贯	南北重峦叠嶂，中部江河纵横，呈“两山夹一川”之势，是秦巴山地的重要组成部分	森林资源丰富，是陕西省蚕桑和油桐基地县之一	1516.4	3.83	25.53
43	宁陕县	地处秦岭腹地。是省会西安的绿色屏障	境内地域辽阔，山大人稀。秦岭主脊横亘北境	河流落差大，水能理论蕴藏量大	3663.8	1.59	27.07
44	紫阳县	位于汉江上游，大巴山北麓	地势西南高、东北低。地貌轮廓呈现为“三山两谷一川”的特征	茶叶等农林产品富含微量元素硒	2244.2	8.43	29.98
45	岚皋县	位于安康南，属大巴山北坡腹地中的山区县	地势由东南向西北倾斜，海拔悬殊，“高山飘雪花，低山开桃花”。境内层峦叠嶂，沟壑纵横	境内地下埋藏着金、铜、铁、钒等多种金属矿藏。其中砚石料藏量巨大	1956.6	4.23	28.81
46	平利县*	地处大巴山北坡，为南北过渡地带	境内南高北低，东高西低，“八山一水一分田”	有“巴山药库”之称。名优特产层出，素有“山货之乡”美誉	2648.3	4.05	19.84
47	镇坪县	位于安康东南。属陕东南、川东北、鄂西之要冲	境内以山地为主，地势南高北低，“两山夹一谷”	境内自然资源丰富，属全国四大药带之一，素称“巴山药乡”	1502.2	1.08	18.23
48	旬阳县	位于秦巴山区东段，汉水上游	县境地貌以中山为主，兼有低山、丘陵、河谷地形。地势南北高、中部低，南北向地形剖面呈“V”形	位于县东北部公馆至回龙一带的特大型汞锑矿，储量居全国之首	3540.8	8.74	22.92

续表

序号	县名	区域位置	地貌特征	特色资源	面积（平方千米）	贫困人口（万）	贫困发生率（%）
49	白河县	位于大巴山东段。有秦头楚尾之称	地势南高北低，中山区在县境东、南、西三方边界和中部，略似一向右倾斜的“山”字形	境内矿产资源丰富	1453.6	4.18	22.93
50	商洛市商州区	位于秦岭南麓，丹江源头	地势西高东低，倾斜度大。呈现山峰交错、沟壑纵横、山地连绵的岭谷地貌	野生动植物丰富	2644.6	11.42	28.13
51	洛南县	位于秦岭南麓，洛河上游	山势低缓、川塬相间、土壤肥沃	是国家级速生丰产林和油松种子基地县	2832.5	8.62	24.69
52	丹凤县	位于秦岭东段南麓	地势自西北向东南倾斜。岭谷交错，呈掌状地貌	境内多山多宝，有丰富的野生资源	2407.4	6.12	27.63
53	商南县	地处秦岭东段南麓，毗豫连楚	地势西北高，向东南倾斜。北部为蟒岭东，冈峦起伏，是粮油适产区	境内自然资源丰富	2313.8	4.37	23.23
54	山阳县	位于秦岭东南腹地	“八山一水一分田”。境内群山林立，沟壑纵横	铜、锑、铅、锌、大理石等储量丰富，为全国大矿	3531.3	9.61	24.01
55	镇安县	地处商洛西南隅	山大沟多，耕地少，“九山半水半分田”	野生植物资源非常丰富	3487.9	5.76	24.12
56	柞水县	地处秦岭南麓	地势西北高，东南低，系“九山半水半分田”的山区	陕西省用材林基地之一	2363.3	3.12	23.94

说明：本表数据前三项基本地情资讯由陕西省地方志办公室市县志处赵旭同志整理，第四、第五项由陕西省扶贫办贫困监测中心来国超同志提供。其中加“*”的周至、千阳、扶风、南郑、城固、平利 6 县，属国家集中连片特困县

由上述基本省情来分析，国家扶贫开发重点县大都具备下列特点。

（一）就基本县情而言

陕西省国土面积205624.3平方千米，有贫困人口316.74万人，贫困发生率12.43%，而国家扶贫开发重点县和国家集中连片特困地区的贫困县国土面积达120965.9平方千米，贫困人口248.42万人，贫困发生率达17.78%。其贫困面广量大，贫困人口众多，贫困发生率高，都是显而易见的。陕西省省级片区县17个，贫困人口为39.33万，贫困发生率为8.99%，其贫困程度相对较低。但就具体家庭和村落而言，则也常见极贫家庭现象。

（二）就区域格局而言

位于陕北白于山区、秦巴山区及关中旱腰带地区、黄土高原沟壑地带，不少地方不适宜人类健康生存生活。陕北白于山区严重干旱缺水，地矿资源相对贫乏；秦巴山区山高水深，交通不便；黄土高原沟壑纵横，支离破碎，水土流失严重。这些自然环境条件都不利于脱贫致富。要彻底纾解区域贫困问题，就必须精准研判，精准施策，全力以赴，全面推进关中协同创新发展，突出特色，提升区域综合竞争力；全面推进陕南绿色循环发展，构建绿色循环产业体系；全面推进陕北转型持续发展，建设陕北高端能源化工基地。

（三）就历史特征而言

自然地貌环境恶劣与传统革命老区的特征重复存在，传统革命老区往往是贫困人口集中、脱贫难度最大的地区。国家投入大而收效少，源自历史移民人口素质和生存条件困厄的现象更加严重。陕北荒漠遍布、荒山秃岭现象尚未根除，而陕南青山绿水和金山银山之间，仍然有着难以跨越的现实矛盾。陕西61个革命老区县中，国家扶贫开发工作重点县和集中连片特困地区的贫困县占了40个。要加快老区脱贫致富步伐，就必须在顶层设计上采取更加倾斜的政策，加大对老区建设的扶持力度。

（四）就产业开发而言

大都是建立在基础资源的开发消耗方面，而导致贫困的因素则不一而举。陕北属国家能源基地，但地矿资源开发直接影响到生态环境；陕南属国家水源涵养地，无法将地矿资源开发作为县域的支柱产业；关中属大中城市密集的地带，贫困人口相对较少，但城市化的迅猛发展，也造成了大量的无业农民。特别是生态环境的恶化，城市重度雾霾和孤岛现象，导致城市人口因病致贫，这已经成为城市扩容最大的不利因素。

（五）就致贫原因而言

陕北、陕南各地主要致贫原因，在于生存环境差、社会事业滞后、生态环境脆弱、自然灾害频仍、产业发展缓慢、贫困人口素质不高等。而根据陕西省扶贫办建档立卡数据库显示，全省贫困户主要致贫原因，依次为因病致贫、因资金致贫、因技术致贫、因劳动力缺乏致贫、因学致贫、因自身发展力不足致贫、因残疾致贫、因交通条件落后致贫、因缺乏土地致贫、因缺水致贫等。要在未来几年内全面落实脱贫攻坚任务，同步够格建设全面小康社会，这些农村贫困现象的解决是根本问题。特别是地矿资源开发利用、野生生物资源的开发利用以及国家扶贫开发政策的落实、交通等基础设施的改善等，都必须高度重视。

二、地方志机构参与脱贫攻坚的基本使命

所谓贫困问题，大都是历史、经济、地理、自然等诸多因素综合影响的结果。要根除贫困现象，更需要采取多元措施、多重手段加以解决。2015 年初，习近平总书记在陕西省考察工作结束时的讲话中指出："扶贫开发是我国全面建成小康社会的重要任务，也是一项十分艰巨的工作。"他指出："陕西是扶贫开发任务比较重的省份。要实现脱贫致富目标，就要增强紧迫感，按照精准扶贫、精准脱贫的要求，加大扶贫开发工作力度，真抓实干，吹糠见米，做到目标明确、任务明确、责任明确、举措明确，确保贫困地区和贫困人口如期实现脱贫致富。"他还指出："脱贫致富不仅要注意'富口袋'，更要注意'富脑袋'。""扶贫先扶智。拔掉贫困的根，要重视贫困人口子女教育，不要让贫困地区孩子输在起跑线上，这是阻止贫困代际相传最有效的办法。""要加强贫困人口职业技能培训，授之以渔，使他们都能掌握一项就业本领。"陕西省要摆脱解决贫困问题的困扰，同步够格建成全面小康社会，所有陕西人皆有责。中共陕西省委、省政府在安排地方志事业目标责任制考核时，首次将指导贫困地

区县区志、村镇志编纂和地方志馆建设作为一项重要指标来进行考核。这一具体考核要求，对于我们从地方志角度来分析研究脱贫攻坚，全面建设小康社会问题，提供了最接地气的现实视角，同时也促使我们在治国理政中思考地方志事业的发展空间。

按照陕西省贫困地区特色产业的区域布局，必须继续抓好陕北的马铃薯、小杂粮、红枣、羊只，渭北的苹果、秦川牛、奶畜，关中蔬菜、花卉、瓜果为主的棚栽业，陕南的蚕茶药菌林特产品和生猪等。同时要大力发展第二、三产业，推进贫困地区工业化、城镇化。积极扶持发展一批承载传统文化习俗、具有独特生产工艺的地方特色食品、手工艺品等小型加工业；继续做好以民俗文化体验、农业观光、休闲度假为主的农家乐等乡村旅游。要把革命老区建设纳入各级经济社会发展总体规划，加大对陕北革命老区，特别是延安革命老区扶贫区域版块开发示范区的扶持力度，不断改善老区基础设施条件，促进老区群众增收。

根据陕西省地方志工作机构的发展经验，要直接投身脱贫攻坚，全面建设小康社会，有下列几项基本任务。

一是直接参与扶贫开发事业，成为脱贫致富大军中的一员。围绕精准扶贫对象，精准选择对策的要求，直接投身扶贫攻坚工作的第一线。陕西省地方志办公室连续数年，参与了陕北黄龙山区、陕南秦巴山区等贫困地区的扶贫工作。各市志办也都不同程度地参与了具体脱贫攻坚工作。例如，西安市按照人均纯收入低于本区县农民人均收入 60% 标准，排出 218 个重点村，作为新一轮扶贫开发重点扶持对象。2015 年，西安市贫困人口实现清零，但按照“摘帽不摘政策”的原则，已脱贫人口继续享受各项扶持政策不变。同时，按照家庭年人均纯收入低于 4000 元标准识别出的 9916 户重点户，作为扶贫开发重点对象，其他脱贫村脱贫后作为提升对象。西安市志办从 2015 年 7 月开始，担负起户县石井镇潭峪河村和临潼区小金街道石三湾村扶贫帮建任务，及时成立了帮扶工作队，选派了两名驻村第一书记，负责落实帮扶工作。同时协调解决了亮化工程、道路硬化、饮用水等实际问题。宝鸡市志办派给帮贫村一名驻村第一书记。延安市志办重点帮扶子长县李家岔镇柴家河村 2 户贫困村民，协助解决外出务工和子女上学问题，并为之建设党员活动室。安康市志办包抓汉滨区流水镇碾坪村，采取结对子办法帮扶脱贫，通过产业扶贫、移民搬迁、教育医疗扶贫等方式来落实脱贫任务。商洛市各县志办，均安排两三名工作人员轮流或长期驻村，参与精准扶贫工作。

二是通过专业参与，围绕贫困村组、家庭的建档立卡，围绕贫困县情的调查研究，开展了一系列的业务工作。习近平总书记强调："脱贫攻坚工作要做实，必须把贫困识别、建档立卡工作做实。"[①] 据相关部门统计，陕西省汉中市除汉台区外，其余10县均属国家贫困县，贫困人口达18.15户、50.23万。汉中市作为新阶段脱贫攻坚的主战场，是国家秦巴山地集中连片特殊困难地区，是片区布局的三大中心城市之一，也是川陕革命老区的重要组成部分。其国家扶贫开发工作重点县、片区县、革命老区县交叉重叠，贫困发生率达16.8%。贫困面大量广、贫困程度深，脱贫攻坚任务十分艰巨。按照全市脱贫攻坚统一部署，各级志办深入扶贫第一线，成立驻村工作队，做好贫困户精准认定、建档立卡、确认回头望等工作；积极开展调研，了解贫困户意愿，帮助贫困群众理清脱贫思路，制定帮扶措施。编制产业扶贫补助计划，列出扶持项目、规模和预算资金，确保项目落地生根。汉中市志办选派第一书记到城固县小河镇小河村驻村，结对帮扶22户贫困群众，深入农户践行建档，将帮扶明白卡发放到人；帮助全村201户分类制定帮扶措施138项。制定"科普点餐"培训计划，与市农技推广中心2名专家联系，赴小河村开展产业培训。加大对小河村旅游资源、土特产等宣传，正在抓紧编纂《特色小河村志》。加强包扶村基础设施建设，争取整村推进项目资金和道路硬化资金、人饮工程项目。各县区地方志工作机构按照县区扶贫工作安排，积极赴包扶村开展精准扶贫工作，主要依托产业脱贫、移民脱贫、教育脱贫、社会保障兜底脱贫、生态补偿脱贫等政策，帮助贫困群众制定脱贫计划，争取项目资金，扶贫工作成效显著。另如陕西省铜川市管辖三区一县，共有38镇办乡，359个行政村。2015年底，有贫困村208个（其中耀州区74个、印台区50个、王益区13个、宜君县61个、新区10个），贫困户17018户、贫困人口22875人，贫困发生率达11.2%。为此，铜川市史志办向耀州区石柱镇新兴村派出一名第一书记、两名包村扶贫干部，还邀请果树专家帮助进行苹果管理技术培训，帮助贫困村规划养殖事项，并进行党员干部"一对一"精准扶贫。同时还开展图书赠阅活动，活跃贫困村群众

① 2015年11月，习近平在中央扶贫工作会议上的讲话。

精神生活。

三是地方志要为落实脱贫攻坚任务提供决策智慧，通过分析基本地情优劣势，发挥其应有的资政借鉴作用。例如，中央办公厅把陕西省宁陕县确定为全国两个扶贫定点县之一。按照《宁陕县志》来分析，宁陕县是个版图大县、人口小县、资源富县、经济穷县，先后被列为国家扶贫开发重点县、革命老区县。2014 年底，全县有 56 个贫困村，贫困发生率高达 37.2%。其扶贫帮困工作越到最后，贫困程度越深，脱贫难度越大。中央办公厅提出 2018 年实现脱贫目标，按照“六个精准”（即扶持对象精准、项目安排精准、资金使用精准、措施到户精准、因村派人精准、脱贫成效精准）的要求，进一步摸清底数、找准穷根、对症下药、精准施策。该县山大沟深，贫困户分散，仅建档立卡都非常困难，而要做到“县不漏村、村不漏户、户不漏人”，就必须下更大的功夫。由于贫困户每一户有每一户的情况各不相同，有因病致贫的，有因学致贫的，还有其他原因造成的，这就要求采取部门单位包村、干部包户等方式，层层夯实责任。除移民搬迁外，还要强化产业扶贫，解决贫困人口自我造血功能的问题。宁陕县山大沟深，交通不便，对发展产业来说是劣势。但同时也要看到，宁陕邻近西安，山清水秀，拥有着绿水青山也就是金山银山，对发展特色农业、中药材种植、旅游业等来说又是优势。因此，要充分发挥这方面的优势，大力培植绿色特色产业，让贫困群众拥有长期稳定的收入，增强贫困群众的造血功能。

三、地方志著述务必发挥好重大记事功能

对于地方志著述来说，要集中反映脱贫攻坚，建设好全面小康社会，也要充分发挥好地方志著述的几大功能。

一是地方志著述要全方位记载脱贫攻坚、全面建设小康社会的现实资讯。陕西省扶贫办和省志办合作，专门增设《陕西省志・扶贫志》，全面梳理和精准研判了全省扶贫开发事业发展的历史轨迹。个别重点移民搬迁市也启动了《移民搬迁志》的编纂工作。据《陕西年鉴（2016）》记载，陕西省委、省政府启动了大规模的移民搬迁工作，但各地的具体落实策略颇有差异。2015 年，按照陕南陕北以移民搬迁推动城镇化建设，关中以城镇化和美丽乡村建设带动移

民搬迁的总体思路，统筹推进移民搬迁工作。全省共安排实施搬迁 11.6 万户、40.6 万人，其中贫困人口 6.13 万户、21.9 万人。陕北关中地区移民搬迁共安排 5.6 万户、20 万人。陕南地区安排实施搬迁 6 万户、20.6 万人，其中贫困人口 2.8 万户、9.8 万人。各市综合年鉴、市县区志也跟进了这一内容。同时，在基层村镇志特别是贫困县村镇志的编纂中，脱贫攻坚仍然是最重要的记述项目之一。

二是地方志著述要总结历史的经验教训，通过历史事例的分析解剖，来认识和解决相关社会问题。譬如贫困标准的界定，存在着不同区域、不同时期的现实差距。如何改善贫困人口的生活现状，使贫困人口的幸福指数有所提升，仍是各级政府的当务之急。汉成帝时期，最早制定了家庭贫困标准，明文规定："不满千钱，为极贫之产。"鸿嘉四年（公元前 17 年），"诏民赀不满三万元无出租赋"[①]。当时五口之家，除了缴纳定量租税而外，仅得温饱。所以百姓的贫富常以衣裳、釜甑多少来衡量。从汉代墓葬来看，釜甑之类也常常被用作陪葬品。赤贫之家担心抽调劳役，有了这些物品也会卖掉，而富豪之家，"乘贱买之，故得其利。"[②] 现实生活中，有些贫困县也存在不肯摘掉贫困帽子，甚至专享扶贫待遇的现象。

三是地方志工作者要从为党政机关和社会各界需要提供科学依据的角度出发，进一步强化地方志的重大叙事功能。在陕西省第二轮市县志编纂中，普遍将扶贫开发工作纳入记述范围，一方面总结落实脱困攻坚任务的经验和业绩，另一方面也是反思历史教训和存在问题。以陕西省已出版部分第二轮县区志有关扶贫开发工作的记载情况为例（见表 2），现有志书大都将扶贫开发工作列入农业编，其记载权重显然不够。对于实际贫困状况的客观记载，也只有个别志书作了扼要介绍，其他志书虽然记载了扶贫开发的具体成果，但因缺乏基本贫困状况的分析记载，实质上也无法彰显其现实效果。在讲述精准扶贫、精准脱贫内容方面，也存在着较大的提升、补充空间。要进一步的反映脱贫攻坚、建设全面小康社会基本资讯，就必须在现有基础上深化对各地贫困现状的梳理分析，同时有重点、有深度地反映脱贫攻坚任务的落实情况。

---

① 《汉书 · 成帝纪》。

② 《汉书 · 食货志》。参见张世民、屈建军：《阳陵物语》，科学普及出版社 2004 年 10 月第 1 版。

部分第二轮县区志有关扶贫开发事业记载情况一览表

表 2

	志书名称	篇目设计	扼要概况	出版时间
1	永寿县志（1990—2005）	属国家重点扶贫县之一。农业编设有扶贫开发专节	涉及贫困状况、贫困工作，并有农村经济收入情况表	陕西出版集团陕西人民出版社 2012 年 1 月第 1 版
2	旬阳县志（1989—2009）	属陕西省扶贫重点县之一。地方人民政府编施政纪要章设有农业扶贫开发专节	涉及科技扶贫、“八七”扶贫、社会扶贫、参与式扶贫、迁移式扶贫、信贷扶贫、扶贫重点村建设等	陕西新华出版传媒集团三秦出版社 2015 年 7 月第 1 版
3	陇县志（1990—2010）	属国家重点扶贫县之一。农业编有扶贫开发专章	涉及开发式扶贫、移民搬迁、扶贫重点村建设、社会扶贫、外援扶贫、贫困人口降消等	陕西新华出版传媒集团陕西人民出版社 2015 年 11 月第 1 版
4	宝鸡市金台区志（1990—2010）	属陕西省扶贫开发县区之一。农业编中设农业开发章，内有扶贫开发专节	涉及劳动力培训、移民搬迁、农业产业化扶贫、社会扶贫及部门扶贫等	陕西新华出版传媒集团三秦出版社 2016 年 4 月第 1 版

总之，地方志事业要投身当前国家经济社会建设的主战场，彻底规避边缘化倾向，就必须主动出击，积极有为，在当地经济社会事业发展的大格局中占有一席之地。最关键的，要将地方志事业的近期目标和长远目标相结合，有序安排短时段目标任务和长时段目标任务。地方志著述要体现经世致用、治国理政的精神，就必须转变其传统智库的知识自闭态势，充分发挥其现代智库的主动发声功能。地方志工作者要避免成为社会边缘人，就要积极参与当代经济社会的中心工作，通过专业活动参与其中，而不能完全依凭行政职权。特别是脱贫攻坚事业是个锻炼人、考验人的主战场，有望为干部特别是青年干部成长提供重要的社会舞台，因而投身脱贫攻坚、全面建设小康社会的伟大事业，也是地方志工作者洞悉世情、参与世事的重要路径之一。重视经世致用，投身具有主战场地位的脱贫攻坚事业，既是地方志事业不可规避的重要方面，同时也是我们全面建设小康社会建设伟大事业的智库保障。

立足创新　服务中心

——《贵州省减贫志》编纂创新经验谈

吕　勇

提　要：贵州省地方志办公室主动作为，服务于扶贫攻坚贵州大局，用不到一年时间编纂出版《贵州省减贫志》，全面记录贵州省扶贫攻坚的历史进程，为全省的大扶贫战略行动提供资政辅治之参考。《贵州省减贫志》的编纂具有“三高”的特点，即高规格、高品质、高效率，编纂方式的创新发展将《贵州省减贫志》推上一个新的高度。《贵州省减贫志》的编纂是贵州省地方志工作“围绕中心　服务大局”的一次有益尝试。

关键词：创新　服务中心　贵州　减贫　志书

由于社会历史、人文地理、自然环境等多种因素叠加，导致贵州成为全国农村贫困人口最多、贫困面最大、贫困程度最深的省份，是全国脱贫攻坚的主战场和决战区。贵州历届省委、省政府都关注民生、重视减贫工作，在党中央、国务院正确领导下，在全国人民大力支持和援助下，贵州的减贫工作成绩卓著、成效斐然。

在波澜壮阔的扶贫攻坚伟大进程中，地方志不能缺席。《贵州省减贫志》编纂工作从2015年12月2日正式启动，到2016年11月出版发行，客观、全面地记述贵州省减贫事业发展历程，为贵州减贫事业留下堪存堪鉴之记述，也为全国的扶贫攻坚提供资政辅政之参考。不到一年时间编纂完成，创造了修志工作的“贵州速度”。

一、编纂《贵州省减贫志》原因以及编纂情况

编纂《贵州省减贫志》是2015年7月中共中央候补委员、中国社科院副院长、中指组常务副组长李培林来贵州考察调研地方志工作时最先提出的。他指出，贵州的扶贫工作持之以恒、卓有成效，地方志应该铭记这段历史，同时可以为当下全国的扶贫攻坚事业提供有益的借鉴，这部志书的编纂将成为全国第一部全面系统反映省域范围内减贫事业的特色专志。李培林的建议得到贵州省委、省政府的高度重视，省政府很快启动《贵州省减贫志》的编纂工作。省政府常务副省长秦如培、副省长何力担任《贵州省减贫志》编纂委员会主任。2015年12月2日，省政府办公厅召开《贵州省减贫志》启动会，副省长、省地方志编纂委员会常务副主任何力在讲话中指出："《贵州省减贫志》的编纂，在当前全国和全省大力推进扶贫开发的情况下，体现和落实了编纂志书围绕中心、服务大局，因时而动、顺势而为的要求，将地方志有效地聚焦聚合聚力到了全省工作的中心和大局上，将为贵州省深入推进扶贫开发工作提供有益借鉴。"

会后，贵州省地方志办公室与承担《贵州省减贫志》的33家部门积极协调、沟通，修改、完善《〈贵州省减贫志〉编纂工作方案》,《贵州省减贫志》编纂工作正式启动。

经过33家部门纂稿人共同努力，于2016年8月初形成7章28节的终审稿，8月31日，通过省地方志编纂委员会终审。9月初送方志出版社出版，11月正式出版发行。

二、编纂《贵州省减贫志》创新经验

创新是历史进步的动力、时代发展的关键，在党的十八届五中全会提出的"五大发展理念"中创新位居首位。志书作为记述历史的重要载体，地方志同样承载着不断创新发展服务社会推动历史进步的使命。《贵州省减贫志》这部志书从酝酿到完成都贯穿创新发展的理念，是贵州省地方志工作谱写的时代新篇。

《贵州省减贫志》的编纂具有"三高"的特点，即高规格、高品质、高效率，编纂方式的创新发展将《贵州省减贫志》推上一个新的高度。

第一,《贵州省减贫志》从酝酿阶段就受到全国地方志工作的最高领导机构——中指组和贵州省政府的高度重视，李培林常务副组长十分关注减贫志编纂工作，多次询问编纂进度，并指示中指办要支持、帮助该志书的编纂工作。省委常委、常务副省长秦如培审读志稿，并对志书如何深化记述、突出地方特色及照片编排提出意见；副省长何力多次听取编纂工作情况汇报，并从志书启动到终审过程中，一以贯之的强调确保志书质量，编纂精品良志；中指组秘书长，中指办党组书记、主任冀祥德强调《贵州省减贫志》要遵循志体，凸显独创性和资政价值，强化质量意识，并指示中指办和方志出版社在经费资助、出版发行等方面开启“绿色”通道；中指办副主任刘玉宏、邱新立及方志出版社领导和相关人员，就《贵州省减贫志》体例、记述内容、表现形式等，提出很好的意见和建议。一部志书的编纂在组织机构的构成上能有这样高的规格，能协同中央、地方两级方志机构和这样多的省直部门共同参与，这在贵州省的地方志工作中尚属首次，体现了各级领导和专家对贵州，尤其是贵州减贫工作的重视与支持。

第二，内容和形式的创新赋予《贵州省减贫志》强烈的时代感，保证了志稿的高质量、高品质。贵州省的扶贫攻坚事业本身就是一个凝聚智慧探索创新的历程，贵州探索创新了一系列具有贵州特色的扶贫工作机制，如首创“摘帽不摘政策”的激励机制，创新省级领导干部率领多部门“集团帮扶”制度，创新机关单位到贫困县乡开展“四定三帮一包”定点扶贫制度；探索创新“晴隆模式”“印江经验”“长顺作法”“威宁试点”和兴义则戎、罗甸大关、贞丰顶坛等各具特色的扶贫开发模式；此外，还涌现出许多先进典型人物。为反映贵州扶贫开发的特点和亮点，在编纂《贵州省减贫志》时，编纂人员既遵循地方志的基本体例要求，又创新编写思路，强调“扶贫要精准,《贵州省减贫志》的编纂更要精准”的指导思想，文字精练简明，总文字量控制在 50 万左右，重点突出贵州减贫工作的创新发展和工作亮点。同时结合图志的编纂特点，大量选取和使用能反映贵州减贫工作特点的图片，图文并茂，在保证志书资料性的同时增强志书的可读性，突破一般志书资料性强可读性较弱的格局。

第三,《贵州省减贫志》在保证高品质的同时还体现出编纂的高效率。由于地方志书自身的历史著述特性，通常编纂一部志稿从开始收集资料到最后出版发行需要 3 至 5 年时间。而《贵州省减贫志》的编纂，则克服内容涉及范围广、资料收集难度大等诸多困难，从编纂工作启动到最终出版只用不到一年的时间。编纂周期的大幅缩减是贵州省志编纂的另一项重大创新和突破，使这部史实著作兼具了适时快捷的优势，紧跟快速发展的时代步伐，让地方志资政、教化的功能更贴近时代脉搏。

三、《贵州省减贫志》的社会价值

（一）《贵州省减贫志》是全国第一部全面系统反映省域范围内减贫事业的特色专志

2016年是全国开展大规模扶贫攻坚30周年，贵州又是全国脱贫攻坚的主战场。这部志书是全国首部全面系统反映省域范围内减贫事业的特色专志，一方面能为贵州减贫工作留下堪存堪鉴之记述，另一方面也为全国的扶贫攻坚提供资政辅政之参考。

（二）开创贵州省志编纂“围绕中心、服务大局”的新模式

《贵州省减贫志》的编纂还是贵州省地方志工作“围绕中心、服务大局”的一次有益尝试。为更好服务于全省的大扶贫大数据战略行动，为全省正在开展的“十三五”扶贫攻坚乃至全国的扶贫攻坚事业提供有益的参考和借鉴，《贵州省减贫志》的编纂正当其时。贵州省地方志工作者迎难而上，将完成《贵州省减贫志》的编纂列入2016年的工作目标，这体现了贵州省地方志工作者的历史责任和担当。

悠悠减贫事，辉煌奋斗史。《贵州省减贫志》出版后，得到中指组的高度肯定，李培林常务副组长评价该志说：“《贵州省减贫志》真实记录了贵州人民减少和消除贫困的可歌可泣的足迹，也是反映我国减少和消除贫困伟大事业的一个窗口。这是地方志工作服务中心工作和发展大局的一个样板。”《贵州省减贫志》承载着贵州省减贫事业往昔的光荣与梦想，同时也是全省地方志工作者运用地方志这个载体，主动围绕发展这个中心、服务社会经济发展大局交出的一份答卷。

关于乡镇村志编纂创新的实践初探

司念堂　张　静

提　要：乡镇村志作为省、市、县三级志书的延伸和补充，可借鉴市县志编纂的经验，但不可完全照搬，而应将乡镇村志编纂工作放在中国名镇志文化工程、中国名村志文化工程这两个国家文化战略的高度来进行定位。要编好乡镇村志，既要充分调查研究、挖掘特色，又要精心设计篇目、彰显特色，还要合理运用资料、突出特色，并且切实增强可读性，展示特色。乡镇村志编纂创新中，还有如何纳入政府目标、内容与特色定位、文化定位、组织机构等问题值得进一步探讨。

关键词：乡镇村志　编纂创新　若干思考

《规划纲要》提出要“指导有条件的乡镇（街道）、村（社区）做好志书编纂工作”，中指组及其办公室近几年也在积极构想和推进乡镇村志的编纂工作。从目前开展的情况看，中指组对乡镇村志编纂工作的部署主要采取了典型引路的方式，即以中国名镇志文化工程和中国名村志文化工程来引导全国的乡镇村志编修。湖北省也积极参与了这两项工程，其中《三阳镇志》已列入第一批中国名镇志文化丛书并正式出版。湖北省方志办于 2014 年 11 月下发《关于全面开展全省乡镇（街道）、村志编纂工作的通知》（以下简称《通知》），全面启动全省乡镇村志编纂工作。目前，全省 17 个市州、直管市、神农架林区均已启动乡镇村志编纂工作，已出版乡镇村志近 300 部。在坚持名镇（村）志指导思想的基础上，我们结合湖北省的实际进行一定的探索。

一、对乡镇村志的定位

湖北省对乡镇村志编纂工作的基本定位就是要着眼于方志这种优秀传统文化的继承与创新，坚持以人民为中心的工作导向，坚持以社会主义核心价值观为引领，通过对乡镇村志成果和理论的创造性转化和创新性发展，挖掘更为丰富和细致的乡土文化资源，让乡镇村志更好地为社会主义新农村建设和新型城镇化发展服务，不仅使老百姓在志书成果中望得见山、看得见水、记得住乡愁，更重要的是要通过记录发展成就、总结经验思路、展示当地形象、提供历史借鉴，彰显厚重乡土文化，使乡镇村志能在服务经济社会发展、服务群众生产生活、服务文化软实力提升的过程中潜移默化地增强人民群众的文化自信心、文化自豪感，从而成为乡村文化建设的重要阵地。

具体而言，我们认为乡镇村志作为省、市、县三级志书的延伸和补充，可借鉴市县志编纂的经验，但不可完全照搬，而应将乡镇村志编纂工作放在中国名镇志文化工程这个国家文化战略的高度来进行定位。篇目不能追求“大而全”，而应该重视对特色内容的记述；内容编排上可纳入一些社会学、民俗学的研究成果，使编纂形式更加多样化；文字上可适度追求可读性，使其真正能够为社会所用，成为承载游子乡愁的乡土书、研究人员推崇的资料书、读者愿意阅读的床头书。

在工作启动之初，我们最先达成共识的就是一定要编修创新型的乡镇村志，这主要是基于对湖北省已出版乡镇村志现状的分析。在湖北省 2015 年召开的全省乡镇（村）志编纂工作现场会上，曾要求各地将已出版的乡镇村志呈交会议进行展示。但从当时展示的乡镇村志来看，基本上都沿袭了市县志的编纂模式，导致出现了以下几个问题：一是机械地套用市县志篇目，读来有千人一面之嫌。以湖北宜昌《虎牙滩村志》为例，篇目就包括行政建置、地理环境、人口、村（居）建设、党支部村（居）委会、农业、工业、交通运输、商贸、社会生活、军事、教育、卫生、文化体育、文艺、文物、民俗、人物 18 个一级目，看不出任何村域特色，且篇目繁复。而且受限于市县志篇目结构，有些微观资料不能入志，从而失去了编修乡镇村志的本意。二是没有从乡镇村的社会结构与特点出发。多采用县志的宏观和中观的概述性写法，实质性记述较差。江泽民同志曾在《农村思想政治教育读本》一书的序言中这样写道:“要加强农民教育，就要编一些教材，编写教材要结合实际，要通俗易懂。”旧志中曾有乡土教科书一类，就是要结合农民和农村的实际来记述，走进百姓家。三是资料来源基本是乡镇层面的机关档案，社会性内容较少，接地气不足。《虎牙滩村志》在《凡例》中写道:“本志资料来源于档案、史书、方志文献资料，辅以采访座谈笔录”，而从乡镇村志的编修实际来看，主要的资料应来源于口碑资料，这些口碑资料不仅来源于村里的老人，也来源于已经散居外地的事件的亲历者，口碑资料的征集与体制内资料的征集相比难度更大，但如果开展起来，将使志书格外活色生香。

如何做好乡镇村志的创新？我们主要是做好了对名镇志、名村志编纂思想的学习和贯彻。在湖北省举办的申报名镇（村）志工作会议上，我们明确提出，以《三阳镇志》为参考，编纂乡镇村志必须在思想上实现180度的大转弯，我们要编写的乡镇村志是创新志书而非传统志书，是特色志书而非综合志书，是普及性志书而非专业性志书。

（一）要充分调查研究，挖掘特色

所谓“入乡问俗，十里改规矩”，说明地各有异，民俗有别。乡镇村志要有浓郁的乡土气息，贴近基层、贴近生活、贴近群众，应充分调查研究，由表及里，仔细审视其特色和优势，努力突出志书的重点。三阳镇是湖北省京山县北部的一个小乡镇，只有30个村，1个社区居委会，人口3.6万。2014年底人均不足8分耕地，农业没有特色；境内规模企业不足3家，工业企业也没有亮点；商贸、金融、教育、卫生、社会保障等方面更没有看点。三阳的特色在哪里？为此,《三阳镇志》编纂者开始调查研究工作。他们分部门、分单位、分村组列出史料搜集清单，在全镇范围内搜集史料。对一些模糊不清的历史问题，找来老年人作讨论式的调查。为找到相关历史见证人，把调查工作延伸到了广州、江苏、江西、吉林、青海、广西和本省武汉、荆州、随州、恩施等地。通过调查，共甄别史实17件，搜集文字史料61万字，搜集补充图片495幅，整理56人次口碑资料11.8万字。为找准三阳特色，他们又召开7次编委会会议，从搜集来的史料中反复分析，终于发现：三阳历史上获得最多、级别最高的荣誉来自生态建设方面。由此确定，三阳镇的特色在于国家级生态镇，在于中国观鸟之乡，在于看得见青山、望得见绿水，在于人与自然的和谐。

（二）要精心设计篇目，彰显特色

由于各个乡镇村的环境不同，其经济结构、社会经济发展情况各不相同，形成的文化内涵、民情风俗也不相同，各有各的特色和优势，有的乡镇是县（市）政府所在地，有的乡镇原是县城所在地现在不是，有的为乡村集市镇，有的为水陆要会、交通枢纽等。因此，在内容记述上不能千篇一律，应将其特色和优势作为重点来写，写深写透，以深度见长，要在篇目中体现出来。《三阳镇志》特色定位后，对《三阳镇志》篇目进行了设计。全志设11大门类。这些门类环环相扣，以“生态文明古镇”综述三阳镇域特色；“基本镇情”简述三阳自然、经济、政事、民生现状；主体“生态环保、生态村镇、观鸟之乡和生态产业”详述生态创建工作；人物多突出在生态创建中的作用；“艺文”也设有“观鸟文学”；“大事纪略”列举生态建设重大事件。生态环保、生态村镇和生态产业为观鸟之乡的形成奠定基础；观鸟之乡的形成又为生态建设成效提供佐证。各门类之间相互联系，相互依存，克服了以往按章节体编纂的镇志门类之间看不出影响和逻辑关系的弊端。为把《三阳镇志》编纂成“朴实的、严谨的、科学的资料性文献”，我们除选用环保部门在三阳监测到的权威数据外，重点对“观鸟之乡”结构进行设计。在其类目下又设三阳野生鸟类、观鸟队伍、观鸟基地建设、观鸟爱鸟活动、观鸟节、观鸟护鸟成果和媒体关注7个分目。每个分目下又设若干个条目。如在三阳野生鸟类分目下，设有野生鸟种和珍稀鸟种两个条目。为慎重起见，我们把两个条目内容送给湖北省野生动植物保护专家审查，专家指出，这样设置不科学。按照专家意见，我们将此分目调整设置为野生鸟种、国家一级保护动物（鸟）、国家二级保护动物（鸟）、和、三阳特色鸟类四个条目。这样一来，整个篇目设计就更加严谨、科学。

（三）要合理运用资料，突出特色

乡镇村志应比省、市、县志记述的更真切、更详尽。要重点记载市县志中没有记载或记得语焉不详的资料，起到深化、补充市县志的作用，详市县志之所略，补市县志之所缺。具体而言，记事要做到具体翔实、真切实在，少有隐讳和曲笔，在资料选择上要以细取胜，以深见长，要抓“芝麻”和“细节”；记人要发挥乡镇村地域范围相对较窄优势，对辖区内名人、能人、巧人要如数家珍地载入志书。乡镇村志是最接地气、最贴近人民群众的，记述的是不是那回事儿，人民群众一看就知道。因此，乡镇村志对资料的要求不亚于省市县志。为把《三阳镇志》编纂成“生态资料性文献”，我们坚持“人无我有、人有我精”的原则，在基本框架确定后，运用述、记、志、传、图、表等体例，选取三阳独有或其他地区少有的微观史料来展示生态文明古镇的特色。如选用红花苕子种植增加土壤有机质、限制使用高残毒农药、绿色食品及无公害食品开发、作物秸秆还田等史料来体现生态农业发展特色；选取生物多样性保护、环境监测与治理、饮用水源地保护、镇村日常保洁等史实展示三阳村镇生态化特点；选取“爱鸟爱自然，做个环保人”倡议、三阳野生鸟种、观鸟队伍、观鸟基地建设、观鸟爱鸟活动、观鸟节、观鸟护鸟成果和媒体关注等具体微观史料展现观鸟文化的形成和影响；选用古新市、三王城、绿林寨等遗址、古迹和“善歌锣鼓”“三阳婚庆民俗”等文化遗产等三阳独有的史料，全面阐释三阳作为国家级生态镇所特有的生态文化、观鸟文化和绿林文化。

（四）要切实增强可读性，展示特色

假如把镇村特色比作特产，把编者比作厨师，把读者比作食客，那么，编纂乡镇志的过程就是厨师将特产加工成特色菜的过程。不过，特色菜做得好不好，不是由厨师说了算，而是由食客说了算。如果这道特色菜色、香、味俱佳，那么，就有自愿买、自愿吃的食客。同样的道理，如果编纂的乡镇村志特色鲜明、可读性强，那么读者就会愿意买、愿意看。《三阳镇志》以前编纂过，但照搬市县志章节体篇目，发行范围小，可读性差。再次编纂《三阳镇志》，就以增强可读性为核心，着手进行了“改造”：一是不再坚持面面俱到，而是重点反映本镇的名与特。浓墨重彩，始终围绕生态写，把观鸟之乡形成的过程及其特色写深写透。二是行文上适当使用通俗化语言，增强可读性。三是注意运用彩插，更为直观地展现三阳之美。通过将寸草心乡村环保促进会搜集到在三阳镇拍摄到的获全国一、二等奖的观鸟摄影作品，运用到《三阳镇志》中，让读者看到三阳镇的生态之美。

二、湖北乡镇村志创新探索

湖北乡镇村志的部署与推进源于现实需要。梁启超在《清代学者整理旧学之成绩——方志学》中曾评论道："官修之外，有私家撰述性质略与方志同者，此类作品，体制较为自由，故良者往往间出。"湖北乡镇村志编修工作的起源就与此类私家撰述有相似之处。在之前没有统一规范的情况下，保康的《尧治河村志》就已入选"2014 年中国十佳村志"，这不得不说是一个难得的成绩。值得一提的是，湖北之前乡镇村志的编修主体也不局限于方志系统内部，有部分文化站、旅游公司，甚至是村民自发参与志书的编修。从已出版的乡镇村志来看，虽然存在着许多需要改进的地方，但仍保存了大量有用的资料，如历史沿革、人口资料、"两委"班子的信息等都很全面完整，方便有需要的读者进行查阅。但如前文所述，我们认为湖北省乡镇村志的推进必须进行不同的探索与尝试。

（一）方案的制定

湖北省在 2014 年 11 月的《通知》中指出，要用 10 年的时间基本完成乡镇（街道）志和大部分村志出版任务。2015 年又召开全省的乡镇村志编纂现场会和东西片会，对如何编好乡镇村志进行研讨和培训。同时，湖北省方志办主要领导还带队对宜昌市、襄阳市、恩施州、京山县等地的乡镇村志编纂开展情况进行全面系统的调研。

结合前期的工作情况，我们对乡镇村志编纂提出了以下要求。

1. 总体要求"三个点"

一是一个基本点（志体）。明确要以坚守志书底线、把握志体为基础。乡镇村志的编纂需要创新，但不能脱离志体去追求创新。

二是一个关键点（乡愁）。编纂乡镇村志就是要留住当地的乡音、乡风、乡思。这也就是习近平总书记在多次讲话中提到的要讲好中国故事，那么怎样讲好中国故事呢？就是要讲清楚我们独特的文化传统、独特的历史命运、独特的基本国情，从而激发人们爱国爱乡的热情。充分认识到乡愁对编写乡镇村志的重要意义，对我们下一步的编写工作具有重大的意义。

三是一个落脚点（创新）。我们提出，编纂乡镇村志要实现篇目设置、资料搜集、体裁运用，行文规范、读志用志等全方位的创新，而最重要的就是要做好篇目设置和资料搜集的创新。

2. 篇目设置“三步走”

我们要求乡镇村志的篇目设计要做好“两个结合”，即坚持科学分类和社会分工相结合，共性要求的全景扫描和个性特点的凝聚提炼相结合，要求各地按照“必设篇目＋特色篇目”的基本方法来设置篇目。

第一步是找准本乡镇、村的定位，梳理本乡镇、村所获得过的荣誉，可以是一个最主要的，也可以是多个，这些定位一定是站在全国读者的角度，带有共性的不要拎出来。在此基础上由表及里，仔细审视本镇的特点和优势，努力突出志书的重点，浓墨重彩，对特色部分要予以放大。如对《青林寺村志》的篇目，我们就要求他们要突出其“中国谜语村”和移民搬迁村的特色。

第二步是填充必设篇目，包括基本地情、人口姓氏、风土民情、人物、艺文等。

第三步就是因地制宜，深挖特色内容，将其进行丰富和升格。如针对《青林寺村志》“中国谜语村”的特色，我们就提出要将谜语文化升格为一级目，下设谜语源流、谜语特色、谜人谜事、文化成果、传承交流、谜语旅游等特色内容，从横向纵向都系统展示青林寺作为中国谜语村确实当之无愧。除此之外，我们还在本篇后链接一篇文章《中国谜语村诞生记》，将中国谜语村的申报及后续保存情况进行收录。

3. 资料搜集“三重视”

一要重视对特色资料的收集。我们提出资料要精选，要“接地气”，注重反映“三农”问题。就内容而言，乡镇村志记载的重点不应是全国带共性的事情，而是贴近普通老百姓的事情，是档案资料中难以找到的资料。

二要重视对微观资料和细节资料的收集。如《尧治河村志》里就有“尧文化研究院”这个二级目，显然对细节资料的展现不够，我们直接将“尧文化研究院”改为“尧文化研究”，下设研究机构、学术活动、研究成果三个级目，使之可以容纳更多的细节资料。

三要重视对现状资料的展示。大多数乡镇村志的上限是溯至事物之发端，下限是到编修工作启动年份为止，但是要求的版面字数是30—40万字，如此长的断限加上有限的篇幅，还得把当地的特色展现充分，只能有两种方式来处理：一是基本村情的篇幅要压缩，基本只能是概况式的记述；二是对资料的展示只能侧重于对现状的反映，对历史情况只能是概况式的一笔带过。

（二）推进方式

湖北在推进乡镇村志编纂工作之初就意识到乡镇村志的推进不能一刀切，必须因地制宜。在全国具有一定影响力的乡镇村，我们就支持他们申报名镇（村）志；对于具有全省影响力的乡镇村，我们也积极组织编纂湖北省名镇名村志系列丛书，对其进行资金资助；而对更多的地方特色并不突出的乡镇村，我们也允许其采取其他方式进行编纂，做到百花齐放。

在全省乡镇村志工作启动之初，我们就明确京山县作为试点，对乡镇村志工作先行先试。2015 年 5 月，湖北省在京山县召开全省乡镇（街道）、村（社区）志编纂工作现场会，对京山县的先进经验进行推广，统一全省在乡镇村志编纂上的认识与要求。

在京山现场会上提出，乡镇村志的编纂需要典型引路，但也不能完全照搬模式，而应积极探索符合本地实际的编纂方法和方式。在这方面，湖北省的襄阳市和保康县在这方面就作出了很多有益探索。在省方志办《通知》下发后，襄阳市政府办印发了《关于全面开展乡镇（街道）、村（社区）志编纂工作的通知》，市方志办随之印发了《关于全面开展全市乡镇（街道）、村（社区）志编纂工作的实施方案》，并将保康县选为全市乡镇（街道）、村（社区）志的试点（示范点）。保康县将乡镇村志编纂工作计 10 分（满分 100 分）作为对乡镇的年度目标考核，印发《保康县村志编纂工作实施方案》《保康县村志编纂工作目标考核实施办法》，同时研究制定《保康县村志编纂提纲》《保康县村志质量规定》《保康县第一批村志编纂工作步骤》《保康县村志图片资料征集参考目录》等一系列文件，编印《保康县村志编纂资料汇编》。目前保康县 11 部乡镇志已编纂完成，计划分三批到 2020 年完成全县 259 部村志的编纂工作，成效显著。

（三）实践中的现实问题

在乡镇村志推进的实践中，也发现了许多现实问题：一是认识提升难。部分领导认为修志工作是单项业务工作，不是中心工作；是今后可以再做的工作，不是当下迫切要做的工作；是耗费精力多、成果显现慢的工作，不是短时间内可以完成的工作；是不易纳入考核的软工作，不是必须考核的硬工作，还有部分干部误认为修志是业务部门的事，存在一定的依赖思想。二是经费筹措难。据核算，编纂出版一部村志大约需要 10 到 25 万元资金投入。以目前村级集体经济现状，编纂村志经费筹措难是普遍现象。三是主编稳定难。目前，修志主编的来源主要是退休干部、退休教师、回乡大学生和当地的“土秀才”。这就面临三个问题：年老体弱者占比高，难耐高强度的伏案工作；年富力强者不稳定，撰稿待遇低；主编文化素质参差不齐，有的文字功底差。而且目前全面启动乡镇村志的编修尚属第一次，有经验的编纂人员凤毛麟角。四是资料收集难。受机构调整、人员变动、硬件设施等的影响，乡镇村的原始档案、资料的交接、保存和管理不尽完善，且乡镇村志主要的资料来源于口碑资料，大大增加了资料搜集的难度。五是保证质量难。村志出版必须严把村级初审、乡镇复审、县级终审三关。以终审为例，审查一部村志平均需要 30 个工作日以上，100 部村志至少需要 10 人专业审查一年。县级史志办普遍人员少、工作任务重，审稿成为一大难题。

三、值得进一步探讨的问题

结合湖北省乡镇村志前期的开展情况，我们认为有以下问题亟待解决。

（一）关于纳入政府目标的途径

《关于实施中华优秀传统文化传承发展工程的意见》明确提出要“加强党史国史及相关档案编修，做好地方史志编纂工作，巩固中华文明探源成果，正确反映中华民族文明史，推出一批研究成果”，但如何向乡镇村的领导去宣传去落实，从而提高他们对乡镇村志编修的认识、明确当地政府在乡镇村志编修中的责任还是当下面临的问题。襄阳市提出县（市）一级要把乡镇（街道）志编纂工作纳入县级政府年度目标考核之中，还可把县（市）区编纂工作领导小组成员单位纳入年度目标考核；乡镇（街道）要把各村（社区）志书编纂工作纳入年度目标考核；县（市）区方志办要代政府制定目标考核实施方案和考核细则，明确阶段性工作任务、完成时限、责任主体和相应的年度考核分值，并具体承担考核任务。

（二）关于乡镇村志的内容与特色定位

对乡镇村志的内容与特色定位，全省已达成共识，但是怎么能结合本地实际编修出内容丰富、特色鲜明的乡镇村志，则有待于各地提供出更多的经验和成果。

（三）关于乡镇村志的文化定位

我们一直希望做到的就是编修出一批反映人民要求的、有温度的志书。在湖北省的宜昌市点军区五龙村五龙河街，有一个袁裕校家庭档案馆，是一个叫袁裕校的村民自己出资创办的，里面不仅反映了宜昌市 6 个普通家庭的历史，更折射出了上百年的社会变迁和人文传承。袁裕校谈到家庭档案馆的筹建时提到，是父辈的言传身教和祖宗家训让他对地方文化资料搜集的矢志不渝。《新闻联播》曾这样评价："这是源远流长的地方历史的重要见证；这是维系中华民族团结统一的精神纽带；这是一个市民分享和学习文化知识的好地方。"一个村民能凭借一己之力建设完成一个拥有实物 2 万余件、图文史料 1 万余件的家庭档案馆，这也就是乡村文化深厚的传承力和内生力使然了。那么落实到我们乡镇村志的编修中，就应该是以人民为中心的、能够延续乡村文脉的、能够提升乡村文明和村民文化素质的文化导向了。

（四）关于人才与队伍的培养、组织

人才是乡镇村志工作开展的基本保证，也是决定一部志书质量高低的关键因素。近日，湖北省下发《关于建立湖北省省级地方志专家库的通知》，要求在全省范围内推荐一批既有本专业特长及相应成果，具有丰富的工作经验和较高的理论水平，又热心和支持地方志工作，或从事过地方志工作，对地方志工作有一定研究的专家参与湖北省地方志事业发展战略、重要发展规划、重大建设项目，项目论证，学术探讨，志书年鉴评审，地方志资料、方志馆和信息化建设，地情开发研究，旧志搜集整理等方面工作。相信专家库的成立会对湖北省的乡镇村志工作起到相当的促进作用。

III

附　录

2015年全国地方志大事记

杨海峰

1月

5日，中共中央政治局委员、国务院副总理刘延东在中国社科院院长、中指组组长王伟光就编制《规划纲要》的信函上作出批示，肯定编制规划纲要工作非常重要，要求国家发改委给予支持和指导。

6日，海南省委常委、宣传部长许俊，省委常委、秘书长孙新阳到史志馆项目工地进行调研，推动海南史志馆项目建设。

7日，赵芮、邱新立等到河南省调研地方志工作，并出席《驻马店市志（1978—2012）》稿评审会。

8日，福建省地方志编委会主任冯志农一行5人到中指办汇报工作。赵芮、刘玉宏、邱新立听取汇报。

13—14日，赵芮、冀祥德到江苏省调研地方志工作，并出席在苏州市召开的《中国名镇志》丛书编纂工作座谈会。

14日，山东省政府办公厅党组成员、省地方史志办公室主任刘爱军一行到中指组汇报工作。王伟光、李培林听取汇报。

16日，赵芮、邱新立一行4人，赴国家发改委发展规划司，就贯彻落实中共中央政治局委员、国务院副总理刘延东就编制《规划纲要》作出的重要批示，与该司有关领导举行座谈。

19 日，由山东省文化厅、省地方史志办公室、省档案局、省政府新闻办公室联合举办的《第十届中国艺术节志》新闻发布会暨赠书仪式在济南市举行。

20—21 日，广东省人民政府地方志办公室党组书记、主任温捷香，原主任陈强到中指组、中指办汇报工作。王伟光、李培林，赵芮、冀祥德分别听取汇报。

21—26 日，冀祥德率中指办西南调研组一行 4 人到四川、西藏调研地方志工作。

21—26 日，刘玉宏率中指办西北调研组一行 4 人到宁夏、陕西和新疆调研地方志工作。

22 日，山东省各市史志办公室主任座谈会在济南市召开。

30 日，中指办党组向中国社科院人事教育局上报《中指办（国家方志馆）关于调整内设机构的请示》（中指办〔2015〕党组字 1 号），提出将中指办内设处室从原来的人事处、秘书处、年鉴处、期刊指导处、联络处、理论研究室 6 个处室调整为 10 个处室，相应增加处级职数。

是日，冀祥德率中指办海南调研组一行 3 人到海南调研地方志工作。

是日，邱新立一行 3 人到国家公务员局考核奖励司，就开展第三届全国地方志书优秀成果奖评选工作与该司有关领导举行座谈。

是日，陕西省市级地方志办公室主任会议在西安市召开。

31 日，四川省委常委、常务副省长钟勉对四川省地方志工作作出批示。

2 月

2 日，《规划纲要》专家论证会在北京召开。赵芮、冀祥德、邱新立出席会议。

是日，刘玉宏率中指办华东调研组一行 3 人到上海、安徽调研地方志工作。

是日，黑龙江省副省长于莎燕对省地方志办公室工作作出批示。

3 日，山东省政府办公厅党组成员、省地方史志办公室主任刘爱军一行到中指办汇报工作。赵芮、邱新立听取汇报。

4 日，浙江省委常委、宣传部长葛慧君一行到省地方志办公室调研指导工作。

6 日，青海省政府发布《青海省地方志工作规定》。

9日，中国名镇志文化工程专家座谈会在北京召开。赵芮、冀祥德、刘玉宏、邱新立出席会议。

10日，赵芮、邱新立一行4人到国家发改委发展司，就贯彻落实中共中央政治局委员、国务院副总理刘延东就编制《规划纲要》作出的重要批示，就下一步审批程序等问题与该司司长举行座谈。

是日，湖北省市州地方志办公室主任会议在武汉市召开。

11日，王伟光到泉州市调研地方志工作。

是日，四川省地方志编委会党组书记、副主任马小彬一行4人到中指办汇报工作。赵芮、冀祥德、刘玉宏、邱新立听取汇报。

13日，广东省政府印发《广东省人民政府关于公布省直部门权责清单（第二批）的决定》，公布广东省地方志办公室权责事项12项。

15日，全军军事志指导小组办公室副主任于海涛到中指办汇报工作。赵芮、邱新立听取汇报。

17日，中国社科院向国家发改委报送《关于报请国务院批转〈全国地方志事业发展规划纲要（2015—2020年）〉（送审稿）的请示》。

25日，李培林到中指办调研，转达王伟光的问候，并就如何做好地方志工作作出重要指示。

是日，海南省委常委、秘书长孙新阳一行到省委党史研究室（省地方志办公室）看望史志工作者。

26日，广东省省长朱小丹在省委常委、常务副省长徐少华等陪同下到省地方志办公室调研地方志工作。

28日，四川省委办公厅、省政府办公厅联合印发《关于进一步加强和改进新形势下地方志工作的意见》。

是月，山东省省长郭树清，省委常委、宣传部长孙守刚，副省长王随莲、季缃绮对山东省有关地方志工作作出批示。

3月

4日，中国社科院院长、中指组组长王伟光在山东省地方史志办公室《关于郭树清省长对史志工作批示等有关情况的报告》上作出批示：“培林同志，要以适当方式宣传郭树清同志重视地方志工作的情况。”5日，中国社科院副院长、中指组常务副组长李培林批示：“请方志办落实。”

6日，安徽省副省长谢广祥就2015年《安徽年鉴》编写工作作出批示。

11日，《中华家训新编100则》编纂工作会在北京召开。赵芮、冀祥德出席会议。

17日，2015年北京市地方志工作会议召开。邱新立出席会议。

18日，李培林到四川省调研地方志工作，出席第八次四川省地方志工作会议并讲话。赵芮陪同调研。

20日，2015年宣传工作新闻通气会在北京召开。赵芮、冀祥德、刘玉宏、邱新立出席会议。

是日，中宣部出版局在北京召开地方史编撰出版工作专题会议。邱新立出席并介绍地方志工作。

23日，天津市区县年鉴工作会议在天津召开。

26日，首届江苏省优秀乡镇（街道）志、村志评选揭晓。

27日，中指组五届二次会议在北京召开。王伟光出席并讲话，李培林主持会议。赵芮、冀祥德、刘玉宏、邱新立出席会议。

31日，中国社科院人事教育局印发《关于中指办（国家方志馆）内设机构调整的批复》（社科〔2015〕人字52号），批准中指办（国家方志馆）内设机构调整为：方志处、年鉴处、规划处、信息处、期刊处、科研处、秘书处、人事处（机关党委办公室）、国家方志馆馆藏部、国家方志馆综合部，设立处级（五、六级）岗位32名，其中含非领导人员岗位12名。

31日—4月2日，冀祥德、刘玉宏到河北省保定市考察指导工作。其间，冀祥德、刘玉宏一行出席保定市方志馆开馆暨保定抗战史料展启动仪式和《涿州市志（1993—2005）》稿省级评审会。

4月

8日，李培林到湖北省调研地方志工作。赵芮、冀祥德陪同调研。

是日，中国社科院信息化管理办公室副主任罗文东一行5人来中指办调研地方志纳入名优建设工程相关事宜并召开座谈会。刘玉宏出席会议。

是日，北京市地方志办公室与青海省玉树藏族自治州地方志办公室签订《北京市对口支援玉树州地方志工作协议》。

是日，辽宁省各市地方志（史志）办公室主任会议在沈阳市召开。

14日，山东省政府办公厅印发《关于山东省优秀史志成果奖的通报》，62项成果荣获2014年度山东省优秀史志成果奖。

16日，王伟光、李培林到安徽省调研地方志工作。赵芮、冀祥德、刘玉宏、邱新立出席会议。

17日，全国地方志机构主任工作会议在合肥市召开。王伟光作题为《认真落实“一纳入、八到位”，大力推动地方志事业发展再上新台阶》的工作报告。李培林作题为《开拓创新，乘势前进，努力开创地方志事业发展新局面》的总结讲话。赵芮、冀祥德、刘玉宏、邱新立出席会议。会议期间，安徽省委书记张宝顺、省长王学军会见王伟光、李培林一行。

是日，安徽省第二轮修志成果展暨赠送仪式在合肥市举行。王伟光、李培林出席并讲话，赵芮、冀祥德、刘玉宏、邱新立出席仪式。

17—19日，王伟光到安徽亳州调研地方历史文化和地方志工作。赵芮、冀祥德陪同调研。

18日，全国地方志系统表彰先进评选会在合肥市召开。李培林出席并讲话，赵芮、冀祥德、刘玉宏、邱新立出席会议。

23日，北京市地方志办公室主任王铁鹏一行到中指办汇报《京津冀协同发展年鉴》编纂工作。赵芮听取汇报。

23日，广东省委办公厅、省政府办公厅印发《关于加强地方志工作的通知》。

24日，山东省副省长王随莲听取省政府办公厅党组成员、省地方史志办公室主任刘爱军关于全国地方志机构主任工作会议精神及贯彻落实意见的汇报，并对下一步工作作出指示。

25—26日，江西省设区市地方志办公室主任会议在井冈山市召开。

26日，冀祥德出席《菏泽市志（1986—2005）》志稿评审会并讲话。

是日，山东省地方史志办公室官方微信“山东史志”正式开通。

27—28日，赵芮、冀祥德一行4人到山东省调研史志工作，出席在山东省潍坊市临朐县举行的中国社科院、中指办国情调研临朐基地揭牌仪式，并与山东省副省长王随莲共同为国情调研临朐基地揭牌。

29日，吉林省地方志工作机构主任会议在长春市召开。

是日，新疆维吾尔自治区地方志机构主任会议在乌鲁木齐市召开。

30日，《中华官箴新编》编纂工作启动会召开。冀祥德、刘玉宏、邱新立出席会议。

是月，安徽省省长王学军对安徽省地方志工作作出批示。

5月

4日，宁夏回族自治区地方志编审委员会2015年第一次会议在银川市召开。自治区政府副主席、地方志编审委员会副主任姚爱兴主持会议并讲话。

5日，山西省委常委、太原市委书记吴政隆专题听取全市地方志工作汇报，并对太原市地方志工作作出指示。

是日，重庆市地方志办公室印发《关于乡镇（街道）志编纂工作指导意见》。

6日，地方史编写出版工作座谈会在北京召开。邱新立出席并讲话。

6日，《汶川特大地震上海市救灾援助实录》首发座谈会在上海举行。上海市委常委、统战部部长、编委会主任沙海林讲话。市委书记韩正为《实录》作序。

是日，湖北省地方志办公室召开“三严三实”专题教育工作动员会。

7日，天津市区县志书编修业务培训会议在河北区召开。邱新立出席并授课。

是日，贵州省地方志工作会议在贵阳市召开。

是日，青海省各市州及部分县区地方志办公室主任工作会议在西宁市召开。

8日，2015年河北省地方志机构主任工作会议在石家庄市召开。会上，河北省地方志办公室为2015年退休的贾辉铭、陈燕平、王万力三位同志颁发奖杯。这是河北省地方志办公室首次为在地方志岗位工作三十年及以上的同志颁发荣誉奖杯。

是日，浙江省各市地方志办公室主任会议在杭州市召开。冀祥德出席并讲话。

11日，甘肃省地方史志工作会议在兰州市召开。副省长夏红民出席并讲话。

12日，中指办印发《关于印发〈中国名镇志文化工程〉实施方案》（中指办字〔2015〕22号），正式启动中国名镇志文化工程。

是日，江苏各市地方志办公室主任会议在常州市召开。

14 日，河北省地方志办公室主任杨洪进一行到中指办汇报《长城志》《京津冀协同发展年鉴》《中国名镇志》有关事宜。赵芮、冀祥德听取汇报。

18 日，中宣部办公厅、国家新闻出版广电总局办公厅下发《关于进一步做好地方史编写出版工作的通知》。通知指出，“地方史编写与地方志工作密切相关，要加强与本地区地方志工作机构的沟通与协调，具备条件的，可将地方史编写纳入地方志的工作范畴，统一规范管理。”

同日，2015 年上海市地方志法规宣传活动 · 上海地方志论坛暨《国之歌——〈义勇军进行曲〉诞生八十周年》画册首发式举行。第十一届全国政协副主席、著名经济学家厉无畏在论坛上作《从地方志看中国现代化的断层与进程》主旨报告。

是日，宁夏“5 · 18”地方志宣传日活动暨年鉴工作经验交流培训会议在银川市举行。

19 日，李培林到广东省调研地方志工作，出席广东省第七次地方志工作会议并讲话。赵芮陪同调研。

是日，吉林省地方志编委会召开“三严三实”专题党课暨专题教育动员会。

21 日，陕西省地方志办公室召开“三严三实”专题教育党课会议。

22 日，海南省委党史研究室（省地方志办公室）召开室（办）全体干部职工大会，对专题教育进行全面部署和安排。

25 日，江苏省地方志办公室举行“三严三实”专题党课暨专题教育部署会。

26 日，山西省地方志办公室召开党员大会，就“三严三实”专题教育活动进行部署。

是日，安徽省地方志办公室召开机关全体工作人员会议，就“三严三实”专题教育活动进行动员。

是日，江西省地方志办公室召开“三严三实”专题教育动员部署大会。

27—29 日，邱新立到上海市调研地方志工作。其间应邀到复旦大学中国历史地理研究所作讲座。

27 日，广西壮族自治区地方志办公室召开全体党员会议，就“三严三实”专题教育活动进行部署。

是月，中指办组织编纂的《中华家训精编 100 则》由方志出版社出版发行。

王伟光作序。

是月，山东省省长郭树清，省委常委、常务副省长孙伟，副省长季缃绮对山东省有关地方志工作作出批示。

6月

2日，“中华官箴文化工程”研讨会在北京召开。赵芮、冀祥德、刘玉宏、邱新立出席会议。

是日，福建省地方志机构主任工作会议暨方志系统党建工作会议在福州市召开。省政府副秘书长李强到会宣读副省长李红对福建省地方志工作的批示。

3—5日，刘玉宏一行3人到山东省东营市就方志馆建设情况进行专题调研。

3日，青海省地方志办公室召开“三严三实”专题教育学习动员会。

4日，赵芮到上海通志馆调研上海志书收藏、开发及馆舍建设情况。

5日，王伟光到上海调研地方志工作并召开座谈会。赵芮、冀祥德等陪同调研。

是日，新疆生产建设兵团党史研究室（兵团志办公室）召开“三严三实”专题教育动员部署暨专题党课报告会。

6日，李培林到常州市调研地方志工作，并到常州市方志馆考察指导。

7日，《开弦弓村志》首发式在苏州市举行。李培林、赵芮、冀祥德出席首发式。江苏省委副书记、苏州市委书记石泰峰会见李培林一行。

8日，福建历史文献收集整理暨中国地方志海外传播学术研讨会在厦门市召开。

9日，内蒙古自治区地方志工作电视电话会议在呼和浩特市召开。自治区主席巴特尔对内蒙古自治区地方志工作作出批示，自治区副主席白向群出席并讲话。

是日，黑龙江省省长陆昊对黑龙江地方工作作出批示。

是日，河南省地方史志办公室召开“三严三实”专题教育党课暨动员部署会。

11日，经国家发改委会签，中国社科院向国务院报送《关于以国务院名义印发〈全国地方志事业发展规划纲要（2015—2020年）〉的请示》。

是日，上海市地方志办公室举办“三严三实”专题党课活动。

18日，浙江省副省长、省地方志编纂委员会副主任郑继伟主持召开《浙江通志》编纂工作座谈会。

是日，邱新立一行3人到广东省地方志办公室调研地方志工作。

是日，河北省省长张庆伟对河北省地方志工作作出批示。

23日，河北省常务副省长杨崇勇对河北省志龚焕文总纂的工作汇报作出批示。

是日，吉林省副省长隋忠诚到省地方志编委会调研工作。

24日，王伟光、李培林到天津调研地方志工作并召开座谈会。赵芮、冀祥德等陪同调研。

24—28日，专业技术人才知识更新工程2015年全国地方综合年鉴资源开发利用高级研修班在北京举办。赵芮、冀祥德、刘玉宏、邱新立出席并讲话。

25日，吉林省志书总纂培训班在长春市开班，标志着吉林省志书总纂培训5年计划正式实施。

26—27日，王伟光在内蒙古阿拉善盟调研地方志工作并召开座谈会，内蒙古自治区政府副主席常军政出席座谈会。赵芮、邱新立陪同调研。

是日，李培林到南京市调研地方志工作。

26日—7月1日，刘玉宏到黑龙江省调研地方志工作。

是月，山东省省长郭树清、副省长王随莲对山东省有关地方志工作作出批示。

7月

1—2日，中国名镇志编纂业务培训班在北京举办。李培林出席开班仪式并讲话。赵芮、冀祥德、邱新立出席培训班。

1日，中指办召开“三严三实”专题会议。

是日，中指办主办的“方志中国”微信公众号开通。

2—3日，邱新立到河北邯郸市调研地方志工作。

3日，四川省政府办公厅下发《关于四川省地方志编纂委员会更名等事项的通知》，四川省地方志编纂委员会更名为四川省地方志工作办公室。

6—9日，李培林到安徽省亳州市调研地方志工作。冀祥德陪同调研。

7—8日，全国第二轮省级志书编纂工作座谈会暨精品志书编纂研讨会在济南市召开。山东省副省长季缃绮出席并致辞，赵芮、冀祥德、刘玉宏、邱新立出席并讲话。

9—11 日，李培林到湖南省调研地方志工作。湖南省委常委、宣传部长许又声会见李培林一行。赵芮陪同调研。

9 日,《西藏自治区志·民航志（2001—2010）》终审会在拉萨市召开。自治区党委常委、自治区常务副主席、《民航志》终审领导小组组长丁业现出席并讲话。

14 日，西藏自治区地方志办公室与湖北省武汉市地方志办公室赴藏考察团一行在拉萨市进行座谈。

是日，宁夏地方志办公室正式启动《贺兰山志》编纂工作。《贺兰山志》是宁夏第一部山志，填补了宁夏名山大川志书的历史空白。

15 日，安徽省辖市地方志办公室主任会议在淮北市召开。

17—19 日，王伟光到云南省调研地方志工作。云南省委书记李纪恒、省长陈豪会见王伟光一行。赵芮、冀祥德陪同调研。

19 日，王伟光在云南调研返京途经济南时，听取山东省史志工作情况汇报。赵芮、冀祥德等参加。

19 日，海南省地方志办公室与华南师范大学历史文化学院在广州市联合举办 2015 年海南省方志业务研修班。

21 日，河南省地方志办公室主任管仁富一行分别向中指组、中指办汇报河南省地方志工作。李培林、赵芮、冀祥德、刘玉宏分别听取汇报。

21—22 日，全国第二轮省级志书编纂工作推进会在太原市召开。邱新立出席并讲话。

22 日，中国志书精品工程专家座谈会在太原市召开。邱新立出席并讲话。

23—25 日，李培林到贵州省调研地方志工作。李培林先后会见贵州省副省长何力，贵州省委常委、常务副省长秦如培，并考察贵州省方志馆选址。赵芮、刘玉宏陪同调研。

27 日，黑龙江省委书记王宪魁对黑龙江省地方志工作作出批示。

29—31 日，冀祥德到新疆调研志鉴编修和地方志信息化工作。

30 日,《河北省重点项目志》评审会在秦皇岛市召开。中共河北省委原书记叶连松，河北省原常务副省长陈立友，河北省原副省长郭世昌、何少存，河北省政协原副主席秦朝镇出席会议。

30日，国家方志馆“方志中国”展览大纲专家研讨会在北京召开。刘玉宏出席并讲话。

31日，北京市地方志办公室主任王铁鹏一行到中指办汇报工作。赵芮、刘玉宏听取汇报。

31日，四川省方志系统领导干部培训班在中国井冈山干部学院举行。

是月，山东省省长郭树清，省委常委、宣传部长孙守刚，副省长王随莲等省领导对山东省有关地方志工作作出批示。

8月

3日，《广东省自然村落历史人文普查工作方案》征求意见会在北京召开。赵芮、刘玉宏、邱新立出席会议。

是日，新疆监狱志系列丛书编纂工作动员会在乌鲁木齐市召开。冀祥德出席并讲话。

是日，新疆维吾尔自治区地方志编委会在新疆维吾尔自治区党校举办志鉴编修培训班。冀祥德作专题讲座。

4—9日，刘玉宏一行5人赴江西、广西、云南就方志馆建设工作开展专题调研。

5—6日，第二届西北地区地方志工作协作会在西宁市召开。冀祥德出席并到西宁市调研地方志工作。

5日，由上海市地方志办公室主办的“方志上海”微信公众号正式开通。

6—7日，王伟光到吉林省调研地方志工作并召开座谈会。吉林省省长蒋超良会见王伟光一行，吉林省副省长隋忠诚出席座谈会并致辞。赵芮、冀祥德陪同调研。

7日，赵芮、冀祥德到吉林省地方志编纂委员会调研地方志工作。

7—12日，邱新立到西藏自治区调研地方志工作。

8日，西藏自治区党委党史研究室（区地方志办公室）与安徽省地方志系统赴藏考察团在拉萨市召开座谈会。

10日，李培林在山东济南考察调研时听取山东省史志工作情况汇报。

13日，全国信息方志与数字方志建设工程研讨会在北京召开。冀祥德、邱新立出席会议。

14日，中指办印发《关于启动经济欠发达地区志书出版资助工程的通知》（中指办字〔2015〕49号），正式启动民族地区、经济欠发达地区志书出版资助工作。

是日，冀祥德一行7人到北京市地方志办公室调研地方志信息化工作。中国社科院信息化管理办公室副主任罗文东等应邀参加调研。

是日，国家方志馆“方志中国”展览大纲研讨会在北京召开。冀祥德、刘玉宏出席会议。会上，中国国家博物馆图书馆主任、研究馆员黄燕生向国家方志馆“方志中国”展览捐赠展品。刘玉宏代表国家方志馆接受捐赠。

18日，山东省副省长王随莲到济宁市督导第二轮地方志编修工作。

19日，山东省政府办公厅党组成员、省地方史志办公室主任刘爱军向王伟光、李培林呈阅山东纪念抗战胜利70周年丛书并汇报编纂情况，得到王伟光和李培林的高度评价，并作出重要批示。

是日，山东省政府办公厅党组成员、省地方史志办公室主任刘爱军一行4人到中指办汇报山东纪念抗战胜利70周年丛书编纂情况。赵芮、冀祥德、刘玉宏听取汇报。汇报结束后，刘爱军代表山东省地方史志办公室向国家方志馆捐赠山东纪念抗战胜利70周年丛书，赵芮代表国家方志馆接受捐赠。

是日，辽宁省地方志编纂业务培训班在沈阳市举办。

20—22日，冀祥德一行到山东省调研地方志信息化工作。

20日，新疆生产建设兵团党委党史研究室、兵团志办公室下发《关于表彰兵团史志系统先进集体、先进工作者和优秀成果的通报》。

21日，赵芮到中宣部参加抗日战争研究专题协调会。

24日，山东纪念抗战胜利70周年丛书和《图说山东抗战》新闻发布会暨赠书仪式在济南市举行。李培林、山东省副省长王随莲出席并讲话。

是日，四川省委常委、常务副省长王宁专门听取省地方志工作汇报，就省地方志办公室班子及队伍建设、省方志馆建设、依法行政工作提出明确要求。

是日，贵州省乡镇志暨《中国名镇志》编纂业务培训班在贵阳市举行。邱新立出席并授课。

24日，山东省精品志书编修培训班在济南市举行。李培林出席开班仪式并讲话，冀祥德、刘玉宏、邱新立出席并授课。

25 日，国务院办公厅印发《规划纲要》。9 月 3 日上午,《规划纲要》全文在中央人民政府门户网站公开发布，当日新闻联播播发消息。

25 日，黑龙江省第九次地方志工作会议在哈尔滨市召开。黑龙江省副省长于莎燕、赵芮出席并讲话。

26—28 日，新疆维吾尔自治区年鉴工作经验交流现场会暨业务培训在塔城地区沙湾县召开。此次会议是自治区地方志编委会成立 30 多年来第一次专门针对年鉴工作召开的会议。

27—28 日，中华一统志编修可行性论证会议暨方志学学科建设规划专题研讨会议在南昌市召开。赵芮、刘玉宏、邱新立出席会议。

是月，中指办组织编纂的《中国古代为官箴言》由方志出版社出版发行，王伟光作序。

9 月

1 日，由中指办主办的方志中国手机报开通。

是日，福建省副省长李红专门听取福建省地方志编委会关于全省第八次地方志工作会议以来主要工作汇报，并就有关事项作出指示。

6 日，河南省副省长张广智就贯彻落实《规划纲要》作出批示。

8 日，北京市市长王安顺就贯彻落实《规划纲要》上作出批示。

是日，湖南省委常委、宣传部长张文雄到省地方志编委会调研指导工作。

9 日，山西省省长李小鹏就贯彻落实《规划纲要》作出批示。

是日，2015 年福建省设区市地方志机构主任会议暨地方志工作创新经验交流会在德化县召开。

10 日,《人民日报》发表王伟光署名文章《盛世修志助力中国梦》。

11 日，学习贯彻《规划纲要》会议在北京召开。李培林出席会议并讲话，赵芮、冀祥德、刘玉宏、邱新立出席会议。

是日,《光明日报》发表李培林署名文章《为到 2020 年基本形成地方志事业发展综合体系而努力》。

是日，四川省地方志工作办公室向国家方志馆捐赠《四川历代方志集成》仪式在北京举行。李培林出席仪式并讲话，赵芮、冀祥德、刘玉宏、邱新立出席捐赠仪式。

是日，浙江省委书记夏宝龙到余杭区塘栖古镇考察运河保护与治理以及旅游资源开发、历史遗存保护等情况，参观余杭方志馆。

13日，王伟光就全面推进《规划纲要》贯彻落实到四川省开展工作调研。四川省委副书记、省委宣传部部长尹力，省委常委、常务副省长王宁分别会见王伟光一行。赵芮、冀祥德陪同调研。

是日，新疆维吾尔自治区党委副书记、兵团党委书记、政委韩勇就兵团史志工作作出批示。

14日，李培林到广西调研地方志工作。刘玉宏陪同调研。

16—17日，全国地方综合年鉴编纂高级研修班在银川市举办。冀祥德、刘玉宏、邱新立出席会议。

17日，内蒙古自治区地方志工作机构负责人会议暨修志人员业务培训会议在呼和浩特市召开。

17日，河南省史志工作机构主任会议在郑州市召开。

18日，国土资源部办公厅副巡视员兼史志办公室副主任夏俊、中国地质博物馆副馆长兼史志办公室副主任张亚钧、国土资源部史志办公室副主任张泓一行到中指办交流座谈地方志工作。刘玉宏出席座谈会。

是日，上海市地方史志学会等单位主办的“上海抗日战争史丛书”出版座谈会暨上海抗日战争史研究学术研讨会在上海举行。

19日，李培林就贯彻落实《规划纲要》到西藏自治区调研地方志工作，西藏自治区党委常委、区直机关工委书记多托主持座谈会。赵芮、冀祥德、邱新立陪同调研。

20—25日，援藏志鉴编纂业务培训班在林芝市举行。王伟光出席开班仪式并讲话。西藏自治区党委常委、区直机关工委书记多托出席培训班。赵芮出席，冀祥德、刘玉宏、邱新立为培训班授课。

20日，黑龙江省地方志书与年鉴编纂业务培训班在哈尔滨市举行。

22日，《湖北省志（1979—2000）》总纂终审会在武汉市召开，湖北省省长、省地方志编纂委员会主任、《湖北省志》总纂王国生出席并讲话。副省长、《湖北省志》常务副总纂郭生练主持会议。

23日，北京市地方志办公室举办贯彻落实《规划纲要》会议。邱新立出席并作解读。

24日，上海市区县地方志办公室负责人会议在上海召开。

24日，山东省各市史志办主任座谈会在济南召开，深入学习贯彻《规划纲要》，研究编制《山东省地方史志事业发展规划纲要（2016—2020年）》。

25日，浙江省学习贯彻《规划纲要》座谈会在杭州市召开。

是日，青海省市州地方志办公室主任座谈会在西宁市召开。

28—30日，《上海世博会志》评审会在上海召开。邱新立出席并调研上海市地方志信息化工作。

29日，贵州省人民政府主办的“美丽中国，云上贵州·数据资源宣传活动”在北京举行。刘玉宏出席。

10月

1日，河南省地方史志办公室主办的官方微博、微信“河南记忆”同时开通。

9日，《上海世博会志》评审会在北京召开。刘玉宏出席会议。评审会上，上海市地方志办公室向国家方志馆捐赠上海抗战与反法西斯战争系列丛书，刘玉宏代表国家方志馆接受捐赠。

9—17日，福建省地方志编委会派员赴西藏自治区调研交流对口支援地方志工作。

11日，国土资源系统史志年鉴编纂培训班在厦门市举办。刘玉宏出席并授课。

12日，李培林一行到黑龙江省地方志办公室调研指导地方志工作。

13—16日，湖南省学习贯彻《规划纲要》志办主任培训班在长沙市举办。冀祥德、邱新立出席并授课。

14—19日，冀祥德一行到河南省、湖南省、福建省调研地方志信息化工作。

14日，《汶川特大地震四川抗震救灾志》第一次终审会议在成都市召开。邱新立出席并讲话。

14日，辽宁省省长陈求发到省政府地方志办公室调研地方志工作。

15日，青海省省长郝鹏在省地方志办公室报送的《关于学习贯彻〈全国地方志事业发展规划纲要（2015—2020年）〉的报告》上作出批示。

16日，国家方志馆国情展大纲研讨会在国家方志馆举行。刘玉宏出席会议。

是日，西藏自治区党委党史研究室（区地方志办公室）与福建省地方志系统赴藏调研组在拉萨市召开座谈会。

19—24日，全国地方志工作机构新任负责人培训班在泉州市举办。冀祥德、刘玉宏、邱新立出席并授课。

19—21日，2015年新方志论坛在上海召开。冀祥德、邱新立出席并讲话。

19日，新疆维吾尔自治区党委副书记、新疆生产建设兵团党委书记、政委韩勇作出批示："兵团各级党委要继承光荣传统，重视史志工作，要进一步关怀老红军、老八路。"

20日，李培林到新疆维吾尔自治区地方志编委会调研地方志工作并召开座谈会。新疆维吾尔自治区政府副主席吉尔拉·衣沙木丁出席并讲话。其间，新疆生产建设兵团党委常委、副政委、组织部部长宋浩会见李培林一行。赵芮陪同调研。

是日，山东省政府办公厅印发《山东省地方史志事业发展规划纲要（2016—2020年）》。这是《规划纲要》出台后第一个由省级政府办公厅印发的史志事业发展规划纲要。

22日，山东省副省长王随莲到聊城市督导第二轮地方志编修工作。

25日，刘玉宏赴福建省地方志编委会调研，对方志馆建设工作进行讲解，并就福建省方志馆建设提出指导性意见。

27日，浙江省年鉴主编（业务骨干）培训班在杭州市举行。冀祥德出席并授课。

28日，安徽省名镇名村编纂人员培训班在合肥市举行。冀祥德、邱新立出席并授课。

是日，冀祥德、邱新立到淮北市调研地方志信息化工作。

是日，甘肃省地方史志办公室主任李虎一行4人、上海市地方志办公室主任洪民荣一行4人到中指办汇报工作。刘玉宏分别听取汇报。

29日，《中国名镇志文化工程》丛书第一批志稿审读会在北京召开。冀祥德、邱新立出席会议。

是日，国家方志馆"方志中国"展览深化设计方案研讨会在北京举行。赵芮、冀祥德、刘玉宏、邱新立出席会议。

30日，中指办印发《关于实施中国志书精品工程的通知》（中指办字〔

2015〕70号），正式启动中国志书精品工程。

11月

2日，由河北省地方志办公室和安徽省地方志办公室联合举办的冀皖方志理论研讨会在石家庄市召开。

3—5日和10—12日，山东省名镇名村志编修培训班分别在聊城市东昌府区、潍坊市临朐县举办。冀祥德出席并授课。

5—6日，国家方志馆国情展大纲研讨会在国家方志馆举行。刘玉宏出席会议。

6—8日，冀祥德一行到重庆市调研地方志信息化工作。

9—10日，第五届中国地方志学术年会在厦门市召开。李培林出席并讲话，赵芮、冀祥德、邱新立出席会议。

9日，李培林到厦门市地方志办公室考察工作并与相关人员座谈。赵芮陪同考察。

10—15日，冀祥德一行到广东省、海南省调研地方志信息化工作。

10日，内蒙古召开全区地方志工作机构负责人会议暨修志人员业务培训会议；组织召开各盟市地方志工作机构负责人座谈会，听取《关于进一步加强全区地方志系统有关工作的通知》落实情况汇报，讨论《内蒙古自治区地方志事业发展实施方案（2016—2020年）》（征求意见稿）。

16日，李培林到中指办调研指导工作，并到方志出版社调研《中国名镇志文化工程》丛书出版工作。赵芮、冀祥德、刘玉宏、邱新立陪同调研。

17日，西藏自治区地方志编纂委员会在拉萨市召开会议。自治区主席、自治区地方志编纂委员会主任洛桑江村，自治区党委副书记、自治区常务副主席、区党委政法委书记、自治区地方志编纂委员会副主任邓小刚，自治区党委常委、秘书长、自治区地方志编纂委员会副主任王瑞连等出席会议。

19日，中宣部出版局巡视员刘建生、研究员陈源蒸到中指办及方志出版社调研信息化及数字出版工作。冀祥德出席座谈会并讲话。

20—21日，《汶川特大地震四川抗震救灾志》研讨会在成都市举行。邱新立出席并讲话。

20 日，广西壮族自治区地方志工作电视电话会议在南宁市召开。自治区党委常委、自治区副主席李康出席并讲话。

22 日，2015 年广东省自然村落历史人文普查工作会议在广州市召开。

23 日，国家方志馆国情展大纲研讨会在国家方志馆举行。刘玉宏出席会议，与会专家对大纲展开研讨。

23 日，2015 年广东省贯彻国务院地方志事业《规划纲要》暨资料年报工作会议在广州市召开。

24 日，《闽台历代方志集成》整理合作出版签约仪式在北京举行。李培林、冀祥德出席仪式。

是日，首批中国名镇志出版专题会议在北京召开。冀祥德出席并讲话。

是日，安徽省地方志办公室主任朱文根一行 5 人到中指办汇报工作。冀祥德听取汇报。

29 日，李培林实地查看福建省方志馆建设项目现场，并到省地方志编委会看望慰问修志人员，听取地方志工作汇报。

12 月

1 日，中国地情网、中国方志网开通仪式在北京举行。李培林出席并讲话，冀祥德、刘玉宏、邱新立出席会议。

是日，《北京风物图志——去伪存真说北京》节目在北京电视台公共频道《这里是北京》栏目播出。

是日，《贵州省减贫志》编纂工作启动会在贵阳市召开。副省长何力出席并讲话。

3 日，湖北省贯彻落实《规划纲要》实施方案经省人民政府同意印发。

是日，吉林省副省长李晋修专门听取省地方志编委会工作汇报。

是日，江西省地方志办公室主办的“方志江西”微信公众号开通。

是日，宁夏回族自治区地方志编审委员会 2015 年度第二次会议在银川市召开，自治区副主席、地方志编审委员会副主任姚爱兴主持会议并讲话。

15 日，国家方志馆国情展大纲专题讨论会在国家方志馆举行。刘玉宏出席会议。

17 日，吉林省志书总纂培训班举行。邱新立出席并授课。

18 日，广东省分管地方志工作市县（区）长培训班在广州市举行。冀祥德出席并授课。

是日，广东省人大常委会副主任、党组副书记肖志恒，省政协党组副书记、副主席梁伟发，冀祥德等参观广东省家谱家训家风展。

19 日，广东省方志馆揭牌仪式在广州市举行。冀祥德与广东省委常委、常务副省长徐少华，省委常委、宣传部长慎海雄，原副省长钟启权共同为广东省方志馆揭牌。

是日，湖北省宜昌市史志馆展陈大纲评审座谈会在宜昌市举行。刘玉宏出席并讲话。

21 日，方志出版社北京方志书苑书店迁址揭牌仪式在北京举行。冀祥德、刘玉宏、邱新立出席并讲话。

22 日，中国社科院 2015 年度报刊出版馆网库志和学术评价名优建设工程工作会议在国家方志馆召开。中国社科院院长、中指组组长王伟光出席会议并讲话。冀祥德在主会场出席会议并作大会主题发言，刘玉宏、邱新立出席分会场会议。

23 日，内蒙古自治区政府办公厅印发《内蒙古自治区地方志事业发展实施方案（2016—2020 年）》。

27 日，福建省政府办公厅印发《福建省地方志事业发展规划纲要（2016—2020 年）》。

28 日，全国地方志系统先进模范座谈会召开前夕，中共中央政治局常委、国务院总理李克强作出重要批示。批示指出："全国广大地方志工作者赓续传统，创新理念，涌现出一大批优秀人才。谨向受表彰的先进集体和先进工作者表示祝贺！方志流传绵延千载，贵在史识，重在致用。各级政府都要关心和支持地方志事业发展，也希望地方志工作者继续发扬方志人精神，志存高远，力学笃行，直笔著信史，彰善引风气，为当代提供资政辅治之参考，为后世留下堪存堪鉴之记述。"

28 日，吉林省政府办公厅印发《吉林省地方志事业发展规划（2016—2020）》。

是日，重庆市方志馆（档案馆）建设奠基仪式在渝北区举行。重庆市副市长吴刚出席仪式。

29日，全国地方志系统先进模范座谈会在北京人民大会堂召开。中共中央政治局委员、国务院副总理刘延东宣读中共中央政治局常委、国务院总理李克强的重要批示，代表党中央、国务院接见与会代表并发表重要讲话。王伟光、李培林，国务院副秘书长、中指组副组长江小涓，军事科学院副院长、中指组副组长何雷，国家档案局局长、中指组副组长李明华，人力资源社会保障部副部长信长星，文化部副部长杨志今，国家宗教事务局副局长陈宗荣，军事科学院军事历史和百科研究部部长曲爱国，北京市人大常委会原副主任段柄仁，国家公务员局副局长卢雍政，赵芮、冀祥德、刘玉宏、邱新立等出席会前的接见活动和座谈会。座谈会由李培林主持。

是日，中国地方志学会第六届会员代表大会暨第六届理事会第一次会议在北京召开。李培林出席会议并讲话，赵芮、冀祥德、刘玉宏、邱新立等出席会议。

30日，2016年度全国地方志机构主任工作会议在北京召开。王伟光作工作报告，李培林作总结讲话，冀祥德、刘玉宏、邱新立出席会议。

是日，全国年鉴工作、中国年鉴精品工程试点单位授牌仪式暨试点工作座谈会在京举行。王伟光、李培林、冀祥德、刘玉宏、邱新立为山西省地方志办公室等10个试点单位授牌。

是日，方志出版社成立20周年座谈会在国家方志馆举行。李培林出席并讲话，冀祥德、刘玉宏、邱新立出席会议。

30日，广西壮族自治区人民政府办公厅印发《广西贯彻落实全国地方志事业发展规划纲要（2015—2020年）实施方案》。

31日，《全国地方志系统表彰奖励办法（试行）》研讨会在北京召开。冀祥德主持会议并讲话，刘玉宏、邱新立出席会议并讲话。国家公务员局考核奖励司有关领导，河北、广东、新疆等省（自治区）志办主任或相关专家与会。

31日，《江苏省贯彻全国地方志事业发展规划纲要（2015—2020年）实施方案》出台。

是月，青海省地方志网站正式开通。

2016年全国地方志大事记

杨海峰

1月

5日，内蒙古自治区地方志办公室主任胡满达一行到中指办汇报工作。中指组副秘书长兼办公室副主任冀祥德，中指办副主任刘玉宏、邱新立听取汇报并讲话。会议由冀祥德主持。

9日，西藏自治区党委、政府以电视电话会议形式在拉萨召开全区地方志工作会议。西藏自治区主席洛桑江村出席并讲话。自治区党委常务副书记吴英杰，自治区党委副书记、自治区常务副主席、自治区党委政法委书记，自治区党委常委、秘书长王瑞连等出席会议。

10日，中国社科院院长、中指组组长王伟光在审阅山东省史志办公室呈报的《关于2015年工作总结和2016年工作安排的报告》后，对山东省史志工作作出重要批示。同日，冀祥德听取山东省政府办公厅党组成员、省史志办公室主任刘爱军有关工作情况的汇报并讲话。

11日，中国社科院副院长、中指组常务副组长李培林审阅山东省史志办公室呈报的《关于2015年工作总结和2016年工作安排的报告》后，对山东省史志工作作出重要批示。

13日，冀祥德在暨南大学作题为《从依法修志到依法治志》的讲座。

同日，江苏省机构编制委员会办公室和省地方志编委会办公室联合下发

《关于规范和加强市辖区地方志工作机构的通知》。

同日,《山东抗日根据地志》编纂论证会在济南召开。山东省副省长王随莲会见与会领导、专家，原第二炮兵副政委罗东进中将出席会议并讲话。

同日，广西壮族自治区政府办公厅印发《广西贯彻落实全国地方志事业发展规划纲要（2015—2020 年）实施方案》。8 月 23 日，广西壮族自治区政府办公厅印发《广西地方志事业发展规划（2016—2020 年）》。

14 日，冀祥德出席广东省东莞市大朗镇《巷头年鉴》创刊号首发式及巷头村村情网上线仪式并讲话。

同日，安徽省辖市县地方志办公室主任会议在宿州市召开。

15 日，吉林省副省长李晋修对吉林省地方志工作作出批示。

18 日，山东省副省长王随莲听取省政府办公厅党组成员、省史志办主任刘爱军关于全国地方志系统三个重要会议精神、2016 年全省史志工作打算以及山东抗战研究丛书有关情况的汇报，并对下步工作作出指示。

19 日，江西省副省长殷美根对江西省地方志工作作出批示。

同日，山东省各市史志办公室主任工作会议在济南市召开。

同日，海南省史志工作机构主任会议暨省地方志学会年会在海口市举行。

20 日，以“弘扬优秀传统文化　延续城市历史文脉”为主题的《北京四合院志》出版座谈会举行。李培林出席并讲话。北京市委常委、市委秘书长、副市长、市地方志编委会常务副主任张工主持会议，副市长王宁等领导出席并讲话。

同日，信息方志与数字方志建设工作座谈会在北京召开。冀祥德、刘玉宏、邱新立出席并讲话，中国社科院信息化管理办公室副主任罗文东应邀出席并讲话。

同日，上海市地方志编纂委员会全体委员（扩大）会议举行。上海市委常委、市委宣传部部长、市地方志编纂委员会主任委员董云虎出席并讲话。副市长、市地方志编纂委员会副主任委员翁铁慧主持会议。会议印发《关于进一步推进上海市第二轮新编地方志书编纂工作的意见》。

同日，广东省政协副主席温兰子考察省方志馆，参观“广东省家谱家训家风展”。

同日，四川省地方志工作会议在成都市召开。四川省政府副秘书长陈越良出席并讲话。

22 日，湖北省地方志办公室主任工作会议在武汉市召开。

26 日，中国志书精品文化工程第一次专家评审会在国家方志馆召开。冀祥德、邱新立出席并讲话。

28 日，湖南省政府办公厅印发《关于进一步加强地方志工作的意见》。

同日，广东省地方志工作会议暨全国地方志系统先进模范事迹报告会在广州市召开。

同日，浙江省省长李强在省政府专题听取全省地方志工作汇报并对全省地方志工作近年来取得的成绩给予充分肯定。

29 日，辽宁省政府印发《关于促进全省地方志事业发展的意见》。

31 日，广东省家谱家训家风展闭幕，展览历时 40 天，共计吸引 8016 人次到场参观。广东省家谱家训家风展是经省委省政府同意，由广东省人民政府地方志办公室主办，广东省方志馆承办。

是月，山东省省长郭树清，省委常委、宣传部长孙守刚，副省长王随莲分别对山东省地方志工作作出批示。

是月，贵州省省长孙志刚对进一步做好贵州省地方志工作作出批示。

2 月

1 日,《中国方志》报创刊。

14 日，中指组成员、福建省副省长李红专门听取福建省地方志编委会主任冯志农关于全国会议主要精神和福建省贯彻意见的汇报，并就有关事项作出指示。

同日，陕西省省长娄勤俭在省政府秘书长陈国强陪同下，到省地方志办公室调研指导地方志工作。

15 日，河南省省长谢伏瞻对河南省地方史志工作作出批示。

同日，广东省省长朱小丹，省委常委、常务副省长徐少华一行到广东省地方志办公室调研指导地方志工作。

18 日，四川省地方志工作办公室主任马小彬一行到中指办汇报工作。冀祥德、刘玉宏、邱新立听取汇报并讲话。

24 日,《贺兰山志》编写工作汇报会召开，宁夏回族自治区党委常委、宣传部长蔡国英出席并讲话。

25日，吉林省地方志工作机构主任会议在长春市召开。

同日，河南省政府在郑州市召开全省地方史志工作会议。

同日，贵州省档案地方志工作暨表彰先进会议在贵阳市召开。贵州省委常委、常务副省长秦如培提出贯彻落实要求，副省长何力接见全国和省级表彰的档案、地方志工作先进集体、先进个人。

26日，江苏省政府在南京市召开全省地方志工作会议。江苏省省长石泰峰对地方志工作作出批示，副省长曹卫星出席并讲话。

同日，宁夏回族自治区地方志办公室的官方微信公众号“方志宁夏”开通。

29日，江苏省地方志办公室主任漆冠山一行3人到中指办汇报工作。冀祥德、刘玉宏、邱新立听取汇报并讲话。

同日，鄂豫皖大别山地区地方志工作交流协作会议在安徽省太湖县召开。

同日，陕西省地方志系统先进模范座谈会暨第二届修志技能比赛和演讲比赛表彰会在西安市召开。副省长姜峰会见先进代表。

同日，李培林接见江苏省地方志办公室主任漆冠山一行。冀祥德陪同接见。

是月，山东省政协主席刘伟，省委常委、常务副省长孙伟，省人大常委会副主任、党组副书记柏继民、才利民，省政协副主席陈光，分别对山东省地方志工作作出批示。

3月

1日，王伟光接见江苏省地方志办公室主任漆冠山一行。冀祥德陪同接见。

同日，陕西省市级地方志办公室主任会议在西安市召开。

5日，由中指办主办的“方志大讲堂”在国家方志馆开讲。第一讲由冀祥德主讲，讲座题目是“志鉴编纂中常见法律错误及其纠正”。刘玉宏主持讲座。

8日，王伟光、李培林到国家方志馆调研指导工作并召开座谈会。冀祥德、刘玉宏、邱新立陪同看望并汇报工作。

同日，中指办、国家方志馆召开副处以上干部会议，宣布处级干部任职决定。李培林出席并讲话，冀祥德、刘玉宏、邱新立出席会议。

同日，河北省政府召开《河北省志》编纂工作调度会。

同日，第六次青海省地方志工作会议在西宁市召开。青海省副省长高华出席并讲话。

14—18 日，首届全国方志馆业务培训班在南宁市举办。冀祥德、刘玉宏出席。

16 日，四川省地方志工作办公室主任马小彬一行 3 人到中指办汇报工作。冀祥德听取汇报并讲话。

17 日，《中华人民共和国国民经济和社会发展第十三个五年规划纲要》对外公布。“加强修史修志”被写入“十三五”规划。这是继《中华人民共和国国民经济和社会发展第六个五年计划》将“地方史与地方志”列为哲学社会科学重点研究题目之后，再次在国民经济和社会发展五年规划中写明“修史修志”的内容。

同日，冀祥德会见西北师范大学副校长田澍一行，并就相关合作事宜进行座谈。

22 日，湖南省政协副主席欧阳斌到省地方志编委会检查指导工作。

同日，《广东省简志》编修动员大会在广州市召开。

25 日，李培林、冀祥德一行到苏州市吴中区东山镇调研地方志工作。

同日，北京市地方志办公室向国家方志馆捐赠志书仪式举行。刘玉宏出席并讲话。

同日，河北省地方志机构主任工作会议在石家庄市召开。

26 日，中国名镇志文化工程丛书编纂指导会暨与央视联合拍摄宣传片启动仪式在周庄举行。李培林出席并讲话，冀祥德、江苏省人民政府办公厅主任谢润盛出席会议。

30 日，福建省地方志系统先进表彰会暨 2016 年工作会议在福州市召开。福建省省长于伟国作出批示，副省长李红出席并讲话。会议由省政府副秘书长赖碧涛主持。

4 月

1 日，河北省地方志办公室主任杨洪进一行 4 人到中指办汇报工作。冀祥德、刘玉宏、邱新立听取汇报并讲话。

7 日，中国志书精品工程专家审定会在烟台市召开。冀祥德、邱新立出席并讲话。

13日，全国精品年鉴指导培训暨《中国年鉴发展报告》启动会议在北京召开。冀祥德出席并讲话。

18日，2016年上海市“地方志知多少”网络有奖竞赛30名幸运奖抽奖仪式举行。4月，上海市举办了“地方志知多少”网络有奖竞赛活动，社会影响较大。8月4日，《光明日报》刊发《上海发起全国首次地方志认知度调查》文章。

19日，全国地方志基层基础工作会议在凉山彝族自治州西昌市召开。李培林出席并讲话，四川省政府党组成员、省政府资政张作哈出席并致辞。会上，方志出版社成都工作站正式揭牌。李培林、张作哈、冀祥德、邱新立出席仪式。

19—20日，李培林到重庆市调研地方志工作。冀祥德陪同调研。

21日，四川省政府办公厅印发《四川省地方志事业第十三个五年发展规划（2016—2020年）》。

22日，“上海府县旧志丛书”首发式暨出版座谈会在上海举行。刘玉宏出席并讲话。

25日，河南省政府办公厅印发《河南省地方史志事业发展规划（2016—2020年）》。

26日，中共中央政治局委员、新疆维吾尔自治区党委书记张春贤对新疆地方志工作作出批示。

同日，全国地方志系统信息化工作会议在贵阳市召开。刘玉宏、中国社科院信息化管理办公室副主任罗文东出席并讲话。贵州省政府副秘书长潘小林出席并致辞。会上，中国地方志学会信息化研究会成立。

27日，皖冀方志理论研讨会在安徽省泾县召开。

28日，新疆维吾尔自治区主席雪克来提·扎克尔对新疆地方志工作作出批示。

29日，黑龙江省政府办公厅印发《黑龙江省地方志事业发展规划纲要（2016—2020年）》。

5月

3日，新疆生产建设兵团党委办公厅、兵团办公厅转发兵团党委党史研究室、兵团志办公室《兵团史志工作“十三五”发展规划》，全面谋划建立兵团

“大史志”工作格局，确保2020年前与全国同步完成兵、师、团三级二轮修志工作任务和兵、师两级综合年鉴全覆盖。

4日，浙江省省长李强专门主持召开省地方志编委会暨《浙江通志》编委会。副省长、省地方志编委会暨《浙江通志》编委会副主任郑继伟出席会议。

同日，广西壮族自治区党委常委、自治区副主席蓝天立在自治区政府副秘书长黄武海等陪同下到广西方志馆调研。

6日，湖南省市州地方志办公室主任会议在长沙市召开。冀祥德出席并讲话。会上，方志出版社长沙工作站揭牌仪式举行。同日，湖南省推进依法治志工作会议在长沙市召开。湖南省副省长蔡振红出席并讲话。

同日，四川省地方志工作办公室与成都市地方志系统召开贯彻落实李克强总理视察宽窄巷子重要指示精神座谈会，拟编纂出版《宽记窄览——宽窄巷子的成都记忆》（暂定名）。

同日，新疆维吾尔自治区政府常务会议通过《关于贯彻落实〈全国地方志事业发展规划纲要（2015—2020）〉实施意见》。

9日，安徽省地方志办公室主任朱文根一行6人到中指办汇报工作。冀祥德、刘玉宏、邱新立听取汇报并讲话。

10日，广东省地方志办公室与华南师范大学签署战略合作意向书，双方合作共建华南地方史志研究中心。

12日，《汶川特大地震抗震救灾志》出版座谈会在北京人民大会堂召开。国务委员王勇出席座谈会并讲话。王伟光，李培林，四川省委副书记、省长尹力，国务院副秘书长孟扬，中央宣传部副部长、国务院新闻办副主任崔玉英，民政部副部长窦玉沛，人力资源和社会保障部副部长、国家公务员局局长信长星，中国社科院副院长、中指组常务副组长李培林，军事科学院副院长、中指组副组长何雷中将，中国地震局副局长赵和平，中央军委联合参谋部作战局副局长曲睿少将，冀祥德、刘玉宏、邱新立等出席会议。李培林主持会议。

同日，首届全国名镇论坛暨中国名镇志丛书出版座谈会在北京人民大会堂开幕。第十届全国政协副主席、中国名镇志文化工程专家委员会名誉主任徐匡迪，王伟光出席并讲话。李培林、冀祥德、刘玉宏、邱新立出席开幕式。李培林主持会议。

13日，国家数字方志馆揭牌暨“方志中国”展览开展仪式在国家方志馆举行。王伟光出席并讲话，冀祥德、刘玉宏、邱新立等出席仪式。

同日，纪念国务院《地方志工作条例》颁布实施10周年座谈会在国家方志馆召开。李培林出席并讲话。冀祥德、刘玉宏、邱新立出席会议。5月17—19日，陕西、贵州、宁夏、广西分别举行纪念国务院《地方志工作条例》颁布实施10周年活动或相关活动。

16日，山东省旅游产业发展大会在济南市召开。山东省省长郭树清在讲话中对地方志工作给予充分肯定。

17日，江苏省"数字方志馆"上线仪式在南京市举行。

同日，江西省政府在南昌市召开第二轮《江西省志》编纂工作第二次调度会。副省长殷美根出席会议并讲话。

18日，由上海市地方志办公室主办的"2016上海地方志论坛"举行，这是本年度上海市地方志法规宣传月活动的主活动。论坛首次发布上海市地方志年度报告，公布地方志认知调查结果；邀请国际知名中国问题专家古斯塔夫·格拉茨作主题为"欧中互联互通与经济安全"的主旨报告。

20日，国家方志馆黄河分馆暨东营市方志馆展陈设计征求意见座谈会在东营市举行。冀祥德、刘玉宏出席并讲话。会议期间，东营市委书记申长友会见冀祥德、刘玉宏一行。

24日，北京市地方志编纂委员会扩大会议召开，审议通过《北京市地方志事业发展规划纲要（2016—2020年）》。北京市市长、市地方志编委会主任王安顺出席会议并讲话，市委常委、常务副市长、市地方志编委会副主任李士祥主持会议。市委常委、市委宣传部部长、市地方志编委会副主任李伟等领导出席会议。

25日，2016中国大数据产业峰会暨中国电子商务创新发展峰会在贵阳开幕。国务院总理李克强出席开幕式并发表重要讲话。冀祥德、刘玉宏席峰会开幕式。同日，冀祥德、刘玉宏到贵州省黔东南州调研地方志工作。

27日，新疆维吾尔自治区召开全疆地方志机构主任工作会议，新疆维吾尔自治区副主席吉尔拉·衣沙木丁出席并讲话，自治区政府副秘书长郭景平主持会议。同日，新疆维吾尔自治区地方志编委会、自治区地方志学会联合召开纪念国务院《地方志工作条例》颁布10周年座谈会。

30日，海南省委办公厅、海南省政府办公厅印发《海南省2016—2020年史志工作规划》。

31日，黑龙江省地方志机构主任工作会议在海林市召开。

是月，方志出版社的《中国名镇志丛书》和《民族地区与贫困地区志书出版资助丛书》成功入选《“十三五”国家重点图书、音像、电子出版物出版规划》。

6月

1—5日，全国地方志优秀成果（年鉴类）评审会议在延吉市召开。冀祥德、刘玉宏出席并讲话。

2日，中指办到黑龙江省佳木斯市就全国“十三五”规划纲要、《规划纲要》贯彻落实情况开展督查并召开座谈会。中国社科院人事教育局副局长高京斋、冀祥德出席并讲话。

同日，广东省政协副主席唐豪到广东省方志馆考察指导工作。

6日，《关于进一步推进上海市第二轮新编地方志书编纂工作的意见》印发。

7日，天津市地方志办公室会同市公安局组织召开《天津市志·公安志》复审即蓝本评审会。冀祥德出席并讲话。

8日，天津市地方志工作会议召开。冀祥德、天津市政府秘书长于秋军出席并讲话。

13日，国家方志馆“魅力中国”展览大纲研讨会在国家方志馆召开。刘玉宏出席并讲话。

14日，中指办、国家方志馆、方志出版社召开全体人员会议，传达中国社科院召开的学习贯彻习近平总书记在哲学社会科学工作座谈会上重要讲话精神动员会议精神，部署有关工作。冀祥德、刘玉宏、邱新立出席并讲话。

同日，2016年北京市地方志工作会议召开。北京市副市长王宁出席并讲话。

同日，河北省政府办公厅印发《河北省地方志事业发展规划（2016—2020年）》。

15日，中国社科院副院长、党组副书记王京清到中指办、国家方志馆检查指导工作并召开座谈会。冀祥德、刘玉宏、邱新立陪同调研并汇报工作。

同日，李培林听取黑龙江省地方志工作汇报，并在省地方志办公室领导陪同下对哈尔滨市相关历史文化设施进行考察调研。

17日，广东省人民政府地方志办公室举行广东省人民政府地方志办公室研究生工作站合作意向书签订仪式，同时还举行研究生工作站、陈泽泓方志工作室揭牌仪式。

同日，青海省第二轮省志编纂工作推进会召开。省政府副秘书长吴庆生出席会议并讲话。

20日，吉林省副省长李晋修在省政府召开专题会议，听取省地方志编委会工作汇报。省政府副秘书长杨锴参加会议。

23日，广东省地方志工作督查会议暨机构队伍建设调研会在揭阳市召开。冀祥德，中国社科院人事教育局副局长高京斋、邱新立出席并讲话。

25日，《地方志工作文稿》（增订本）出版座谈会在广东省梅州市召开。中国社科院原副院长、中指组原常务副组长朱佳木出席会议并讲话，冀祥德、刘玉宏、邱新立出席会议。

27日，江西省地方志工作督查调研会在赣州市召开。冀祥德、中国社科院人事教育局副局长高京斋、刘玉宏出席并讲话。

同日，辽宁省政府秘书长关志鸥到省地方志办公室调研地方志工作。

同日，《上海年鉴（1854）》（英文版）整理出版暨《上海年鉴》创刊20周年学术研讨会在上海图书馆召开。

是月，广东省副省长许瑞生对地方志工作作出批示。

7月

4日，福建省地方志编纂委员会主任冯志农一行8人到中指办汇报工作。刘玉宏听取汇报并讲话。

同日，广东省委副书记、深圳市委书记马兴瑞一行到深圳市史志办公室调研。

5日，全国方志馆建设标准暨地方志信息化建设研讨会在烟台市召开。冀祥德、刘玉宏出席并讲话。

7日，国家方志馆“魅力中国”展览大纲暨全国地方志信息化建设研讨会在北京召开。冀祥德、刘玉宏、邱新立出席并讲话。

同日，四川方志系统领导干部培训班在中国延安干部学院开班。

同日，青海省副省长杨逢春到省地方志办公室调研指导工作。

11日，广东省政府办公厅印发《广东省地方志事业发展规划（2016—2020年）》。

13日，黑龙江省地方志办公室主任隋岩一行7人到中指办汇报工作。冀祥德、刘玉宏听取汇报并讲话。

15日，第一次全国年鉴工作会议在太原召开。李培林出席并讲话。冀祥德出席会议。会上，方志出版社太原工作站揭牌仪式举行，李培林、冀祥德出席揭牌仪式；中国地方志学会年鉴研究会成立。同日，李培林对山西省地方志工作开展调研。冀祥德陪同调研。

18日，山东省东营市委书记申长友、市长赵豪志等一行8人到中指办协商国家方志馆黄河分馆建设事宜。冀祥德、刘玉宏出席并讲话。

同日，《全国地方史志期刊工作指导意见（征求意见稿）》专家研讨会在昆明市召开。邱新立出席并讲话。19—21日，邱新立到云南省楚雄彝族自治州、大理白族自治州调研地方志工作。

21日，北京市各区地方志办公室主任法制培训会召开。邱新立出席并作报告。

26日，《宁夏旧方志集成》出版座谈会在银川市召开。

28日，第二轮《天津市志》编修工作推动会在市政府召开。市政府副秘书长、办公厅主任朱军主持会议并讲话。

29日，国土资源部史志办公室专职副主任张泓一行7人到中指办座谈交流史志工作。刘玉宏出席并讲话。

8月

2日，青海省召开纪念社会主义新方志编纂工作开展暨省地方志工作机构成立30周年座谈会。青海省省长郝鹏会前作出批示，副省长杨逢春出席并讲话。

3日，第一期全国年鉴主编培训班在日照市举办。冀祥德出席并讲话。

4—6日，王伟光到广西调研地方志工作。广西壮族自治区主席陈武在南宁会见王伟光一行，自治区党委常委、自治区政府副主席蓝天立，自治区政府秘书长莫恭明等陪同会见。冀祥德陪同调研。

7日，山东省史志系统领导干部培训班在中国井冈山干部学院开班。

9 日，甘肃省地方史志办公室主任张军利一行 2 人到中指办汇报工作。刘玉宏听取汇报并讲话。

8—11 日，王伟光到新疆维吾尔自治区调研地方志工作并在和田地区召开座谈会。中共中央政治局委员、新疆维吾尔自治区党委书记张春贤，自治区党委副书记、自治区主席雪克来提·扎克尔在乌鲁木齐会见王伟光，并就地方志工作进行交流。冀祥德陪同调研。

10 日，2016 年福建省设区市地方志工作机构主任会议在南平市召开。

14 日，李培林到辽宁省调研地方志工作。辽宁省政府副秘书长佟昭主持座谈会。调研期间，辽宁省政府秘书长关志鸥会见李培林一行，并就地方志工作进行交流。冀祥德陪同调研。

17—21 日，全国地方志工作机构新任负责人培训班在内蒙古鄂温克族自治旗举办。冀祥德、刘玉宏、邱新立出席并授课。

18 日，《全国地方史志期刊工作指导意见（征求意见稿）》征求意见会在国家方志馆召开。邱新立出席并讲话。

18 日，山东省政府办公厅以鲁政办字〔2016〕137 号文转发省地方史志编纂委员会《关于做好乡镇村志编修工作的意见》。这是山东省第一次由省政府办公厅转发关于做好乡镇村志编修工作的指导意见。

19 日，陕西省政府办公厅印发《陕西省地方志事业发展规划（2016—2020 年）》。

22—27 日，山东省精品志书编修培训班在济南举行。冀祥德、刘玉宏、邱新立出席并授课。

26 日，青海省政府办公厅印发《青海省地方志事业发展“十三五”规划纲要》。

31 日，《中国方志发展报告（2015）》出版座谈会暨《中国方志发展报告（2016）》编纂启动会在国家方志馆召开。李培林、冀祥德、刘玉宏、邱新立出席并讲话。

同日，中指办颁布实施《中指办新闻宣传工作管理办法（试行）》，正式推出新闻发言人制度。

8 月，福建省省长于伟国在听取福建省地方志编委会主任冯志农的工作汇报后作出批示。

9月

5日，中指组印发《全国地方志信息化发展规划（2016—2020年）》。

同日，第六届中国地方志学术年会暨“一带一路”与地方志创新学术研讨会在兰州市召开。甘肃省副省长夏红民发来书面致辞，冀祥德、刘玉宏出席并讲话。

7日，海南省地方志办公室主任毛志华一行3人到中指办汇报工作。冀祥德、刘玉宏出席并讲话。

8日，中指办召开全体人员会议，宣布副处级干部任职决定。冀祥德、刘玉宏出席并讲话。

10日，第一次全国方志馆工作会议在景德镇市召开。江西省副省长殷美根、冀祥德、刘玉宏出席并讲话。会上，中国地方志学会方志馆研究会成立。

12日，《南方》杂志第245期刊出中国社科院副院长、中指组常务副组长李培林专访——《广东提升软实力开全国先河：百万人为18万村落留史》深度报道。

同日，《山东省对口支援新疆志》《山东省对口支援西藏志》编纂工作启动会议在济南市召开。山东省政府副秘书长、办公厅主任孙建功出席并讲话。

19—23日，广西壮族自治区地方志办公室考察团赴加拿大多伦多公立图书馆、皇家博物馆等考察交流史志馆藏和地情展览等情况。

20日，黑龙江省地方志协会第七届理事会第一次会议在哈尔滨市召开。冀祥德出席并讲话。会上，方志出版社哈尔滨工作站揭牌仪式举行。同日，全省地方志编纂业务培训班举办，冀祥德为培训班授课。

同日，全国国土资源系统史志年鉴工作研讨会在北京召开。刘玉宏出席并讲话。

22日，冀祥德到黑龙江垦区锦河农场、黑河市调研地方志工作。

同日，北京市人民政府新闻办公室和北京市地方志编纂委员会办公室联合举办《记住乡愁——让地方志延续北京历史文脉》新闻发布会。

23日，刘玉宏主讲“方志大讲堂”第二讲，讲座题目是“方志馆建设研究”。

27日，李培林到青海省调研地方志工作。青海省副省长、省政府秘书长杨逢春出席并讲话。冀祥德陪同调研。

同日，全国地方史志期刊工作会议在长春市召开。邱新立出席并讲话，中国社科院科研局副局长张国春、吉林省政府副秘书长杨凯出席并致辞。会上，中国地方志学会史志期刊研究会成立。

28日，李培林到宁夏回族自治区调研地方志工作。宁夏回族自治区政府副主席姚爱兴出席座谈会。冀祥德陪同调研。

30日，安徽省地方志办公室主任朱文根一行4人到中指办汇报工作。冀祥德、刘玉宏、邱新立听取汇报并讲话。

10月

10日，中国名村志文化工程实施方案（讨论稿）和篇目研讨会在国家方志馆召开。冀祥德、刘玉宏、邱新立出席并讲话。

12日，西北五省区暨新疆生产建设兵团地方志工作协作会议在敦煌市召开。甘肃省副省长夏红民出席并致辞，冀祥德出席并讲话。

14日，邱新立主讲“方志大讲堂”第三讲，讲座题目是“体例的创新与应用——以《汶川特大地震抗震救灾志》为例”。冀祥德出席讲座。

19日，李培林接见陕西省地方志办公室主任秦向东一行。冀祥德陪同接见。20日，秦向东一行4人到中指办汇报工作。冀祥德、刘玉宏、邱新立听取汇报并讲话。

同日，《全国地方志科研工作规划（2016—2020年）》（征求意见稿）等四个文件研讨会在国家方志馆召开。冀祥德、刘玉宏出席并讲话。

同日，《三沙市志》编纂协商座谈会在海口市召开。邱新立出席并讲话。

21日，贵州省档案局（省地方志办公室）举办《红军在贵州史料汇编》出版发行新闻发布会，十余家中央驻黔新闻媒体、省内主要新闻媒体和网站参加发布会。

24日，广东省地方志办公室举办的第一期全省地方志机构新任主任培训班在广州市开班。

25日，中国地方志学会方志学研究会成立大会召开。冀祥德出席并讲话。

26日，中国名镇志丛书编纂业务培训班在长沙市举办。冀祥德、邱新立出席并讲话。

同日，山东副省长王随莲到烟台市督导史志工作。

27日，中国年鉴精品工程专家评稿会议在国家方志馆召开。冀祥德、邱新立出席并讲话。

27—30日，第十一届中国北京国际文化创意产业博览会在北京举行。北京市地方志展区以“志说北京”为主题，在文博会主展场国际贸易中心（老馆）首次参加本届博览会。

30日，国家方志馆黄河分馆展览大纲研讨会在国家方志馆召开。刘玉宏、东营市副市长王吉能出席并讲话。

31日，中国名村志文化工程启动仪式在安徽省绩溪县举行。李培林出席并讲话，安徽省副省长谢广祥出席并致辞。冀祥德、邱新立出席并讲话。

同日，国家方志馆“魅力中国”展览设计方案通过王伟光、李培林审查。

11月

1日，第一次全国地方志科研工作会议在安徽省铜陵市召开。李培林出席并讲话。冀祥德、邱新立出席并讲话。

同日，李培林出席铜陵市委、市政府申请设立国家方志馆长江分馆工作情况汇报会并讲话，冀祥德陪同听取汇报并讲话。

2日，中指办、国家方志馆、方志出版社召开全体人员会议，传达党的十八届六中全会精神，并宣布中指办干部轮岗的通知。冀祥德、刘玉宏出席并讲话。

4日，冀祥德到山东临朐考察中国社科院国情调研基地建设情况并出席《东镇沂山志》评议会。

同日，云南省第六次地方志工作会议在昆明召开。云南省副省长高峰、邱新立出席并讲话，省政协副主席杨嘉武出席会议，省政府副秘书长赵瑞君主持会议。

同日，国务院《地方志工作条例》修改讨论会议在国家方志馆召开。刘玉宏出席并讲话。

5日，《安丘市志》出版发行座谈会召开。冀祥德出席并讲话。

8 日，第一期全国地方志信息化业务培训班开班式在普洱市举行。冀祥德、刘玉宏出席并讲话。

同日，2016 年湖北省地方志系统业务骨干培训班在武汉市开班。

9 日，华东地区省级地方志机构主任联席会及《长江三角洲区域志》编纂研讨咨询会在上海召开。

11 日，于伟平主讲“方志大讲堂”第四讲，讲座题目是“新方志理论研究重点问题及研究现状”。

13 日，中国年鉴精品工程专家指导会议在福州市召开。冀祥德、刘玉宏出席并讲话。

14 日，安徽省政府办公厅印发《安徽省地方志事业发展规划（2016—2020 年）》。

15 日，第一次全国省级综合年鉴编纂研讨会在福清市召开。冀祥德、刘玉宏出席并讲话。

25 日，内蒙古自治区盟市、旗县（市区）地方志工作机构负责人会议（培训）暨全区地方志信息化领导小组第一次会议在鄂尔多斯市召开。冀祥德出席并授课。

同日，杨军仕主讲“方志大讲堂”第五讲，讲座题目是“地方综合年鉴基础理论刍议”。

29 日，《全国地方史志期刊工作指导意见（征求意见稿）》等 5 个文件征求意见会在国家方志馆召开。冀祥德、刘玉宏、邱新立出席并讲话。

是月，河南省在贯彻落实“一纳入”工作上再创新举措，省政府将史志工作纳入省政府重点工作督查体系，成为省政府督查内容的重要组成部分。

12 月

1 日，河北省情网正式开通。

2 日，河北省政府召开地方志编纂工作调度会。

同日，上海市政府办公厅印发《上海市地方志事业发展规划纲要（2016—2020 年）》。

5 日，中国社科院、中指组国情调研基地揭牌仪式在广东省方志馆举行。

李培林、冀祥德、刘玉宏、邱新立、广东省人民政府副秘书长李贻伟等出席揭牌仪式。

6 日，第一次全国地方志工作经验交流会暨 2017 年全国地方志机构主任工作会议在广州市召开。李培林出席并讲话，广东省政府党组成员陈云贤出席会议并致辞。冀祥德、刘玉宏、邱新立等出席并讲话。

8 日，国土资源部办公厅印发《关于加强史志年鉴工作的意见》。

8—15 日，由中指办主任冀祥德带队的港澳地方志工作考察团一行 6 人赴澳门、香港考察交流。考察团一行分别到澳门地方志办公室、香港地方志办公室和有关高校、学术机构、图书馆等，就地方志工作及相关问题座谈交流，并向有关单位赠书。

9日，2016年地方志理论研讨会在上海师范大学召开。邱新立出席并讲话。

12 日，广东省委常委、常务副省长徐少华对广东省自然村落历史人文普查工作再次作出批示。

13 日，中国社科院 2016 年度名优建设工程工作会议在北京召开。刘玉宏代表中指办作题为《以习近平总书记治国理政思想为统领　全面推进名志建设》的发言。

14 日，国家方志馆黄河分馆展览大纲研讨会在国家方志馆召开。刘玉宏出席并讲话。

同日，湖南省委常委、宣传部部长、省政府副省长蔡振红到湖南省地方志编纂委员会调研指导地方志工作。

15 日，中国高校年鉴发展与现状论坛暨纪念中国新编高校年鉴 30 年研讨会开幕式在北京大学百年纪念讲堂召开。刘玉宏出席并讲话。16 日下午，闭幕式在国家方志馆举行。冀祥德出席并讲话。

16 日，李培林到中指办、国家方志馆、方志出版社宣布干部任免决定并讲话，中国社科院人事教育局副局长陈文学陪同。冀祥德、刘玉宏、邱新立出席并讲话。李培林宣读中国社科院党组《关于赵芮同志免职的通知》，免去赵芮同志的中指办党组书记、中指组秘书长职务。

17 日，中指办、东营市政府、黄河水利委员会三方共建国家方志馆黄河分馆协议签字仪式暨建设工作领导小组第一次会议在国家方志馆举行。冀祥德、东营市委书记申长友、黄河水利委员会副主任牛玉国出席并讲话。刘玉宏、邱新立等出席会议。

18 日，许瑞生副省长在广州市从化区太平镇钱岗红石村主持召开 2016 年南粤古驿道活化利用工作总结会议，对省地方志办公室积极开展南粤古驿道相关工作并取得良好成效给予充分肯定。

19 日，《济南市天桥区志（1991—2012）》出版发行仪式在济南市举行。冀祥德出席并讲话。

同日，浙江省政府办公厅印发《关于推进地方志事业发展的实施意见》。

20 日，2016 年度全国地方史志期刊编辑培训班在江苏省南通市举行。冀祥德、邱新立出席并讲话。

20—21 日，山东省各市史志办主任工作会议在济南市召开。

21 日，河北省地方志编纂委员会颁布实施《河北省地方志工作目标考核制度》。

22 日，中指组印发《全国年鉴事业发展规划（2016—2020 年）》。

同日，中国志书精品工程专家评审会在国家方志馆召开。冀祥德、邱新立出席并讲话。

同日，由黑龙江省地方志办公室、黑龙江省地方志协会主办，黑河市人民政府地方志办公室承办的黑龙江省古代驿道文化遗存研究座谈会在黑河市召开。

同日，江西省地方志机构主任工作会议在南昌市召开。

23 日，张英聘主讲"方志大讲堂"第六讲，讲座题目是"明代方志地图的编绘"。冀祥德出席讲座。

26 日，《方志馆建设标准》暨《全国信息方志与数字方志建设工程实施方案》研讨会在信阳市召开。冀祥德、刘玉宏出席并讲话，河南省政府副秘书长万旭出席并致辞。

29 日，四川省地方志工作会议在成都召开。邱新立，四川省政府副秘书长、办公厅主任蔡竞出席会议并讲话。同日，邱新立到成都市武侯区、双流区调研地方志工作。

30 日，中指组印发《关于加强全国地方志科研工作的意见》《关于加强全国地方史志期刊工作的意见》。

同日，重庆市地方志工作会议召开。市政府副秘书长王余果出席会议并讲话。

编后记

从2015年中国地方志指导小组办公室（以下简称中指办）正式启动“一体两翼”工程以来，《中国方志发展报告》已经取得了重要成果。《中国方志发展报告（2015）》于2015年12月正式出版，《中国方志发展报告（2017）》和《中国方志区域发展报告（2017）》历经两年辛勤编纂，如今付梓面世。

《中国方志发展报告（2017）》，由总报告，有关地方志工作机构、课题组提交的专题报告以及附录汇编而成；《中国方志区域发展报告（2017）》，由各省（自治区、直辖市）地方志编委会办公室、新疆生产建设兵团志办公室报送的区域发展报告汇编而成。

2016年8月，《中国方志发展报告（2015）》出版座谈会暨《中国方志发展报告（2016）》编纂启动会在京召开，会议邀请了近60位省级地方志工作机构负责人、撰稿人以及方志界和科研院校的专家、学者参会，制定了《〈中国方志发展报告（2016）〉项目实施方案》，设立了总报告、志书编纂及成果评价、区域发展报告、探索与创新等栏目，安排了编纂任务分工。而后，各省（自治区、直辖市）地方志编委会办公室、新疆生产建设兵团志办公室组织人员申报，填写《〈中国方志发展报告（2016）〉分报告撰写申请表》，《中国方志发展报告》评审委员会逐一审核确定。之后，中指办方志处积极与各单位沟通协调，协助撰稿人完善撰写提纲及收集、整理资料等。同年11月，各位撰稿人陆续提交报告初稿。2016年12月至2017年2月，方志处逐一对报告进行审阅并提出了修改意见，联系撰稿人修改稿件。2017年4月，《中国方志发展报告（2016）》初稿顺利完成。6月，《中国方志发展报告（2016）》初稿评审会在京召开。会议在征求各级领导、专家和撰稿人意见的基础上，讨论并通过了《中国方志发展报告（2016）》改为《中国方志发展报告（2017）》、时间断限确定为2015年1月1日至2016年12月31日、全书分为《中国方志发展报告（2017）》和《中国方志区域发展报告（2017）》等决定。会后，各省级地方志工作机构审定《中国方志区域发展报告（2017）》各分报告，各撰稿人审定并增补《中国方志发展报告（2017）》各分报告。7月，方志处对所有审定后稿件进行复审，陈旭对稿件进行了统看。8月中旬至9月中旬，杨海峰联系撰稿人对部分稿件进行修改、完善以及撰写工作，并对《中国方志发展报告（2017）》进行统稿。9月下旬，上报中指办领导终审。10月，交付方志出版社出版。

《中国方志发展报告（2017）》和《中国方志区域发展报告（2017）》在编纂过程中，得到了中国地方志指导小组及其办公室领导的高度重视。中国社会科学院院长、中国地方志指导小组组长王伟光，中国社会科学院副院长、中国地方志指导小组常务副组长李培林对这项工作给予关注和肯定，并就编纂工作作出重要指示。中国地方志指导小组秘书长，中指办党组书记、主任冀祥德，高度重视《中国方志发展报告（2017）》和《中国方志区域发展报告（2017）》编纂工作，从报告定位、篇目框架、标准规范等方面提出指导性意见和建议，还对全书进行了审定。中指办副主任刘玉宏、邱新立十分关心编纂工作进展情况，并对全书进行了审定。

本书可以说是集体智慧的结晶，得到了各级领导的高度重视和各级地方志机构的大力支持，各位撰稿人不辞辛劳反复修改，各位编辑加班加点认真负责。在本书出版之际，我们向所有参与和支持本书编修的同仁表示由衷的谢意。

由于编者经验和水平有限，不足之处在所难免，恳请广大读者提出宝贵意见，以便我们在下一年度的《中国方志发展报告》中改进完善。

《中国方志发展报告》编辑部

2017年12月